桂拉旦 张伟强 刘少和 等 ◎ 编著

旅游·扶贫与乡村振兴研究

STUDY ON TOURISM,

Poverty Alleviation and Rural Revitalization

中国财经出版传媒集团
经济科学出版社
Economic Science Press

编 委 会

主　编：桂拉旦

副主编：张伟强　刘少和

编　委：曹　乐　梁江川　陆万俭　周小芳

　　　　　李梦迪　谢迎乐　王晓阳　蒙美芹

　　党的十九大报告提出了以"产业兴旺、生态宜居、乡风文明、治理有效、生活富裕"为总要求的乡村振兴战略，为确保2020年我国现行标准下农村贫困人口实现脱贫，贫困县全部摘帽，解决区域性整体贫困，做到"脱真贫、真脱贫"的重大目标，特别提出要坚决打赢脱贫攻坚战。脱贫攻坚与乡村振兴是"十三五"时期以来中央和政府提出解决"三农"问题的重要战略部署，是全面建成小康社会的基础工程。实施乡村振兴战略，其基础和前提还是要把脱贫攻坚战打赢打好，把脱贫攻坚同实施乡村振兴战略有机结合起来，找好结合点，打好组合拳，画好同心圆，统筹安排，协同推进，推动脱贫攻坚与乡村振兴互促共进、深度融合。一方面，打好脱贫攻坚。贫困村要进一步夯实产业发展基础，完善基础设施和公共服务，提高治理能力，激发贫困群众脱贫内生动力，有效防止再返贫，持续巩固脱贫成果，打好从脱贫到致富的关键基础。另一方面，推进乡村振兴。精准扶贫战略实施以来积累和形成的科学组织管理体制机制，可以为乡村振兴实践提供宝贵的经验支撑。旅游业作为国家战略性支柱产业之一，其产业关联度高，综合带动力强，产业融合能力突出，已经成为乡村产业振兴、精准扶贫的核心产业和重要路径之一，为国家脱贫攻坚、乡村振兴战略实践发挥了重要的作用，在社会、经济、生态、文化等方面产生了积极的效应。

　　为了践行乡村振兴和精准扶贫战略，顺应国家旅游产业供给侧改革的现实需要，全面推进新农村建设的新局面，由广东财经大学主办，广东财经大学旅游管理与规划设计研究院、岭南旅游研究院承办，中国人类学民族学研究会发展人类学专业委员会、兰州大学《西北人口》编辑部、广东省农村经济学会《南方农村》杂志社协办的"旅游·扶贫与乡村振兴"全国学术研讨会于 2018 年 12 月在广州举办，会议有来自全国 53 个单位的专家学者和研究生共 104 人参与，有 45 个单位的作者围绕"乡村旅游发展与社区营造、精准扶贫机制与脱贫攻坚、乡村振兴战略与案例实践"的会议主题共投稿论文 53 篇，经会议学术委员会评审、作者同意共选择 26 篇论文结集出版。在此，对参加会议、投稿论文、会议演讲的专家学者们表示感谢，尤其是结集出版论文的作者，愿意将自己的研究成果与读者分享。期待在未来的相关研究合作中，仍然能得到大家的支持，也希望各位作者对在会议、出版中存在的不足提出宝贵的意见和建议。由于出版时间和个人水平所限，论文难免会存在不足或缺陷，恳请读者朋友和业界同人批评指正。

本书的出版还要感谢经济科学出版社齐伟娜及其团队的倾心付出，感谢各位编辑的大力支持和关心。

张伟强

广东财经大学岭南旅游研究院院长

2019 年 3 月

目 录

精准扶贫机制与脱贫攻坚篇

乡村振兴战略与案例实践篇

乡村旅游发展与社区营造篇

引 评

▶刘少和

广东财经大学岭南旅游研究院教授

　　乡村作为社会的基层细胞，是社会"命运共同体"的有机组成部分，不仅维系着中华传统文化、地缘血缘关系，而且是城市生态屏障、有机农副产品供应基地、城市居民旅游休闲空间，也是社会民主治理的试验田。与欧美国家不同，传统上我国是一个以种植业（北方小麦、南方水稻）为主的农业文明国家，长期实行"重农抑商"政策，乡村历史源远流长。我国乡村发展与土地私有产权、商品经济发育密切相关，大致经历了夏商周封建时代井田制下封建城堡式乡村、秦汉以来专制集权主义下自给自足式分散小农乡村（不排除地主庄园），近代晚清民国时期商品经济下分工合作式分散小农乡村（不排除地主庄园），以及1953～1978年计划经济体制下合作社化、公社化乡村，改革开放以来的乡村建设。

　　改革开放四十年，随着我国市场化、工业化、城市化发展，城市聚落日益扩展，乡村发展缓慢甚至一些地方趋于停滞、萎缩，乡村建设、城乡融合被提上日程，社会主义新农村建设、美丽乡村建设、乡村振兴战略及政策遂应运而生，这正是中国共产党从乡村革命到乡村改革再到乡村建设的转移过程，体现了中国共产党"不忘初心"，反哺"三农"的历史使命。与近代在不发达的市场体系下所进行的局部"乡村建设"不同，乡村振兴是在国家政策支持下，基于开放的市场经济体系，通过乡村公共设施的完善，融入周围城市、区域乃至全球化经济生活圈，一方面立足特色产业，输出产品与服务；另一方面创新核心旅游吸引物，引客体验消费，促进产业升级，增加产品附加值。可见乡村旅游作为一种新兴体验消费，在工业化、城市化背景下，能够成为乡村振兴的有效途径及重要抓手，特别是针对景边、城边、路边等"三边"村以及资源大观、环境大美、产业大兴等特色村而言。

在社会主义新时代，乡村振兴不同于传统乡村建设，也可以学习日本"社区营造"经验，通过旅游休闲体验式乡村社区营造，即依托资源环境、生态景观，通过洁化、绿化、美化、文化"四化"，首先建设"美丽乡村"（干净整洁村→美丽宜居村→特色精品村）；其次发展"产业特色村"（特色农业→特色加工业→农商旅文体康服务业融合），并升级为"文旅特色村"（乡村旅游区→乡村度假区→乡村康养区）；最后结合乡村振兴要求，共建共享"文明幸福村"（共同富裕村→社区自治村→精神文明村），从而经过"三部曲"而达到乡村振兴目标——"生态宜居、产业兴旺、生活富裕、治理有效、乡风文明"，实现乡村可持续发展目的，构建起村落命运共同体、城乡命运共同体、区域命运共同体。

新时代乡村振兴依然面临诸多问题，包括行政主导下"千村一面"、资源浪费，以及乡村人才不足、发展资金不足、资源产权不清、公益组织参与不足等问题，需要政府、社会、市场合力对村落"授权赋能"，助其独立自主，以保永续发展。本部分多篇文章从不同角度对乡村旅游助推乡村振兴展开深入论述，为新时代乡村振兴提供了理论思路与案例参考。

"五位一体"社区营造研究及应用：综述与启示[*]

▶桂拉旦　周小芳　翟玉洁　蒙美芹

广东财经大学岭南旅游研究院

一、引言

在中国，存在这样的现象：乡村的空心化比例居高不下，城镇的冷漠化程度日趋严重，社区营造以营造"人"为根本，以形成永续社区为目的，因而成功的社区营造可以很好地解决上述问题。此外，社区营造的五大面向涵盖了社会学、经济学、城乡规划学、生态学、文化学、政治学等多学科以及交叉形成的新学科领域，对城镇化进程的推进、精准扶贫的成效、和谐社会的建立等都具有重要作用。自社区营造引入中国后，专家学者对其研究热度高涨（如图1所示），清华大学社会学家罗家德教授于2011年11月专门成立"清华大学信义社区营造研究中心"。随着全国各地社区营造实践案例的涌现，各种问题也接踵而至，如社区的"短命"、千篇一律的社区等，因而开展社区营造研究，无疑具有重要意义。

当前，国内对社区营造的研究已经产生一定的研究成果，尤其是台湾地区，可谓已经非常成熟。本文以台湾社区营造研究的理论和实践为对象，系统梳理现有相关文献，从社区营造的发展阶段、概念内涵、主要内

＊　基金来源：2016年国家社科基金一般项目"精准扶贫战略下旅游体验型农村社区营造及效应研究"（16BJY138）阶段性成果。

容、发展模式四个方面进行综述，并结合"五位一体"社区营造内容，提出对旅游体验型乡村社区发展的一些结论和启示，为乡村振兴、脱贫攻坚提供更丰富的思路和路径模式。

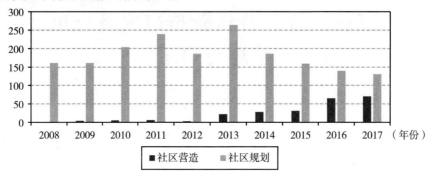

**图1　2008～2017 年中国知网中以"社区营造"和
"社区规划"为关键词的文献统计**

二、社区营造的研究历程及概念解读

（一）研究历程

回顾国内社区营造的相关研究，因考虑到大陆还处于起步阶段，所以本部分主要陈述台湾地区的发展历程。台湾地区于 20 世纪末开始社区营造的理论研究和实践操作，现今已经发展成熟，其历程可以划分为以下四个阶段，如图 2 所示。

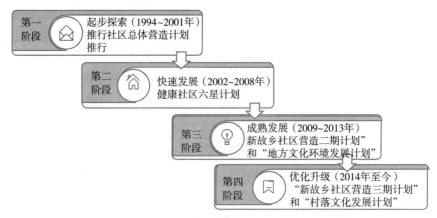

图2　台湾社区营造研究和实践发展阶段

第一阶段：起步探索（1994～2001 年）。1994 年，台湾"行政院"文化建设委员会（以下简称文建会）正式开始推行社区总体营造（社区营造）计划。计划以构建"生命共同体"为核心，围绕理念宣传、人才培养、社区文化等方面展开，就乡镇展演、社区文化活动、美化地方传统文化建筑空间等出台了政策方案。该阶段大多以个别地区作为示范点推进，以期为其他社区建设提供参考学习的依据。

第二阶段：快速发展（2002～2008 年）。从 2002 年开始推动社区营造计划，到 2005 年提出《健康社区六星计划》，即将产业发展、社福医疗、社区治安、人文教育、环境景观、环保生态作为社区营造的六个面向。社区营造计划的关注点已经由理念宣传、人才培养等表层转向具体实际的产业振兴和生活环境空间创造上来，台湾社区营造之路趋向成熟化。

第三阶段：成熟发展（2009～2013 年）。2009 年台湾地区开始推行"新故乡社区营造二期计划"和"地方文化环境发展计划"。通过营造地方文化生活圈、建立知识社区等措施，以期培育社区人才库、提升在地方的文化认同感、文化生活永续传承的目的，约有 3000～3500 个社区在进行社区营造工程，其中 2993 个已经在"台湾社区通"网站完成注册（曾旭正，2007）。

第四阶段：优化升级（2014 年至今）。台湾社区营造在理论及实践的广度和深度都在不断深入，2015 年，台湾地区拟定推进"新故乡社区营造三期计划"和"村落文化发展计划"。这一时期，台湾地区力图通过特色文化艺术活动、地区活化再生、一区一特色、一镇街一故事等方案呈现共创、共享、共好的社区营造 3.0。

综观台湾社区营造的发展，在采用"点、线、面"战略取得成效的同时，其经历了以下转变：一是施政部门从最初的文建会到后来多部门间的资源整合和优化配置；二是政府部门主导、居民参与到居民主导、政府部门协调的主体力量的变换；三是社会组织从协助政府部门到完全自主权的转变。与台湾地区相比，大陆关于社区营造的研究起步较晚，现仍处于初级阶段。大陆地区要想实现社区营造的成熟化，还有很长的路要走。在这一过程中，要不断学习台湾地区的优秀经验并因地制宜使之大陆化，切实推进大陆地区社区营造的实践运作。

（二）概念解读

社区营造一词最早来源于日本，由日本的"造町运动"发展演变而来，台湾地区于 1994 开始倡导社区总体营造（社区营造或社造）理念。社区营造是以"生命共同体"的存在和意识作为前提和目标，居民参加公共事务，凝聚社区共识，经由社区的自主能力，配合社区总体营造理念的推动，建立属于自己的文化特色，有全面性、整体性参与营造过程。

关于社区营造的内容，日本社区营造专家宫崎清提出了"五位一体"研究框架，即"人、文、地、产、景"。该研究框架得到了社区营造领域专家学者的一致认同并广泛引用，中国台湾社区专家曾旭正在其著作中亦对这五大面向的内涵做了深刻解读（如表1所示）。

表1　　　　　　社区营造"人、文、地、景、产"视角概念解读

五大面向	主要内涵	曾旭正学者解读
人	社区居民共同需求的满足，人际关系的经营，生活福祉的创造	掌握社区属性，了解共同需求，其行动内涵是社区中"人"的营造
文	社区共同历史文化之延续、文艺活动之经营，及终身学习等	社区拥有独特的历史和个性，引导出蕴藏在社区中的人事物，是展开行动的基础
地	社区所在之地理特色的维护与发扬，在地特质的强调	社区因所在地理位置的而不同，而具有某些可以感知的特性，应加以思索并选择
景	社区独特景观之创造、生活环境之永续经营、居民自力投入社区景观的营造等	鼓励居民关心生活环境，通过集体努力甚至自力营造创造更有品质的生活空间
产	在地产品的创造与行销，及在地经济活动的集体推展等	在地特色的产品，不仅有助于经济的发展，也从心理层面增加居民对社区的自信心

资料来源：曾旭正. 台湾的社区营造［M］. 台北：远足文化事业股份有限公司，2007.

三、"五位一体"社区营造研究内容梳理

社区营造的要旨是营造美好社区生活和实现社区的可持续发展，随着社区营造研究的宽度和深度的不断加深，从研究的学科视角来看，已经从最初的社会学，逐渐扩展的生态学、文化学、经济学、建筑学、心理学等新的学科领域。结合国内外学者对于社区营造研究的学科视角和基本框架，基本形成了"五位一体"的社区营造研究内容，即社会学视角下的社区治理研究、文化学视角下的社区文化研究、城乡规划学视角学的社区空间研究、景观学视角下的社区环境研究和经济学视角下的社区产业研究等。

（一）社会学视角下的社区治理研究

社会学是社区营造最初涉及的学科领域，国外社会学学者从区位论、文化论、互动论、系统论四个类型的社区定义，其中，以 R.E. 帕克（Robert Ezra Park）为代表的区位论将社区视为一种空间现象或地域单位；以费舍尔（Ficher）为代表的文化论认为社会背景、生活阅历或个人经历会形成彼此认同的"文化圈"，而文化圈是构成社区的关键因素；以史托普（Herbort H. Stroup）为代表的互动论认为社区是"人们在一定位置上的互动和由这种互动而产生的群体"，研究重心在于社区居民的诸如竞争、合作、冲突、解体等互动行为及其与家庭、宗教、政治、文化、经济制度的关系；以格奥尔格·齐美尔（Simmel Georg）为代表的系统论着重从社会制度、组织等方面研究社区。罗家德（2013）认为社区营造是一个社区的自组织过程，在这个过程中提升社区内的社群社区资本，达到社区自治理的目的。吴笛（2017）、唐辉等（2017）分析思考社会组织在社区营造中实践的作用，从社会组织、社会工作和老年社区等方面的研究，社会学视角对社区营造的研究不断地深入和全面，也在乡村社区实践中发挥了很好的作用。任文启（2017）将"社区、社工、社会组织"结合起来，从三社联动角度对社区营造这一实践模式在中国大陆的推广进行系统反思，为今后的社区实践提供参考。牛星亮（2013）、赵万林（2016）均以整合性社会工作方法为研究对象，前者借鉴台湾桃米社区指出实践中应该注意的事项，后者则提出采用该方法，从物质、人文环境维度推动老年友好社区的进程，为中国城乡社区营造实践提供很多有益的参考。随着全球老龄化问题不断加剧，社区养老也在全球社会得到了共识，崔莹莹等（2017）在总结台湾老年社区发展过程、发展经验的基础上，提出大陆老年社区的营造措施。石会冉（2017）将社会工作与养老社区相结合，探索老年友好社区发展的新路径，引导积极老龄化，值得关注的是，老龄化问题时中国乃至全世界都在面临的问题，而社区养老也在全球社会得到了共识。其中美国的养老社区在世界范围内是成功的，使老年人真正实现"安养—乐活—善终"的生活目标，这是值得我们观摩学习的。

（二）文化学视角下的社区文化研究

这部分内容对应五大要素中的"文"，这与当前所倡导的"文化自信"

不谋而合。传统文化是社区记忆，在历史长河中沉淀下来并得到认可的价值观，是承载社区居民共同精神空间的重要的切入点，有利于培养他们的社区意义和社区文化认同感。在充分理解和尊重传统文化的基础上，注入新时代的元素，从而既保留传统，又与时俱进，因而这部分的研究主要围绕文化传承与再造和文化认同展开。其中文化创意也属于文化再造范畴，但是由于多为文化创意产业研究，所以将其放在社区产业进行阐述。单彦名等（2015）基于人文关怀视角对文化传承模式进行研究，深挖地方内在文化的深度，以真正实现文化的活化发展。黄琳娜等（2017）以社区营造为切入点，通过传承闽南文化与社区营造相互交织，建立充满认同感、归属感的社区，发展为永续社区。李雯雯（2014）通过对台湾十年社区营造项目的研究，以社区文化认同为主线，探讨文化认同的构建背景、方式和主体，并分析台湾应对策略总结了文化认同的启示和经验。李艳（2015）以台湾 20 世纪 90 年代以来的社区营造为参照，探讨激发社区居民的文化参与性，形成不同主体间的文化认同，保持文化活力，不断实现文化创新。

（三）城乡规划学视角下的社区空间研究

这部分内容对应的是五大要素中的"地"，主要体现对地景、聚落的保护与更新。现有研究多集中在社区建设、社区发展的角度，主要围绕社区营造视角思考和探讨灾后重建、社区改造、城市更新和聚落的保护与更新等相关课题。邓奕（2008）、周如南等（2017）从灾后重建的情景下思考社区营造，前者侧重于通过如何具体措施实现重建，后者侧重于 NGO 在重建中发挥的作用。邹华华等（2017）在肯定空间生产释放生产力的同时，提出了城市更新的新途径，即从空间的资本化生产到社区营造的转变。黄璐（2012）、屈秋谷（2015）以具体案例为立足点，分别分析了古村落保护与更新策略，提出对于具有鲜明特色的古村落，在采取政府自上而下式专业修护和居民自下而上式保护外，可通过功能置换焕发其新的活力。此外，杨槿等（2017）以社区规划师角度切入，一改技术精英的定位，通过对居民进行还权赋能建立新的社区工作机制。也就是说，在对社区进行规划是要采取参与式规划的方法——即要先跟社区居民深入沟通交流，探索他们的"理想空间"是怎样的，再结合社区地理位置、文化内涵，运用规划师的专业知识勾勒出整个蓝图。这种方式使得居民真正参与到社区形成的过程，利于其他社区活动项目化、项目执行化的落实。

（四）景观学视角下的社区环境研究

这部分内容对应五大要素的"景"，主要体现在景观的特色经营和公共空间的改善。通过文献梳理发现，研究主要围绕社区营造视角思考和探讨了社区生态环境和社区空间设计两个方面展开。陈一叶（2016）借鉴日本社区营造的经验启示，讨论社区营造如何作用于地域景观保护和促进景观立法。王珍（2017）从生态学视角出发讨论如何将农村社区营造成为一个以农民为主体的可持续的生态、生活、生产空间。李晓宇（2016）立足于实际案例，从社会工作介入的角度切入，探讨在社区营造背景下构建和谐、可循环、环保的绿色社区。颜潇潇（2012）、姚健等（2015）从社区营造视角出发研究空间改造，通过对具体案例的分析得出经验启示，对我国社区空间构建与优化具有重要的参考价值。另外，周颖（2016）以新制度经济学与人居环境学的交叉学科下独特的研究视角对"空间优先"做了有益补充，研究在乡村建设中，如何用外力推动乡村内部自下而上的社区共同培育，在分析具体案例的基础上，总结出乡村建设的内外机制。

（五）经济学视角下的社区产业研究

这部分内容对应五大要素中的"产"，社区产业是社区生产生活的体现，其发展对社区文化、经济、生态的发展具有巨大的推动作用，关系着社区的永续发展。现有研究主要以社区营造为理念，指导旅游业和文化创意产业的发展。在旅游产业方面，马巧慧（2011）、高嘉阳（2016）研究了以社区营造对推动乡村旅游发展的推力作用。庄金娇等（2015）则结合我国休闲农业旅游的现状和问题，探索社区营造背景下休闲农业旅游发展模式。王淑佳（2013）分析了社区营造下古村落旅游的开发与保护；而余向洋（2005）则指出并不是所有的古村落都适合发展旅游，并借鉴社区营造经验指导古村落社区旅游发展。在文化创意产业方面，张梅青等（2010）借鉴台湾实例提出文化创意产业与社区营造的互动模式。蒋依娴（2015）应用扎根理论和案例分析的方法，提炼出"传说文化资源挖掘—文化符号化—文化产业化—文化商圈化—社区化"的乡村社区营造模式。洪暖珍等（2017）以台湾永安社区为鉴，思考厦门曾厝垵文化创意产业发展路径，并提出了一系列措施。虽然现有研究主要是社区营造到产业的单路径研究，实际上，社区营造与旅游业、文化创意产业是相辅相成、同步互助的关系。社区营造因产业发展在社会和经济方面得到发展，唤醒居民的文化自觉和文化认同感。旅游依赖于社区营造产生的创意文化资源和高品质生活空间而发展，社区营造还可以消除因旅游也开发所带来的一系列负效应；文化创意产业因社区的独特性和多元性，已经营造过程的互动性，使得其始终保持活力并持续繁衍。

此外，相当一部分研究是介绍台湾地区社区营造的历史发展和实践经验，以期对大陆社区营造有所借鉴参考。如刘雨菡（2014）、严志兰（2015）、莫筱筱等（2016）、卢磊（2016）、刘莉（2016）等对相关课题做了研究。关于经验启示，主要可以分为以下几个方面：一是社区营造的理解。社区营造是要"放权赋能"于民，通过自下而上的共同参与机制，形成社区共同体并最终达到永续社区的目的。社区既"最小"又"无限大"，可以是一个简单的行政区域，也可以"大"到社会舞台。二是社区营造的模式。台湾以自下而上的模式展开，也用实践证明了该模式的成功。但考虑到政治、文化背景存在一定差异性，且大陆当时正处于"大政府、小社会"到"小政府、大社会"的转型期，短期内大陆主要采取自上而下的政府主导、多元协作发展模式；从长期来看，最终要实现自下而上发展模式的转变。三是社区营造的主体。首先要意识到社会组织的重要性并鼓励社会组织的发展——社会组织是社区营造中重要的组织载体，作为除政府、居民外存在的独立实体，不仅可以整合各种资源，解决营造过程的复杂问题，而且可以协调政府与社区居民、市场间的关系；其次要重视社区居民的终身学习并建立多元的学习渠道，培养社区居民的社区意识和社区认同感，培养社区自主性和社区培力，以完成后期发展模式的完美转型。四是社区营造的内容。内容方面主要是日本社区营造专家宫崎清提出的"人、文、地、景、产"五大要素，但要注意本土化和在地化原则，内容营造要因地制宜。

四、台湾社区营造发展的模式

社区营造是以社区共同体为核心，为社区居民打造永续性社区。但是根据主导力量的不同，现有的社区营造模式主要可以分为政府主导型、社会组织主导型和社区居民主导型三种。按照已有模式的特点、优势、劣势与适用范围，对相关成果进行梳理（如表2所示）。

表2		台湾社区营造发展模式比较		
发展模式	特点	优势	劣势	适用范围
政府主导型（自上而下）	1. 政府对社区发展进行"顶层设计"，并在物质和具体操作方面给予指导，把握社区发展方向 2. 政府主导，协同多元力量共同完成。政府的干预是直接和具体的，宏观与微观层面相结合	1. 完善的制度保障和良好的政治氛围 2. 公共服务设施和相关资源的保障 3. 顶层设计，把握社区营造主方向	1. 易造成社区居民自主性和主体性缺失，不利于社区能力的培养 2. 社会力量和资源的不公平分配 3. 提供服务的标准化和单一化	1. 常见于大陆地区的社区营造 2. 社区的社会资本及其他资源存在明显不足 3. 社区能力不足，需要借助外力提升自身能力的社区
社会组织主导型（第三方介入）	1. 由社会组织自主发起，以专业性服务为基础，依托组织与政府资源支持 2. 激发居民参与社区事务的自主性，培育社区自组织，发展社区自治理能力的实践过程	1. 专业人做专业事，利于"小政府、大社会"模式的发展 2. 弥补政府"缺位"和"市场失灵"，提供多样的公共服务 3. 整合社会资源，促进社会公平公正	1. 社会组织作为"外来者"，很难融入 2. 团队离开或者后续经费不足，项目将面临搁浅	1. 在大陆和台湾地区均有存在 2. 一定的社区意识和社会资本存量，但社区能力欠缺 3. 不同身份特征的社区居民共存，依托第三方代管
社区居民主导型（自下而上）	1. 社区居民自发完成社区活动。以居民自助或互助为主要形式实现自我需求的满足与社区自治能力的提升并建立社区共同意识 2. 政府在初期提供各种诱因和示范计划，着力于经验的交流、技术的提高及部分经费的支援等，以间接和协商的方式进行	1. 还政于民，放权于民。这种形式确保了永续社区发展的命脉 2. 充分发挥社区居民主体的积极性和主动性，在增进邻里关系的同事，提升社区意识和社区认同感 3. 真正深入地了解社区蕴藏的文化内涵	1. 无法有效整合和配置社会各种力量和资源 2. 规章制度存在不规范隐患，无法得到彻底落实	1. 常见于台湾地区的社区营造 2. 社区居民具有较高的社区意识和能力 3. 社区自身拥有基本的社会资本存量，且社区内存在社区精英，可以起到号召引领作用

资料来源：根据相关文献资料整理。

五、结论与启示

（一）主要结论

台湾社区营造的研究已经积累了丰富的成果，而且研究的视角也是多元化、多维度、多学科，尤其是从不同学科视角对台湾社区营造的研究对大陆乡村社区发展提供很好的借鉴和宝贵的经验。

1. 理论有支撑

社区营造的研究从发展阶段、基本概念、主要内容、发展模式等研究来看，已经是比较成熟的，尤其是针对台湾社区营造的研究，可以对大陆乡村社区营造提供理论上的支撑。

2. 政策有保障

乡村振兴作为"十三五"期间启动的重大战略，为中国乡村发展带来了新的机遇，《乡村振兴战略规划（2018～2022年)》等一系列相关文件的颁布和实施，为中国乡村社区营造提供了政策保障，农村社区化发展势在必行。

3. 乡村有条件

改革开放40年，中国乡村已经发生了翻天覆地的变化，农业发展、乡村面貌等都资源条件有了极大的改善，土地、劳动力、资本、技术等经济发展的基本要素结构也不断优化，为乡村社区营造创造了条件。

4. 市场有需求

从市场发展趋势为看，"一带一路"、全域旅游进一步激发了国内外需求的增长，农文旅产业融合和城乡融合发展的加速，旅游需求市场规模不断扩大，尤其是乡村旅游成为城乡居民观光、休闲的主要选择，为打造旅游体验型乡村社区产生了巨大的市场需求。

（二）发展启示

乡村社区营造也具有很强的区域性、本土性，整体照搬台湾社区营造模式也不一定有效和可行，应该在区域核心要素、本土文化挖掘、发展路径选择等方面探索个性化的发展思路。

1. 社区营造研究应关注的几个核心问题

一是社区营造的研究即要符合国内外经济发展的大环境，也要突出大陆乡村社区发展的小资源；二是社区营造研究需要准确研判大陆乡村核心要素的现状和发展趋势，主要关注乡村产业发展的特点、农村人口流动的变化、邻里关系变化的关键、农特产品需求的趋势等。

2. 乡村社区营造的本土化探索

乡村社区营造强调其本土化和特色化发展，但要结合本地实际，因地制宜。一是旅游休闲产品的开发与乡村生态环境的保护；二是乡村本土文化的挖掘与文化开发中的过渡商业化、庸俗化；三是中华传统文化的传承和文化创意产品的创新；四是社区居民的再学习与新农人、带头人的培养机制和路径。

3. 旅游体验型乡村社区营造的路径

一是目前乡村振兴、精准扶贫等战略实施情况来看，更多乡村仍然以政府主导型发展为主，从社区营造成功的模式来看，应强调政府的引导型、服务型功能，发挥乡村、企业、市场的能动性和主动力性；二是旅游体验型乡村社区营造应结合乡村的资源特色、本土文化、产业优势等要素条件，培育不同类型、不同路径、不同模式的乡村社区。

参考文献

［1］王本壮. 社区总体营造的回顾与展望［J］. 府际关系研究通讯，2008（3）：18－21.

［2］黄峻枝. 台湾社区营造运动回顾与未来发展趋势［J］. 统一论坛，2016（6）：40－42.

［3］"行政院". 台湾健康社区六星计划［Z］. 台北. 2004：5－7.

［4］"行政院". "新故乡社区营造第二期计划"查证报告［Z］. 台北. 2011：1－5.

［5］曾旭正. 台湾的社区营造［M］. 台北：远足文化事业股份有限公司，2007.

［6］台湾地区"行政院"文建会，1995，社区总体营造简报资料. 台北，转引自林振春，社区总体营造与文化发展［J］. 中等教育，1996，47：1，66－68.

［7］罗家德，李智超. 乡村社区自组织治理的信任机制初探——以一个村民经济合作组织为例［J］. 管理世界，2012（10）：83－93.

［8］朱蔚怡，侯新渠. 谈谈社区营造［M］. 北京：社会科学文献出版社，2015.12：3.

［9］吴笛. 关于我国社会组织参与社区营造的思考［J］. 江西建材，2017（8）：275＋280.

［10］唐辉，孟繁芸，唐云. 社会组织在崇州社区营造中的实践及思考［J］. 成都行政学院学报，2017（5）：87－92.

［11］任文启. 社区治理抑或社区营造："三社联动"的理论脉络与实践反思［J］. 社会建设, 2017, 4 (6)：16－28＋65.

［12］牛星亮. 台湾社区营造对整合社会工作实践的启示——以台湾桃米社区为例［J］. 西江月, 2013 (24)：352－352.

［13］赵万林. 农村老年人照顾与老年友好社区营造——基于湖北 B 村的分析［J］. 老龄科学研究, 2016, 4 (2)：59－68.

［14］崔莹莹, 卓想. 台湾老年社区营造模式的经验与启示［J］. 国际城市规划, 2017, 32 (5)：129－135.

［15］石会冉. 社会工作介入老年友好社区营造的路径探索［J］. 福建质量管理, 2017 (7).

［16］单彦名, 赵天宇, 张高攀. 基于人文关怀视角下的文化传承模式研究——台湾地区社区营造对当今历史村镇保护的启示［J］. 中国园林, 2016, 32 (6)：11－14.

［17］黄琳娜, 许艺娜. 闽南文化与社区营造互动发展研究［J］. 农村经济与科技, 2017, 28 (9)：265－267.

［18］李雯雯."扎根"：台湾社区营造中的文化认同构建［D］. 湖北：华中师范大学, 2014.

［19］李艳."人"文化主体性的激发与城乡文化治理的创新——以中国台湾20世纪90年代以来的"社区营造"为研究参照［J］. 中国文化产业评论, 2015, 21 (1)：75－89.

［20］邓奕. 灾后区域复兴的一种途径："社区营造"——访规划师小林郁雄［J］. 国际城市规划, 2008 (4)：53－56.

［21］周如南, 景燕春, 朱健刚. 灾后重建中的社区营造——地方治理中 NGO 参与的比较研究［J］. 西南民族大学学报（人文社科版）, 2017, 38 (1)：39－45.

［22］邹华华, 于海. 城市更新：从空间生产到社区营造——以上海"创智农园"为例［J］. 新视野, 2017 (6)：86－92.

［23］黄璐. 社区营造视角下的梅州客家古村落保护与更新策略研究［D］. 广东：华南理工大学, 2012.

［24］屈秋谷. 社区营造模式下传统村落保护与发展研究［D］. 陕西：西北大学, 2015.

［25］杨槿, 陈雯. 我国乡村社区营造的规划师等第三方主体的行为

策略——以江苏省句容市茅山陈庄为例 [J]. 现代城市研究，2017（1）：18－22

[26] 陈一叶. 城市化背景下的地域景观保护——日本社区营造的经验启示 [J]. 美与时代（城市版），2016（4）：65－66.

[27] 王珍. 生态学视角下的农村社区营造研究 [D]. 福建：福建农林大学，2017.

[28] 李晓宇."社区营造"背景下的绿色社区发展问题研究 [D]. 安徽：安徽大学，2016.

[29] 颜潇潇. 台湾宜兰地区创意社区营造中公共空间设计研究 [D]. 湖南：湖南大学，2012.

[30] 姚健，白雪. 台湾创意社区营造中空间构建与优化探究——以台湾车埕社区改造设计为例 [J]. 艺术设计研究，2015（4）：90－93.

[31] 周颖. 社区营造理念下的乡村建设机制初探 [D]. 重庆：重庆大学，2016.

[32] 马巧慧. 以"社区营造"为导向推动乡村旅游发展 [J]. 四川烹饪高等专科学校学报，2011（6）：47－49＋57.

[33] 高嘉阳. 分析"社区营造"为导向对乡村旅游发展的推动作用 [J]. 商，2016（12）：266.

[34] 庄金娇，马丽卿. 社区营造视角下的休闲农业旅游模式探讨 [J]. 湖北经济学院学报（人文社会科学版），2015，12（4）：42－43.

[35] 王淑佳. 社区营造视角的古村落旅游开发与保护研究 [D]. 广东：华南理工大学，2013.

[36] 余向洋. 古村落社区旅游的另一种思路——借鉴台湾社区营造经验 [J]. 黄山学院学报，2005（5）：42－44.

[37] 张梅青，张蕾. 文化创意产业与社区交融互动模式研究——借鉴台湾社区营造实例 [J]. 山西财经大学学报，2010，32（S2）：151－152.

[38] 蒋依娴，王秉安. 传说文化创意与乡村社区营造模式探析——以台湾妖怪村为例 [J]. 福州大学学报（哲学社会科学版），2015，29（2）：18－24.

[39] 洪暖珍，许艺娜. 社区营造视角下厦门曾厝垵文化创意产业发展路径思考——以台湾永安社区建设经验为借鉴 [J]. 台湾农业探索，2017（4）：31－33.

[40]"行政院文化建设委员话".最小的无限大:文建会社区营造纪实1994~2010 [M].台北:商顾.2010:9-12,16-17,23.

[41]刘雨菡.中国台湾地区社区总体营造及其借鉴 [J].规划师,2014,30 (S5):200-204.

[42]严志兰.台湾地区社区发展的特征、问题及其启示 [J].台湾研究,2015 (5):74-84.

[43]莫筱筱,明亮.台湾社区营造的经验及启示 [J].城市发展研究,2016,23 (1):91-96.

[44]卢磊.台湾社区营造的实践经验和发展反思——兼论多元协作理念下的社区治理实践 [J].社会福利 (理论版),2016 (11):52-55.

[45]刘莉.我国台湾地区的"社区总体营造"及其启示 [J].文化艺术研究,2016,9 (4):50-58.

[46]田刚.台湾参与式社区规划及对大陆农村规划的启示 [A].中国城市规划学会.城市时代,协同规划——2013中国城市规划年会论文集 (12-小城镇与城乡统筹) [C].中国城市规划学会,2013:8.

[47]廖玉华.大陆社区营造发展探析 [J].现代物业 (中旬刊),2016 (8):81-84.

[48]崔永军.中国城市社区建设模式研究 [D].吉林:吉林农业大学,2003.

[49]黎智洪.从管理到治理:我国城市社区管理模式转型研究 [D].重庆:西南大学,2014.

乡村旅游休闲体验型社区营造助推乡村振兴的路径模式研究

——以广东连山县永梅壮族古村为例*

▶刘少和　谢迎乐　蒙聪恕　蒙美芹

广东财经大学岭南旅游研究院，广东连山壮族瑶族自治县永梅古村

现代化进程中的工业化、城镇化发展，容易导致乡村发展陷于停滞乃至衰退，我国亦然。发达国家或地区普遍重视乡村建设和城乡融合发展，在可持续发展理念的引导下，通过建立健全法规政策及保障制度措施，加快农民、农业、农村"三农"的现代化进程，因地制宜发展特色产业，在此基础上展开乡村建设，形成各具特色的乡村建设道路，有效解决了工农发展不均衡、城乡差距过大等问题。例如，日本"造村运动"主要通过政府扶持和"农协"引导，发展农业产业化和农村城镇化；韩国"新村运动"以美化环境和农村改造、教育培训与激励机制结合为发力点；中国台湾"富丽新乡村＋社区文创园"着重发展观光—休闲—创意农业、休闲旅游业等特色产业，深入挖掘乡村内涵，融入可持续发展理念；德国"村庄更新"侧重乡村规划和布局，强调发展可持续的现代特色农业；荷兰"土地整理"强调统一规划土地整理、土地复垦和水资源管理，扩大农地面积，优化产业结构等。目前，在欧美发达国家或地区，一些资源大观、环

---

* 基金项目：国家社科基金项目"精准扶贫战略下旅游体验型农村社区营造及效应研究"（16BJY138）阶段性成果。

境优美的乡村已成为现代生活的标志和象征，生活品质也远高于城市，并成为大众休闲休憩、度假游憩的空间，一些乡村庄园甚至成为接待外国元首的场所。

改革开放四十年以来，随着我国工业化、城市化发展，城市聚落日益扩展，乡村发展趋于停滞甚至萎缩，乡村建设、城乡融合也被提上日程，社会主义新农村建设（党的十六届五中全会，2005 年）、美丽乡村建设（农业部，2013 年）、乡村振兴（党的十九大报告，2017 年）战略及政策遂应运而生，从而开启了以工补农、以城带乡的新篇章。在工业化、城市化背景下，因城市生活压力，乡村旅游休闲将成为乡村振兴的有效途径及重要抓手，特别是针对景边、城边、路边等三边村，以及资源大观、环境大美等特色村而言。因此，本文拟以"中国少数民族特色村寨"——广东连山县永梅壮族古村的调研规划为例，探讨因地制宜的乡村旅游休闲体验式社区营造促进乡村振兴的路径模式。

一、我国乡村建设的历史演变

与欧美国家不一样，传统上我国是一个以种植业（北方小麦、南方水稻）为主的农业文明国家，长期实行"重农抑商"政策，乡村历史源远流长。但我国乡村发展与土地产权制度、商品经济发育密切相关，大致经历了夏商周封建时代井田制下封建城堡式乡村、秦汉以来专制集权主义下分散小农乡村（不排除地主庄园），近代晚清民国时期商品经济下的分散小农乡村（不排除地主庄园），以及 1953 ~ 1978 年计划经济体制下合作社化、公社化乡村，改革开放以来市场经济下分散小农乡村。

（一）晚清、民国时期的乡村自治、乡村建设

从鸦片战争到 1949 年，中国传统的"重农抑商"政策终被"重商"政策所取代，并在洋务实践、实业救国以及维新变法的历史节点中被反复强化。尽管在 20 世纪初期以及随后的二三十年代也发生"农业立国"和"工商立国"争论，但最终在农业工业化问题上达成共识。但在近代全球化、工业化、城市化，以及商品经济趋势下，我国分散的小农经济不仅被资本化、工业化、城市化，以及军阀混战抽稀资源，而且抵抗不住国外资本主义的侵蚀，致使 20 世纪初特别是二三十年代的"农业破产""农村衰

败""农民贫困"成为举国至重的话题，从而激发了一批现代知识分子以开展乡村自治、合作社和平民教育活动为主要内容的乡村建设，其最初萌芽于晚清河北省定县翟城村以"政治民主、经济互助、培养人才"为核心的米氏父子"村治"工程，发展于民国初年阎锡山主导的以基层自治带动经济社会发展的"山西村政或村治"，壮大于二三十年代的"乡村建设"（晏阳初）运动，包括晏阳初"平民教育—乡村科学化"的河北定县模式、梁漱溟"文化复兴—乡村学校化"的山东邹平模式、卢作孚"实业民生—乡村现代化"的重庆北碚模式、陶行知"生活教育—乡村教育化"的南京晓庄模式、黄炎培"职业教育—乡村改进化"的江苏徐公桥模式等，其中主要内容涉及政治、经济、文化、社会四大部分，即改善农村政权，组织乡村自卫；组建各种合作社，推广先进的农业生产技术；设立各种教育机构，推进基础教育；改善卫生医疗状况，整治村容和道路，禁绝鸦片和赌博，破除迷信等。但因晚清民国政局动荡而陆续归于失败，并让位于中国共产党领导的乡村建设。

（二）中国共产党领导的乡村革命、乡村改革、乡村建设

乡村建设、乡村发展、解决"三农"问题是中国共产党政策所关注的焦点。党的乡村建设试验经历了20世纪初至中华人民共和国成立后土地改革运动以农会为核心、土地改革为内容的自耕小农经济模式，1953～1978年以土地合作社化、公社化为内容的集体经济模式，改革开放以来家庭联产承包责任制为核心的商品小农模式，以及2005～2016年以"村容整洁、生产发展、生活宽裕、乡风文明、管理民主"为目标的社会主义新农村、美丽乡村建设模式，2017年以来以"生态宜居、产业兴旺、生活富裕、乡风文明、治理有效"为目标的乡村振兴模式，反映了中国共产党"不忘初心"、反哺"三农"的历史使命。值得注意的是，改革开放以来，随着全球化、现代化（市场化、工业化、城市化）发展，尤其是在加入WTO以后难以抵御国际市场冲击，使得农村发展缓慢，甚至一些地方出现停滞、衰退，乡村建设、乡村发展、城乡融合、区域协调被迫提上日程，如表1所示。

表1　　　　　　我国近代乡村建设与现代社会主义新农村、
美丽乡村、乡村振兴建设比较

项目	乡村建设（晏阳初）	社会主义新农村建设	美丽乡村建设（广东省）	乡村振兴
1 环境		村容整洁	干净整洁村、美丽宜居村	生态宜居
2 经济	组建各种合作社，推广先进的农业生产技术	生产发展	特色精品村	产业兴旺
3 社会	改善卫生医疗状况，整治村容和道路，禁绝鸦片和赌博，破除迷信	生活宽裕		生活富裕
4 文化	设立各种教育机构，推进基础教育	乡风文明		乡风文明
5 政治	改善农村政权，组织乡村自卫	管理民主		治理有效
结局	因 1929～1933 年大危机、抗战、内战而失败	千村一面	特色	特色
焦点	文化教育、科技培训、村落自治	村容村貌新	生态	产业

资料来源：作者整理。

（三）中国台湾的"社区营造"

"社会营造"一词最早源自日本，由日本"造町运动"发展演变而来。从实践来看，社区营造实际上是第二次世界大战以来城市社区或街区更新的产物，是工业化、城市化快速发展产生了一系列问题而引起市民群体的反抗及市民介入城市空间生产过程的方式。其深入了包括城市总体规划、地区规划及社区规划的各个层面，其中以社区级更新规划中"造街运动"的开展最为普遍，并随后发展到"造村运动"中。

学习日本，中国台湾于 1994 开始倡导社区总体营造（社区营造或社造）理念；同时，"文建会"对其含义进行了阐述，即以"生命共同体"的存在和意识作为前提和目标。居民参加公共事务，凝聚社区共识，经由社区的自主能力，配合社区总体营造理念的推动，建立属于自己的文化特色，有全面性、整体性参与营造过程。关于社区营造的内容，日本社区营造专家宫崎清提出了"五位一体"研究框架，即"人、文、地、产、景"，得到了社区营造领域专家学者的一致认同并广泛引用，中国台湾社区专家曾旭正在其著作中亦对这五大面向的内涵做了深刻解读（如表 2 所示）。

在实践过程中，中国台湾社区营造更突出了"生态、产业、文化、自治、游憩"五位一体发展，更加关注旅游休闲要素融入（如表3所示）。

表2 "社区营造"五大面向

五大面向	宫崎清"五位一体"内涵	曾旭正解读
人	社区居民共同需求的满足，人际关系的经营，生活福祉的创造	掌握社区属性，了解共同需求，其行动内涵是社区中"人"的营造
文	社区共同历史文化之延续、文艺活动之经营，及终身学习等	社区拥有独特的历史和个性，引导出蕴藏在社区中的人事物，是展开行动的基础
地	社区所在之地理特色的维护与发扬，在地特质的强调	社区因所在地理位置的而不同，而具有某些可以感知的特性，应加以思索并选择
景	社区独特景观之创造、生活环境之永续经营、居民自力投入社区景观的营造等	鼓励居民关心生活环境，通过集体努力甚至自力营造创造更有品质的生活空间
产	在地产品的创造与行销，及在地经济活动的集体推展等	在地特色的产品，不仅有助于经济的发展，也从心理层面增加居民对社区的自信心

资料来源：曾旭正. 台湾的社区营造 [M]. 台北：远足文化事业股份有限公司，2013.

社区营造是以社区共同体为核心，为社区居民打造永续性社区。根据主导力量的不同，现有社区营造模式可以分为政府主导型、社会组织主导型和社区居民主导型三种，其中自上而下的政府主导型常见于大陆地区，其社区意识、能力、资本、资源存在明显不足，需要借助外力提升；社会组织主导型（第三方介入）在大陆和台湾地区均有存在，具有一定社区意识、资本、资源，但社区能力欠缺，而且不同身份特征的社区居民共存，需要依托第三方代管；自下而上社区居民主导型常见于台湾地区，具有较高的社区意识、资源和能力，以及基本社会资本存量，且社区内存在社区精英，可以起到号召引领作用。

可见，在我国古代农业社会，农村、农业和农民并没有构成明显的政治与社会问题，只是随着近现代全球化、现代化（市场化、工业化、城市化）的出现，与传统农业社会或文明密切相关的农业、农村和农民不仅较少得到现代化的惠及，甚至还成为现代化进程的"买单者"，致使乡村发展缓慢，甚至出现停滞、衰退现象，城乡失衡、区域失调，这才使"三农"成为政治与社会问题，进而引发了晚清民国的乡村自治、乡村建设运动,包括中国台湾基于"社区营造"的"富丽乡村"建设,以及当下大陆的"社会主义新农村""美丽乡村""乡村振兴"建设。实际上,欧美发达国家的乡村建设也无不是现代化的产物,如前所述的美国的"农庄经济"、德国的"村庄更新"、荷兰的"土地整理"、日本的"造村运动"、韩国的"新村运动"等。

表3　日本与中国社会主义新农村、美丽乡村、乡村振兴建设的关注点

项目	日本社区营造关注议题	中国关注点		
		社会主义新农村建设	美丽乡村建设	乡村振兴
背景	全球化、现代化(工业化、城市化)→城市冷漠化、乡村空心化→城市社区更新、乡村社区发展	全球化、现代化(市场化、工业化、城市化)→"农民真苦、农村真穷、农业真危险"		
对比	社区意识+生活议题、生活福祉+社会联系+社区自治	公共设施、特色产业		
环境	地—在地环境特质	村容整洁	干净整洁村、美丽宜居村	生态宜居
产业	产—在地产业特色	生产发展	特色精品村	产业兴旺
社会	景—社会公共空间;人—社区居民需求、关系、福祉	生活宽裕		生活富裕
文化	文—历史民俗、艺人活动、终生学习、社区意识	乡风文明		乡风文明
治理		管理民主		治理有效

资料来源:作者整理。

二、广东连山县永梅古村简介

"梅花香自苦寒来"。在连绵起伏的五岭之一的**萌渚岭**余脉南端,北江支流之一的绥江之源——**蒙洞河冲**,粤湘桂三省交界地带(西接广西贺州市,北邻湖南江华县),坐落着一个壮瑶古村落——**永梅古村**。它位于清远市连山县城北部、永和镇东边,四面环山,仅有向南河谷出口,宛如**"世外桃源"**,实属**"峒僚祖居地"**,这里壮瑶汉彼此联姻、和谐共处。村距镇中心约9公里,县城约10公里,国道323穿镇而过,向南直达二广高速县城入口。全村人口1368人,278户,土地面积两万多亩,耕地面积

2000 多亩，以山地红壤为主，自然环境优良，生态植被丰富，森林茂密，四季鲜明。

永梅古村（行政村）包含**松木岭村、蒙洞村、日落更村**（自然村）三个村，其中蒙洞古村为国家民委评定的"中国少数民族特色村寨"。全村以壮瑶族居民为主，占总人口的 70%；其中日落更村除两家黄姓汉族外，其余都为梁姓瑶族。据说明末从广西梧州府的怀集（现广东肇庆市）迁入；蒙洞和松木岭两个村 100% 村民都为蒙姓壮族。族谱记载明初从广西梧州府的怀集迁来，原在广西是四兄弟，有三兄弟来到广东，最小那个留在广西，开基太公开始住在松木岭，后梦到蒙洞处梅花盛开，永远不败，然后搬下来，蒙洞就叫落地梅花，就是梅花地，是为"永梅古村"之来历。蒙洞和松木岭两个村看起来像两只蝴蝶，故有"双蝶绣梅花"之称。蒙洞村坐南朝北，心仪中原，靠山稳固，朝山连绵，护山左青龙右白虎，加之蒙洞河绕村而过，与村落左右溪谷形成玉带水，构成山环水绕的风水宝地，相传是连山四大宝地之一，不仅是定居宝地，也是旅居胜地。

蒙姓未入百家姓属小姓，却以国为姓，乃上古**东夷蒙国**或隋唐**南诏蒙国**后裔，另有避难改姓或汉化改姓而来。广西壮族蒙姓，有南诏蒙国后裔，也有汉化改姓而来，都与逃生避难有关，故先人对后人留下一句话："永远不要到交通方便的地方住"。所以全国蒙氏家族世代都住在最为偏僻的地方——不是"**水之源**"，便是"**山之巅**"——但却是现代城市人旅游度假的"**世外桃源**"。

据现任村书记、广东省劳模——蒙聪恕说："永梅村的现代史，是从2011 年开始的"。2011 年永梅村委会开始集资、借钱修路；2013 年开始申请资金、引入资金进行拆迁、绿化、美化，发展特色产业，同步建设美丽乡村示范村。2011 年向国家民委申请并于 2012 年获准建设"中国少数民族特色村寨"；2015 年开始实施建设，挖掘壮瑶文化，进行文创美化；2017 年被国家民委评为"**中国少数民族特色村寨**"；2018 年，在广东财经大学岭南旅游研究院的公益旅游帮扶下，编制了《永梅古村旅游发展总体规划（2018～2030）》并获评审通过，同时挂牌"旅游扶贫、定点扶教"基地；2019 年与广东财经大学合作，挂牌"乡村振兴服务研究基地"，并签订校—村基层党组织合作共建协议。从此，永梅古村走上校—村合作共建的文旅特色村发展之路，准备冲刺广东省 AAAAA 文旅特色村，促进农旅、文旅、体旅、康旅融合发展。

表4　　　　　　　　　　　　永梅古村获颁牌匾情况

时间	名称	颁发内容	颁发机构
2013年7月	永梅村委会蒙洞村	被列入"十二五时期全国少数民族特色村寨保护与发展名录"	国家民委
2015年11月	永梅村委会蒙洞村	清远市卫生村	清远市爱国卫生运动委员会
2017年3月	永梅村委会蒙洞村	美丽乡村示范村	中共清远市委 清远市人民政府
2017年3月	永梅村委会蒙洞村	中国少数民族特色村寨	国家民委
2017年10月	永梅村委会蒙洞村	广东省卫生村	广东省爱国卫生运动委员会
2017年12月	永梅村委会蒙洞村	清远市文明村	清远市精神文明建设委员会
2018年2月	永梅村	清远市生态示范村	清远市环境保护局
2018年10月	连山县	中国气候宜居县	国家气候中心

资料来源：作者整理。

表5　　　　　　　　　　　　永梅古村乡村振兴愿景

层面	内容	实践
村委历史使命	弘扬壮瑶文化，建设美丽家园——民族生态文旅特色村	
村落文化精神	坚韧不拔的梅花精神，公益+互助的集体精神，勤俭仁教的蒙氏族训	
村落发展理念	主客共享、利益分享；"天人合一（生态美学）、花人合一（生活美学）"——壮族花婆文化哲学	
村落发展定位	清远市美丽乡村示范村；广东省AAAAA级文旅特色村、广东省AAA级农业公园，广东省级研学旅行示范基地；中国少数民族特色村寨	已被认定：清远市美丽乡村示范村，中国少数民族特色村寨
村落组织保障	强化村党小组、村委会为领导的包括村理事会、议事会、监事会在内的组织建设，促进村落旅游服务公司、合作社发展	与广财大校-村共建基层党组织，蒙洞古村旅游服务公司
村落特色产业	延长农业产业链、文创产业链、旅游产业链，促进农商旅文体康跨界融合	大果山楂、突尼斯软籽石榴、鹰嘴桃等基地
村落社会合作	与大学、科研院所合作共建	与广东财经大学岭南旅游研究院合作，完成旅游发展规划，达成党支部共建协议，并挂牌旅游扶贫、定点扶教基地、乡村振兴服务研究基地

资料来源：《连山县永梅古村旅游发展总体规划（2018～2030）》。

三、乡村旅游休闲体验型社区营造助推乡村振兴的路径（"三部曲"）

（一）清远市"美丽乡村示范村"建设

保育山水生态与壮族文化，通过广东"美丽乡村"建设三部曲：干净整洁村→美丽宜居村→特色精品村（历史、民俗、景观、产业、综合特色村），打造清远市"美丽乡村示范村"。

根据中央《农村人居环境整治三年行动方案》要求，按照广东省《关于全域推进农村人居环境整治建设生态宜居美丽乡村的实施方案》，组织完成农村人居环境整治。

第一步，如上所述永梅村自 2013 年开始申请有关资金，通过"三清理"（指清理村巷道及生产工具、建筑材料乱堆乱放，清理房前屋后和村巷道杂草杂物、积存垃圾，清理沟渠池塘溪河淤泥、漂浮物和障碍物）、"三拆除"（指拆除危房、废弃猪牛栏及露天厕所茅房，拆除乱搭乱建、违章建筑，拆除非法违规商业广告、招牌等）、"三整治"（指整治垃圾乱扔乱放，整治污水乱排乱倒、整治"三线"——电力、电视、通信线乱搭乱接），逐步达到"干净整洁村"。

第二步，自 2015 年起，永梅村就逐渐通过绿化、美化、文创化创建"美丽乡村示范村"，打造"美丽宜居村"。

第三步，目前，永梅村期望通过挖掘、活化、展示，以及创新特色包括历史文化、民俗美食、聚落建筑、自然景观、特色产业等方面的特色而达到"特色精品村"。

（二）广东省"文旅特色村"建设

挖掘、活化、展示，以及创新特色旅游吸引物，首先积极发展"一村一品、一镇一业"，从农业到加工业再到农业服务业融合商旅文体康等多种业态，形成产业特色村；其次再通过广东省"文旅特色村"建设三部曲：乡村旅游区→乡村度假区→乡居康养区，建设广东省"文旅特色村"。

据《广东省 A 级文旅特色村服务质量等级评价标准》，通过乡村旅游公共设施"十小工程"配套，建设 3A 级到 5A 级广东文旅特色村，其中

AAA 级文旅特色村须达到"干净整洁村标准"、AAAA 级文旅特色村须达到"美丽宜居村标准"、AAAAA 级文旅特色村须达到"特色精品村标准"。

第一步，永梅村已经通过乡村旅游公共设施"十小工程"配套，发展起以"观光游览、观光休闲"为主的"乡村旅游区"。

第二步，永梅村开始通过乡村旅游"六要素"配套（食住行游购娱），特别是以民宿为核心的住宿业态配套，发展以"民宿度假、旅居休闲"为主的"乡村度假区"；2018 年 7 月第一家民宿客栈——瑶胞娇正式营业，生意兴旺，半年收入超过 20 万元，利润超过 10 万元。

第三步，未来永梅村可以通过乡村旅游"康养、教育"要素融入，建设广东省研学旅行示范基地、农业公园、运动公园（乡村骑行公园、乡村徒步公园），发展起旅游"八要素"，发展以"乡居康养、养生养老"为主的"乡居康养区"。

（三）中国"文明幸福村"建设

先富与共富齐抓、统治与自治互动、传统与现代融合，通过中国"文明幸福村"建设三部曲：共同富裕村→社区自治村→乡风文明村，建设中国"文明幸福村"，形成"旅居＋乡居聚落"命运共同体。

据《乡村振兴战略规划（2018—2022 年）》对乡村振兴提出的总要求——"产业兴旺、生态宜居、乡风文明、治理有效、生活富裕"，通过"美丽乡村"建设实现生态宜居、通过"文旅特色村"建设实现产业兴旺的基础上，建设"文明幸福村"。

第一步，永梅村可以通过创新创业、吸引就业、土地入股，以及村合作社或村股份平台公司等手段实现合作共享、共同富裕。

第二步，永梅村可以通过经营主体多元化，设立完善农业或旅游行业协会，实现行业自治；并在村党组领导下，设立村乡贤议事会（共商）、能人理事会（共建）、老人监事会（共享），实现乡村自治。

第三步，永梅村可以在居民、游客主要活动空间场所，如游客中心、祠堂、文化广场，展示社会主义核心价值观；并结合村落及宗族家族历史、现状、未来发展，提炼出既传承传统（如宗族家族精神）又体现现代文明（如独立自主、自由平等、公益互助）的村落精神、价值观，使村民具有信仰（如传统之"天人合一""仁爱和合""因果报应"），形成文明的习惯风俗、语言行为，特别是公益、互助等现代公民行为，从而形成乡风文明村。

表6　　　　乡村旅游休闲体验型社区营造助推乡村振兴发展的"三部曲"

乡村振兴（三部曲）	1. 美丽乡村（三部曲）	2. 特色乡村（三部曲）		3. 文明幸福村（三部曲）	永梅古村	命运共同体
1. 生态宜居	①干净整洁村 ②美丽宜居村 ③特色精品村→	产业特色村→	文旅特色村		清远市生态、美丽乡村示范村，广东省卫生村，中国少数民族文化特色村寨	生态共同体
2. 产业兴旺		①特色农业 ②特色加工业 ③农商旅文体康服务业融合—	①乡村旅游区 ②乡村度假区 ③乡村康养区		广东5A文旅特色村（在进行）	产业链共同体
3. 生活富裕				①共同富裕村		聚落共同体
4. 治理有效				②社区自治村		组织共同体
5. 乡风文明				③精神文明村		文化共同体（社区意识）

资料来源：作者整理。

四、乡村旅游休闲体验型社区营造助推乡村振兴的模式（"吸引物＋体验＋商业"模式）

在开放的市场经济体系下，需要通过促进乡村融入周围城镇城市（特别是周围大中城市）、区域，乃至全球的经济生活圈，或资源贫困村的劳务输出、或特色产业村的商品输出、或文旅特色村的客流输入三种基本途径，实现乡村可持续发展，达到乡村振兴目标。其中，乡村旅游是市场化、工业化、城市化背景下实现乡村振兴的有效途径，可以基于乡村优质旅游（优良生态文化环境＋特色吸引物＋完善乡村公共服务"十小工程"＋链式旅游8要素配套及6产业融合＋优质旅游休闲服务），形成"吸引物＋体验＋商业"的乡村振兴模式。

（一）特色旅游休闲体验式乡村社区＋体验活动＋商业

在特色村落社区营造的基础上，叠加旅游休闲元素，发展乡村优质旅游，即特色村落社区（乡村聚落＋户外游憩）＋乡村旅游公共设施（如"十小工程"）＋旅游接待服务要素（如"八要素"）＋服务业融合（如农商旅文体康）＋优质服务。建议参照《广东 A 级文旅特色村标准》，启动"广东 A 级文旅特色村"建设，展开特色村落社区营造。

（二）VR/AR 虚拟体验式乡村社区＋体验活动＋电商＋"路之站"

在乡村实体体验基础上，构建乡村虚拟体验平台，形成虚拟形象窗口，以行销乡村体验产品及在地商品，即互联网体验平台＋电商预订平台＋在地商品仓储物流基地。建议参照电商产业园、商旅综合体，构建一县（市、区）一园（电商产业园）、一镇（旅游特色小镇）一中心或驿站（旅游服务中心或驿站）、一村（文旅特色村）一驿站（mini 驿站）。

这样，通过虚拟体验、实体体验两个平台，乡村的体验产品及在所在地商品就与市场形成了联系，保证了信息流、物流、客流、资金流的畅通稳定，从而保证了市场化、工业化、城市化背景下乡村可持续发展。

五、乡村旅游休闲助推乡村振兴的政策建议

（一）三大"瓶颈"：人才、建设用地、资金

第一，人才、劳动力流失。主要表现为乡村特别是偏远乡村青壮年劳动力流出严重，老幼守家，现代科技、经管知识不足。

第二，土地流转不畅、建设用地不足。主要表现为农地流转不畅，有些宁荒不租；宅基地祖屋破烂，宁烂不动；村落建设用地有限。

第三，财政资金、产业资本、社会资本、公益资金欠缺。政府财政转移支付不具有连续性；涉农资金各部门各自为政，缺乏统筹；绝大多数乡村能人缺乏、经济实力不足，承受不起乡村卫生环境整治、公共设施包括旅游公共设施建设经费；由于土地流转和乡村信用问题，产业资本、社会资本进入困难。

（二）乡村建设政策建议

第一，在党委村委领导下开展行业自治、社区自治，培育社区意识，自上而下与自下而上相结合。

第二，关注教育培训、培育社区力量，同时吸引城市人特别是乡贤回

乡创业、就业。

第三，盘活土地资源、旅游资源，创新吸引物、产品、服务。例如，以行政村为平台（合作社或股份公司）进行农地确权确利、集中流转、集约经营；宅基地（空置宅基地）确权确界、中介租赁、联盟（协会或平台公司）经营；林地确权确利、集中流转、集约经营（但生态功能区如水源林、风水林、公园林宜归集体公有，观光游憩化保育）；以镇街为平台建立土地信托银行，将土地确权证作为农户支票使用，高效流转土地。

第四，以特色产业、特色旅游吸引乡村振兴资金持续投入。涉农财政资金统一筹划，基于行政村（合作社或股份公司）建立平台信用吸引产业资本、社会个体资本下乡创业，吸引社会公益基金保护生态与文化。

第五，统筹谋划规划策划，基于整体健康理念展开乡村社区营造、产品服务开发，构建乡村生态系统、景观系统、公共服务系统、产业产品系统、社会文化系统、自治系统，最终形成适宜度假旅居、康养乡居的现代乡村（如表7所示）。

表7　　　　　　　　基于整体健康视角的乡村旅游产品体系开发

体验产品层面	整体健康层面	整体产品（乡村旅游区）	组合产品（乡村线路，如骑行圈、徒步圈）	单项产品（乡村旅游要素，如食）	旅游商品（土特产、菜品、纪念品，如山楂酒）	永梅古村
功能实用	身体机能	休闲运动区、健康养生区	骑行运动、徒步运动	生态有机营养	降三高	乡村骑行公园、徒步旅游区，稻园峒庄森林康养中心
	心智发展	研学旅游区	古村、农事、生态研学	食材种养、加工、营养知识	山楂酒发酵、酿造流程	乡村研学旅游基地
	人际互动	休闲活动区	广场、营地交流	长桌宴	山楂酒宴	壮族铜鼓广场、蒙峒古村邻里中心
符号意义	心灵寄托	宗教祭祀区、符号标识区、纪念品	花婆庙、书院宗祠	感恩天地、手信纪念	山楂之恋	花婆庙、书院宗祠、窗口形象图腾
感觉审美	心情愉悦	观光区、娱乐区、美食区、体验区	田园观光、歌舞娱乐、漂游游乐、农家美食、农事体验	食品色香味俱全，食盘原始古朴，食境清新自然、歌舞陪伴	山楂酒的洋酒颜色、白酒或红酒或醋酒味道、精致包装	蒙峒古村、蒙峒谷、蒙峒河漂游、歌舞台、农家乐、休闲农业

资料来源：作者整理。

参考文献

［1］王先明．百年中国乡村发展理论论争的历史思考［J］．山西高等学校社会科学学报，2014（1）：89－92．

［2］台湾地区"行政院"文建会编，《社区总体营造简报资料》，台北，1995．

［3］廖玉华．大陆社区营造发展探析［J］．现代物业（中旬刊），2016（8）：81－84．

［4］崔永军．中国城市社区建设模式研究［D］．吉林：吉林农业大学，2003．

［5］黎智洪．从管理到治理：我国城市社区管理模式转型研究［D］．西南大学，2014．

媒体趋热的冷思考：以乡村旅游项目开发中的媒体"热宣传"为例

▶李永安

宜春学院 经济与管理学院

媒体喜欢追逐热点，导致很多社会热点事件引起公众广泛关注并持续讨论。热点之所以成为热点，一般与公众的厌恶和喜好相关，体现了大众的价值判断；有些热点问题，也与政策的推行有关，为的是突出一定时期经济社会发展的战略重点。正是由于媒体的热点报道，使社会负面的东西为人所抨击，形成道德评判；使正面的、有利于社会进步的因素得到张扬，从而激发了社会的正能量；使政策重点为社会所关注，并形成社会凝聚力量和正确的行为导向。一个问题成为持续的热点问题，往往形成热潮，媒体在热潮中无疑充当了"发动机"作用。随着"三农"问题重视程度的升级，作为破解"三农"问题的手段之一——"大力发展乡村旅游"纳入政策的视野并得到媒体的热烈响应，乡村旅游逐成为一个社会热潮。正是得益于政策的支持，乡村旅游得到了快速发展，加之新闻媒体的推波助澜，农家乐、特色小镇、农业观光园、乡村文化民俗等各种形式的乡村旅游项目遍地开花，甚至可以用"一哄而起"来形容。然而，并不是所有的项目都一帆风顺，不少项目的启动，源于受"大好形势"的感染，盲目跟风开发。为此，在正视媒体对乡村旅游项目的品牌构建和宣传、产品的营销、目的地的形象塑造等方面的积极意义的同时，还应该反思媒体的负面效应。媒体的渲染，与农村脱贫愿望，以及政府对于"三农"问题解决的崇高使命感交相辉映，将乡村旅游行业带入一种狂热的、非理性的社会情绪中，进而影响乡村旅游产业的健康发展。因此，在乡村旅游项目开发中，对媒体的热宣传要进行冷思考，应正视媒体的"双刃剑"效应。

一、媒体趋热报道：观点回顾与问题的提出

有关媒体趋热报道的研究，主要关注点在于：第一，媒体热点传播的规律。张蓓，韩旭（2017）对热点新闻网络流行语的产生机制和传播特点及其传播效应进行分析，并提出了热点新闻网络流行语的控制策略。陈志红（2015）探讨了新闻热点事件传播中媒体传播与社会大众心理效应的互动关系。第二，媒体如何找到热点和如何利用热点。王宗尧、刘金岭（2016）从微媒体如何发现与跟踪热点的目的出发，论述了热点事件的特点。刘锦鑫（2017）探讨了如何运用媒体热点，影响学生的价值观问题。第三，媒体趋热传播的正面、负面效应及其应对措施。曹光煜（2018）分析了全媒体视角下的社会公共事件热点舆情传播的特点和规律，关注到社会公共热点事件舆情传播的偶发性、特定时期与仇怨等社会心态的关联性、周期趋短甚至出现反转性等负面效应，并从传播理念转变、风险预警和效果评估、增强舆论引导力等方面，提出应对措施。郝雨、王雅婧（2015）将热点新闻的骤冷现象归结为受众浅认知的社会背景以及媒体在引导社会公众深入、冷静思考方面存在责任缺位的现实，并从培育媒体受众素质、提高媒体的责任意识、平衡媒体专业性与大众性关系等方面，提出防止新闻报道成烂尾新闻的举措。温凌云（2016）则从热点新闻事件中媒体与法律的制衡效应中分析媒体热点宣传的负面风险规避问题。

上述有关媒体趋热性的学术关注，对媒体趋热的规律、媒体趋热的双刃剑效应进行了分析，并提出了对策措施。但是，仍然存在着以下研究的盲点：第一，对于媒体趋热的经济动因，如受当前注意力经济（眼球经济）大的社会背景影响，缺乏关注，而这个因素可能是不应该忽视的主要原因。第二，媒体趋热问题，也有政府与媒体关系的原因。相关研究对于各级媒体，特别是主流媒体注意力保持在与政府的重点关切相一致，对这种政府与媒体关系因素导致的媒体趋热性缺乏必要的研究，而这个因素也不容忽视。虽然中国特色的传媒制度决定了媒体宣传政策精神时，常常作为政府的代言人而发声。但是，在把握大方向不发生偏差的基础上，仍然要讨论媒体相对独立性的问题，来规避政府特别是地方政府非理性状态下

的决策冲动等政策施行风险。本研究拟以乡村旅游的热点宣传为例，在考察当前注意力经济大背景以及媒体与政府关系的基础上，分析媒体趋热及其正负效应，并提出应对措施。

二、媒体的宣传效应与乡村旅游项目开发的风云起伏

（一）媒体广泛宣传助推乡村旅游项目开发热潮

近年来在国家政策对三农问题支持力度加大的情势下，无论是学术传播的专业媒体，还是大众媒体，对乡村旅游项目予以广泛关注性和高频率报道。在媒体的宣传和诉求中，乡村旅游成为农村扶贫、农村产业融合升级、美丽乡村建设等"三农"问题的重要抓手，也成为商家投资的新的"战场"。从学术媒体来说，笔者于 2018 年 10 月 20 日通过输入"乡村旅游"这个关键词，通过精确检索中国知网的期刊网数据库，发现近年篇名中含有"乡村旅游"的文章，呈快速增长的趋势。这里还不包括以前没有，最近两年才出现的"特色小镇""美丽乡村"等与乡村旅游有一定关联性的词汇。2008 年，知网检索篇名含有"乡村旅游"学术文章共计 423 篇，截至 2017 年达 1010 篇，10 年间增长了 2.5 倍，而除 2012 年小幅度回落外，且增长幅度总体呈递增趋势。而从报刊媒体来看，仍选择知网，以报纸数据库为检索范围，以"乡村旅游"为题名精确检索，2016 年共检索出文献 265 篇，2017 年则达 819 篇，相关文献的数量在 2015～2018 年呈高位显示。而截至 2018 年 10 月 20 日晚，笔者以该题名检索出该年度相关文献达 914 篇，可见报刊媒体对于乡村旅游的关注，在近年呈井喷式增长态势。这从一个侧面反映了媒体对于乡村旅游关注的急剧升温。

伴随着政策的支持和媒体的造势，我国乡村旅游项目开发进入了一个热潮。以江西省为例。《江西省乡村旅游发展规划（2013～2017 年)》提到，要着力打造 300 个 A 级乡村旅游点。而相关数据显示，2016 年江西省有 A 级乡村旅游点 121 个，这就意味着要完成规划要求，必须在一年左右的时间翻番。《江西省人民政府办公厅关于进一步加快发展乡村旅游的意见》，更是提到，到 2020 年，江西要建 1 万个不同类别各具特色的乡村旅游点。而其他省份也不同程度地高呼口号，并且大兴土木，通过特色小镇等方式，争取乡村旅游项目立项。甚至，有的政府机构通过网络媒体，将

特色小镇定位为"供给侧改革的新动力"（福建国资委）；有的提出"多点开花"助推乡村旅游扶贫（湖南旅发委），从中央到地方，各级政府层层重视，狠抓落实。以宣传乡村旅游为目的，各类媒体竞相积极呼应，中央电视台的综艺节目甚至将舞台搭建在田野和村庄，以艺术节目的方式，唱响全域旅游新时代。乡村旅游项目在国家政策和各种形式的媒体的双重作用下，似乎呈现出一派繁荣景象。

（二）多个乡村旅游项目倒闭折射媒体传播双刃剑效应

乡村旅游在繁荣之余，也出现了规划失败、先热后冷、惨淡经营的常见现象。甚至出现烂尾工程。笔者调研了多个乡村旅游项目及特色小镇等，发现最大的问题是人气不足，而其背后的根源是缺乏产业支撑、同质化严重。例如，成都龙潭水乡小镇，投资规模 20 亿元，由于项目草率上马，定位失败而惨遭破产，等等。政府也看到了问题的严重性，于是 2018 年 8 月 30 日颁布《国家发展改革委办公厅关于建立特色小镇和特色小城镇高质量发展机制的通知》，针对概念不清、盲目发展及房地产化苗头等偏差问题，根据"坚持产业立镇""规范发展"等原则，提出对立项项目进行评估、纠偏整改甚至优胜劣汰等。然而，即便是纠错，甚至淘汰一批项目，由于半吊子工程造成的资源浪费，着实令人痛心。

多家乡村旅游项目倒闭或惨淡经营的案例说明：一方面，存在体制性的困境，如政绩驱动、科层体制下的项目管理，层层加压，造成项目立项后，时间急，任务紧，项目未经深入调研和科学论证即仓促上马；另一方面，在肯定媒体传达国家政策精神、积极传递正能量的同时，也折射出媒体趋热，推波助澜，理性的声音过于微弱，媒体的预警报道不到位。结果大范围地浪费土地等资源，造成国家及当地政府、旅游开发商甚至村民的资金风险。在乡村旅游遍地开花、成功与失败并存的格局中，媒体成为一把双刃剑。而据 2017 年统计年鉴相关数据可知，2016 年国内旅游人次达 44.4 亿人，比 2015 年增长 11.1%。相关统计公报显示，2017 年国内旅游人次为 50.01 亿人，比 2016 年增长 12.8%。尽管旅游人次有不小的增长，但成倍增长、甚至是"井喷式"增长的乡村旅游项目大大高于旅游人次增长数。其实稍稍思考即可产生疑问：项目赖以维持的"人"（游客）从哪里来？即使项目做得再好，不存在同质化等现象，这种供给与需求的结构性矛盾如何解决？从这一点看，媒体对于社会乃至对于政府缺乏正确引导和直面现实的舆论影响。

三、媒体"双刃剑"困境的原因及破解

（一）受"眼球经济"和"媒体与政府关系扭曲"双重影响

首先，受"眼球经济"的影响，不少媒体为获得公众更广泛关注，将重心放在吸引人气上。所谓眼球经济，又称为注意力经济，是通过包装和活动，广泛吸引社会关注，从而形成经济效益的一种经济形态。媒体在注意力经济中充当了主要媒介。一方面，媒体通过各种活动，宣传和造势，甚至炒作，为注意力经济推波助澜；另一方面，媒体又深受注意力经济的影响，变得越来越"适应"注意力经济。从信息的角度看，在这个信息密集的时代，人们可选择性的信息太多了；从商品的角度看，在同类商品越来越无差别、普遍同质化现象下，要吸引消费者或受众的注意力，的确要挖空心思。同样，媒体没有注意力就没有市场。所以，电视没有收视率就没有广告收入；网络媒体没有点击率就没有广告推广效应；报纸、杂志没有关注率，同样没有广告收入和发行量收入。在激烈的竞争环境下，媒体的经济理性往往会影响其宣传的价值取向。

其次，媒体与政府的关系处于不正常状态，同样会扭曲媒体的价值取向。一方面，媒体作为机构，如其他机构一样，接受政府的管理和规制，以保证机构在规范、合法的范围内运行和活动；另一方面，媒体与政府的关系，又应该是相互依存、共荣共生的关系，媒体可以成为政府的诤友与智囊，从而体现它的相对的独立性。一般地，我国主流媒体作为党政宣传工具，与政府的政策宣传有高度的契合性。媒体在宣传国家大政方针方面，功不可没。但是，如果媒体以政府的马首是瞻，完全沦为政府的工具，则无法保证政府的冲动性决策不被媒体强化，从而使决策错误放大。使权力经济还有市场、眼球经济大行其道、地方保护主义客观存在的背景下，不少媒体一味媚权、媚俗，不少大众媒体往往靠博眼球、博点击率，或是博政府领导高兴，从而获得物质利益和地位提升。常见的所谓"标题党"，通过夸大其词或是低级趣味的暗示性题目来吸引读者注意，内容却与主题不一；所谓"打官腔"，即内容空洞无物，仅以权力部门是否高兴为标准。

（二）保持独立性与批判性：媒体"双刃剑"困局的破解

"眼球经济"本质上是功利主义经济，媒体媚俗是功利主义的表现。在这功利主义盛行的时代，媒体独立精神似乎成为一种稀缺资源。所谓媒体的独立精神，有两层意思。第一层意思是媒体的独立思考：在社会利益关系复杂化、社会价值判断多元化的当今时代，媒体要保持冷静和从容，以报道的内容客观性为准绳，坚持自己，不跟随社会情绪（或非理性的社会亢奋、或社会悲观情绪）运转，更不应趋附于社会情绪中（不媚俗），不为社会负面情绪推波助澜。而是要站在一个高度，甚至把握一个时代的发展趋势，弘扬社会正能量，引领社会思潮。媒体独立精神的第二层意思是媒体应独立于权力和金钱之外，唯有如此，媒体才能够做到不媚俗、不媚权。这就要求在经济利益与社会责任之间作权衡，短期利益与长远利益相协调。但是，媒体的独立性，并不是指媒体的无政府主义，其根本性的原则是要把握正确的大方向、并引领正确的方向。

媒体的批判理性，是指媒体应该以证伪的哲学态度去审视社会现象，它与独立精神联系紧密，并以独立精神为其基础。媒体作为社会政策的传递者和社会思潮的引领者，应当以批判的眼光去怀疑和审视一切，而不是盲目从众。然而在我们的认知里，不少媒体迎合大众思潮，而不是以怀疑和批判的精神发出不同的声音，一味媚众、媚上，媒体与权力结合，这些均体现了批判理性的缺失，其双刃剑的负面效应让人记忆犹新。媒体的言论与社会情绪相呼应，对司法独立、政府决策等方面产生负面影响的例子并不鲜见。媒体在坚持宣传主旋律、宣传国家大政方针的同时，要以独立精神和批判理性站在理性的高度，多传递正能量，从而破解"双刃剑"效应。回到乡村旅游宣传的例证，从乡村旅游项目的媒体参与性来说，各级主流媒体、各种形式的媒体通过宣传，将乡村旅游项目的特色和优势推介给大众的同时，要以客观、理性的态度，对于乡村旅游项目开发的市场风险进行预警。这就要求避免受利益集团（如地方利益、商家利益）所收买，为利益集团说话，并成为利益集团代言人；媒体同时避免通过夸大宣传乡村旅游的开发绩效，成为地方官员谋取政绩的工具。

总之，所谓媒体的独立性和批判性，要求媒体克服眼球经济的负面性而独立于社会公众之外；要求媒体相对独立于政府之外而保持理性思考。所谓批判性，以独立性相关联，只有在保持独立性的前提下，才能够做到批判性。媒体以独立性和批判性精神，破解趋热报道的"双刃剑"困局，从而更大程度避免类似于乡村旅游从"一哄而起"到"一哄而散"的结局。

参考文献

［1］张蓓，韩旭．热点新闻中网络流行语的产生与传播［J］．新闻战线，2017（8）：51 – 52.

［2］陈志红．新闻热点事件传播中的大众心理效应［J］．新闻战线，2017（10x）：23 – 24.

［3］王宗尧，刘金岭．微媒体文本热点事件的发现与跟踪［J］．当代传播，2016（6）：81 – 84.

［4］刘锦鑫．利用媒体热点促进学生价值观形成［J］．中国教育学刊，2017（3）：108 – 108.

［5］曹光煜．全媒体环境下社会公共事件热点舆情传播特征及处置对策［J］．行政管理改革，2018（3）：64 – 68.

［6］郝雨，王雅婧．受众浅认知下热点新闻骤冷及烂尾的媒体责任［J］．新闻界，2015（7）：19 – 23.

［7］温凌云．热点新闻事件中媒体与法律的制衡效应［J］．新闻战线，2016（7x）：26 – 27.

［8］李永安．美丽乡村建设须破解"梁漱溟之惑"［J］．宁夏社会科学，2017（2）：41 – 48.

［9］数据来源：http：//zwgk. mct. gov. cn/？classInfoId = 360（中华人民共和国文化和旅游部官网）.

乡村振兴战略下乡村旅游发展的几点思考

▶刘祯贵

成都市城乡建设委员会

党的十九大报告明确提出大力实施乡村振兴战略。中共中央、国务院于 2018 年 1 月 2 日发布的《关于实施乡村振兴战略的意见》，以及中共中央、国务院于 2018 年 9 月印发的《乡村振兴战略规划（2018—2022 年）》，成为实施乡村振兴战略的指导性文件。乡村旅游是实施乡村振兴战略的重要切入点之一，备受社会各界关注。近年来的实践证明，乡村能否得到了振兴，核心是看农业强不强，农民富不富，农村美不美。而在做强农业、农民致富、美化农村方面，乡村旅游大有作为。发展乡村旅游已经成为实现乡村振兴的重要力量。目前，我国正处在全面建成小康社会决胜阶段，应在实施乡村振兴战略进程中牢固树立旅游新理念、引入旅游新业态，构建旅游与各业深度融合、创新创意的乡村旅游新模式，助推乡村振兴发展，谱写新时代乡村全面振兴新篇章。

一、乡村旅游在实施乡村振兴战略中大有作为

笔者从事城乡建设工作 20 多年，从生活经历、工作实践中深知发展乡村旅游的紧迫性与重要性。发展乡村旅游，不仅是实现农民增收、农业增效、农村增绿的重要途径，同时也是打赢脱贫攻坚战、全面建成小康社会的重要举措。据文化和旅游部数据，2017 年全国乡村旅游人数达到 25 亿人次，旅游消费金额超过 1.4 万亿元人民币，乡村旅游已成为乡村扶贫和

富民新渠道。实施乡村振兴战略，发展乡村旅游，将会引导更多社会资源向乡村投入，成为我国乡村经济增长新的动力空间。

就成都而言，据 2017 年成都统计公报，2017 年成都市乡村旅游实现总收入达 327.7 亿元，占全年农业总产值 878.9 亿元的 37.3%，比上年增长 25.6%。数据显示，截至 2018 年上半年，成都市乡村旅游接待总人次 4766.71 万人次，同比增长 5.93%，实现乡村旅游总收入 138.24 亿元，同比增长 17.27%。成都乡村旅游开辟了乡村农业观光、游览、休闲、健康、养老等项目，产生了锦江区三圣乡红砂村花乡农居观光休闲旅游、龙泉驿区兴龙镇万亩观光果园、郫都区农科村的农家乐等不同的乡村旅游模式。2018 年国庆假期四川乡村旅游表现出强有力的带动力。例如，成都市田园灯光美食节、自贡市首届富顺彩绘稻田文化艺术节、广安市国庆梦幻马戏周、攀枝花"仁和味道"美食文化季等乡村旅游文化活动吸引大量游客。住特色村寨、享民风民俗、品乡土菜肴成为假日旅游新风，精品乡村旅游环线车来车往，农家乐、鱼家乐等乡村旅游特色经营点生意爆满，乡村旅游商品供销两旺。乡村旅游在实践中已成为四川省落实乡村振兴战略中的重要引擎、重要途径和重要力量，乡村旅游在实施乡村振兴战略中大有作为。

（一）乡村旅游可在乡村文化振兴上发挥引领作用，助推乡村文化振兴

党的十九大报告指出："文化是一个国家、一个民族的灵魂。文化兴国运兴，文化强民族强""没有高度的文化自信，没有文化的繁荣兴盛，就没有中华民族伟大复兴"。乡村是中华文明的基本载体。《乡村振兴战略规划（2018—2022 年）》指出，传统村落、历史文化名村、特色景观旅游名村、少数民族特色村寨等村庄（村落）具有丰富的自然历史文化特色资源，这些村庄是传承和彰显中华民族优秀传统文化的重要载体和体现。

乡村文化是中国劳动人民几千年生产生活智慧的结晶，它体现和反映了乡村传统产业的思想理念、生产技术、耕作制度以及中华文明的内涵。弘扬、传承和利用优秀的乡村文化，改善现代乡村文明，保护乡村生态环境、促进乡村资源持续利用、传承乡村民族文化，对于推动乡村振兴战略具有重要作用。作为农民精神家园的乡村文化，是"构建现代乡风文明"灵魂工程，是助推乡村振兴战略的重要载体之一。然而，目前在一些地方

却存在着乡村文化日渐凋敝甚至逐渐"消失"的困境。发展乡村旅游，可起到文化引领、文化振兴等作用。为此，乡村旅游应承担起振兴、保护和传承乡村优秀文化的重要使命与责任。通过大力发展乡村旅游，以丰富的乡村旅游产品和业态弘扬、传承乡村民俗、非物质遗产等乡村优秀文化，让乡村文化在共兴、共享的乡村旅游发展中再续辉煌，发扬光大，世代传承。

（二）乡村旅游可在乡村生态振兴上发挥牵引作用，助推乡村生态振兴

乡村作为生态涵养的主体区域，生态可说是乡村最大的发展优势所在。生态宜居是乡村振兴的关键与着力点。处理好"农村、农业、农民"问题，核心在于农业生产得到发展、农村生态得到保护、农民生活质量得到改善。现实实践充分证明，乡村旅游作为一种人们回归自然的主要生态旅游形式，有助于"农村增美、农业增值、农民增收"，在乡村振兴中起着积极的生态牵引与推动作用。

同城市相比，乡村旅游具有无可比拟、无可替代的贴近自然优势，为游客返璞归真提供了条件。乡村旅游的发展，可在保护乡村生态的前提下，满足城市居民回归自然、融合自然、亲近自然的愿望，缓解城市旅游景点旅游人数过多的压力。此外，乡村旅游可在创造美好乡村生活中发挥主导作用。乡村旅游是实现乡村广大群众美好生活需要，补齐乡村民生短板的重要途径。概括起来讲，发展乡村旅游可在拓展乡村生活空间、优化乡村生活环境、提升乡村生活品质、丰富乡村生活产品等方面大有作为，在创造乡村美好生活、助力乡村生态振兴等方面发挥着主导与主力军的作用。

（三）乡村旅游可在乡村脱贫上发挥推进作用，助推乡村脱贫致富

乡村地区的脱贫，是乡村振兴的重要体现。乡村贫困地区的旅游资源普遍相当丰富。因地制宜，结合实际状况发展乡村旅游，将旅游业打造成贫困乡村的支柱产业，是推动乡村贫困地区脱贫致富，过上小康生活的重要渠道。发展乡村旅游对于乡村脱贫致富有着巨大的推动作用，一方面可以充分利用和开发乡村地区丰富的旅游资源，调整与优化乡村产业结构，

另一方面可以转移乡村剩余劳动力，提高农业生产效益。

乡村旅游是利用乡村生产经营活动、乡村自然环境和人文资源，将现代旅游业推向乡村传统产业，可高效地发挥乡村农业生产、生活、生态功能，扩大农业生产范围，增加农产品附加值，加快农业劳动力转移，提高农业效益和农民收入。在乡村旅游发展过程中，一方面农民是乡村旅游的经营者、建设者；另一方面农民又是乡村美好生活的直接享受者、乡村旅游发展的受益者。着力发展乡村旅游，可全面改善农村生产生活条件，不断拓宽农民增收渠道，增进农民生产、生活的幸福感、满足感。此外，乡村贫困地区的旅游发展在为旅游者和城市居民提供乡村生活和个性化、多样化的旅游产品的同时，必将大大增加和促进乡村旅游生活消费，增加当地农民收入，进而将大大推动乡村群众脱贫致富实现小康的进程。2018年2月12日，习近平考察的成都市郫都区战旗村，通过打造传统手工体验、文化、休闲、旅游于一体的传统文化街区，向游客展示郫县豆瓣、蜀绣、唐昌布鞋等非物质文化遗产传统技艺。拥有农户529户、农业人口1704人的战旗村，仅2018年1~5月就接待游客30万人次。发展乡村旅游，不仅让战旗村的传统匠人有了展示手艺的平台，也有效解决了村民的就业和增收问题。

（四）乡村旅游可在城乡协同发展上发挥先导作用，促进城乡融合发展

乡村作为乡村地区人类各种形式的居住场所，是自然、社会、经济三种特征并存的地域综合体，与城镇一起共生共存、互促互进，共同构成人类生产、生活、学习等活动的主要空间。采取有效措施使乡村的自身价值得到提升，重新定位和组合"三农"各种生产要素，推动城乡之间人力、资本、消费、知识等各种生产、生活要素得到融合发展和相互流动，进而达到推进城乡一体化的目的，这是实现乡村振兴的必然要求和最终目标。

发展乡村旅游在促进城乡一体化发展方面，可密切城乡关系，加强城乡文化交流，促进城乡融合发展，表现在城市居民可实现"回归乡村生活"的梦想，农民可实现与城市生活、文化的交流。一方面，发展乡村旅游可促进城乡之间各种要素得到融合发展，使农民的职业、身份得到转换，实现农民的"就地城镇化"；另一方面，发展乡村旅游还可使得乡村资源得以充分利用，吸引城市居民融入乡村、参与乡村振兴战略的实施。

实践证明，通过发展乡村旅游，还可吸引城市居民到乡村观光旅游，促进城乡人口、信息、科技、资金等相互流动，推动城乡经济、社会、文化、观念的相互融合，从而确保城乡共同发展、相互依存，缩小城乡差别。此外，发展乡村旅游，还有利于增强乡村产业的供给活力，充分挖掘乡村产业的休闲体验功能，进而达到调优乡村农产品品种与品质，促进城乡第一、第二、第三产业融合的目的。

二、厘清乡村旅游在乡村振兴战略下发展思路

乡村旅游重在厘清发展思路。2017年10月19日上午，习近平参加党的十九大贵州省代表团讨论时指出，既要鼓励发展乡村农家乐，也要对乡村旅游做分析和预测，提前制定措施，确保乡村旅游可持续发展。要按照《中共中央、国务院关于实施乡村振兴战略的意见》《乡村振兴战略规划（2018—2022年）》相关要求，坚持生态保护、规划引领，以提升乡村度假体验为核心、以推动乡村创意为关键、以挖掘乡村民俗文化为载体、以打造乡村精品旅游项目为抓手，推动乡村旅游"全域化"、乡村产业"多元化"、乡村品牌"国际化"、消费场景"品质化"，实现乡村旅游发展由单一休闲向深度体验转变、由简单粗放向精细品质转变、由数量规模向质量效益转变，达到做优乡村旅游品牌、做强乡村旅游产业、促进乡村旅游惠民的目的。

（一）提高认识，明确乡村振兴战略下发展乡村旅游的重要性

乡村振兴战略的总目标就是推进农业农村现代化。推进农业农村现代化，就是要使农业、农村发展起来，乡村生态、乡风、治理等方面得到同步提升。习近平总书记提出，中国要强，农业必须强；中国要富，农民必须富；中国要美，农村必须美。乡村旅游，可达望山、看水、忆乡愁的目的。乡村地区存在着丰富的人文历史资源和生态自然资源，发展乡村旅游存在着较大潜力与市场。

乡村旅游是旅游产业的重要组成部分，旨在利用乡村自然环境、田园景观、乡村产业、乡村文化、民间节庆、民居建筑、乡村生活等资源条件，在乡村地域范围内通过科学规划设计、合理开发利用，为城乡居民提供集观光、休闲、度假、体验、娱乐、健身等一体的旅游经营活动，有别

于传统城市旅游，是适应乡村振兴发展，具有乡土性、地域性与综合性的新型现代旅游业。发展乡村旅游，有利于统筹城乡的要素资源，促进城乡规划一体、设施一体、服务一体，补乡村短板、扬乡村长处、美乡村风貌、留田园乡愁。发展乡村旅游是促进农民就业增收的迫切需要。特别是，乡村旅游能适应城市居民日益增长的周边短途休闲度假消费需求，并在提高城乡居民生活质量、推进城乡经济社会持续发展方面发挥越来越重要的作用。

（二）正视现状，增强在乡村振兴发展中发展乡村旅游的紧迫感

乡村旅游发展水平，既是衡量一个地区经济发展水平与社会文明程度高低的重要标准，同时也是推动乡村振兴发展、建设美丽乡村的重要抓手。党的十九大报告提出了"实施乡村振兴战略"的重大部署，给发展乡村旅游、建设乡村幸福美好家园提出了新要求，指明了新方向。近几年来，通过实施城乡统筹战略，推进新型城镇化进程，乡村旅游功能得到迅速提升，乡村面貌得到明显改善。但是，对照党的十九大所提出"实施乡村振兴战略"的新要求，乡村旅游在乡村振兴发展、区域协调方面还存在以下一些有待加强与改善的地方：

一是乡村旅游的认识不足，乡村旅游观念和理念还比较落后。部分地区、行政主管认为发展旅游只是"见山""望水"和观赏名胜古迹，在乡村地区是无风景可以欣赏、吸引游客，因而对发展乡村旅游的重视程度是相当不够。

二是乡村旅游指导与引导不力，乡村旅游开发管理混乱。一些地区缺乏整体规划乡村旅游规划质量不高，缺乏策划。各乡村旅游资源之间发展过于分散，缺乏统一协调与功能互补。

三是乡村旅游特色不鲜明，个性化不突出。没有立足本地的旅游资源优势，认真分析和研究客源市场，对于发展乡村旅游是处于盲目状态，乡村旅游的个性化特色不突出、不鲜明，重复雷同相当明显。

四是乡村旅游基础设施对乡村功能的支撑力度不够，综合承载能力有待加强。乡村旅游区道路、停车场等公共设施简陋、设备不足，住宿条件差，水电供应不正常，卫生状况及设施条件难以留住游客。

五是乡村旅游经营不规范，旅游新产品单一。乡村旅游缺乏专业化管

理人才，经营管理水平低；管理体制不健全，缺乏配套的法律法规；农民参与乡村旅游积极性调动不够，乡村旅游缺乏大量适应市场需求的文创产品。

要针对乡村旅游发展中所存在的问题，把发展乡村旅游作为乡村实现中华民族伟大复兴的重要举措来抓。通过贯彻落实党的十九大精神，转变乡村经济发展方式、合理开发乡村旅游资源、拉动乡村旅游发展、拓展乡村发展空间、丰富乡村文化，充分发挥乡村具有文化特色内涵、旅游资源禀赋与吸引力的旅游板块作用，实现乡村协调发展。

（三）科学规划，利用规划引领乡村旅游发展

规划水平如何，直接与乡村的可持续发展、乡村功能的完善和乡村旅游发展品位的高低息息相关。结合实施乡村振兴战略的需要，按照乡村旅游可持续发展的思路，积极探索乡村旅游规划与发展模式。高度重视、精心编制、严格执行乡村旅游规划，以科学合理的规划来规范和推动乡村旅游发展。乡村旅游规划编制过程中，要分析乡村客源现状，明确乡村旅游整体发展方向，包括开发主体、乡村旅游的背景与条件、乡村旅游发展的市场需求、乡村旅游主题与形象、乡村旅游产品定位与空间格局、乡村旅游配套设施等。

第一，应在市场分析基础上做好乡村旅游的顶层设计，用顶层设计来统一发展乡村旅游的思想，使其成为实施乡村旅游发展战略统一的意志和行动。顶层设计也是规划蓝图，更是发展乡村旅游的顶层设计作战图和工作靶向，应制定横向到边、纵向到底的全域乡村旅游发展规划，推动乡村农田、水网、设施、道路、民居景区化、景观化改造，以规划来明确乡村旅游发展的时间账、任务账、责任账，引领和指导乡村旅游发展。第二，注重乡村旅游规划的前瞻性。搞好宏观调控，以超前的思维、科学的规划设计来引领乡村旅游战略的实施，以充分发挥规划的战略性、前瞻性和导向性作用。同时，乡村旅游规划的编制工作一定要着眼乡村长远发展目标，立足于乡村旅游现状与乡村振兴需要。第三，编制乡村旅游发展规划的过程中，应牢固树立现代乡村发展的基本理念。乡村旅游规划要尊重乡村原住居民生活形态和传统习俗，注重乡村旅游的特色与个性，体现乡村的生态本底与自然环境，努力做到乡村旅游规划最终不留败笔、不留遗憾，经得起人民的评论与历史的检验，对得住子孙后代。第四，乡村旅游

规划要体现科学性，顺应城乡融合、乡村振兴要求。要按照党的十九大报告提出的"产业兴旺、生态宜居、乡风文明、治理有效、生活富裕"乡村振兴战略总体要求，不断健全与完善乡村振兴旅游发展各类专项规划。第五，维护乡村旅游规划的权威性与严肃性。一经确定的乡村旅游规划，就必须依法实施，严禁随意改变。对照乡村旅游发展专项规划，坚决杜绝不符合乡村振兴与旅游发展规划的项目，要依靠科学的规划来确保乡村旅游发展的质量、进度与成效。同时，大力提升乡村旅游规划的功能统筹、创意设计、产业融合能力，引导乡村区域协调、城乡融合、共同发展。

为搞好乡村旅游发展，国家层面高度重视乡村旅游发展的规划设计。国家发展和改革委员会等14部门于2017年7月共同印发了《促进乡村旅游发展提质升级行动方案（2017年）》，从国家层面确定了乡村旅游发展要遵循"因地制宜，突出特色""产业协同，融合发展""以农为本，注重保护""政府引导，社会参与"四项基本原则，旨在打造集观光、养生、休闲、游乐、文化体验、度假于一体的乡村旅游。成都市于2017年出台了《成都市关于加快乡村旅游提档升级的实施意见》，做出5年内实现乡村旅游总收入超过500亿元，接待总人次达到1.2亿人次目标。

（四）完善体系，优化乡村旅游发展的功能布局

应在现有乡村发展体系基础上，优化乡村旅游发展的功能布局。一是依托乡村交通、产业功能和生态功能，实施乡村旅游资源集聚发展。集聚乡村旅游发展要素，促使乡村旅游逐步由依托农户的同质化、个体化、分散化向依托自然村落的特色化、产业化和集聚化方向转变。着力塑造城乡形态，把美丽乡村中的田园综合体、传统村落、休闲农庄、特色庄园、乡村民宿、乡村旅游度假区、旅游风情小镇等乡村旅游发展的各类载体建设与发展作为乡村旅游发展重点，整合乡村道路、村庄、乡村旅游景点等各种旅游要素，集聚发展乡村旅游，提升和改善乡村生活空间，推动乡村生产、生活空间与山水生态空间"共融共生"。二是在乡村旅游发展中注重提升宜居宜业、品质优化的城乡功能布局。科学、准确定位乡村旅游功能，突出乡村的自然优势和传统特色，杜绝乡村旅游同质化现象的产生。结合乡村旅游资源实际，因地制宜确定乡村旅游发展的功能与定位，引导各乡村旅游朝个性化、差异化模式发展，打造集旅游、生产、生态多功能于一体的乡村旅游体系，实现乡村旅游永续发展。三是顺应乡村区域协

调、城乡融合发展要求，加快特色旅游发展。根据乡村各自的功能定位、产业基础与资源优势，建设一批产业集聚、功能复合、连城带村的特色旅游乡镇，引导乡村人口向特色旅游乡镇集聚、转移。

习近平于2018年2月到四川视察时指出，"天府新区是'一带一路'建设和长江经济带发展的重要节点，一定要规划好建设好，特别是要突出公园城市特点，把生态价值考虑进去，努力打造新的增长极，建设内陆开放经济高地"。习近平不仅是对高质量推动四川天府新区建设的殷切希望，同时也是对成都加快建设全面体现新发展理念城市的重大要求、明确目标。公园城市发展定位，可以说是成都发展乡村旅游的重要要求和标准。成都拟按照公园城市发展定位，遵循全域乡村旅游发展理念，立足区域乡村旅游资源优势，按照"错位发展、功能互补、集中连片"原则，加快推进沿山乡村旅游带、环山城市森林公园休闲带和以天府绿道为轴心的公园城市精品乡村旅游带建设，构建"点、线、带、面"相结合的全域乡村旅游新格局，实现乡村景观全域优化、旅游服务全域配套、旅游治理全域覆盖、旅游产业全域联动和旅游成果全民共享。

三、多措并举搞好乡村振兴战略下乡村旅游发展

党的十九大报告、2018年9月中共中央与国务院印发的《乡村振兴战略规划（2018—2022年)》，以及2017年7月国家发展和改革委员会等14部门共同印发的《促进乡村旅游发展提质升级行动方案（2017年)》，应该是乡村振兴战略下发展乡村旅游遵循的基本准则。通过多措并举，打造出乡村田园秀丽、民俗风情多姿、生态五彩斑斓、功能现代时尚的乡村旅游目的地，助推乡村振兴。

（一）精准扶贫，利用乡村旅游助推乡村脱贫攻坚目标

摆脱乡村贫困，是乡村振兴的前提与关键。党的十九大报告对于脱贫工作提出明确要求："坚持精准扶贫、精准脱贫""攻克深度贫困地区脱贫任务"。《中共中央、国务院关于实施乡村振兴战略的意见》要求，"把维护农民群众根本利益、促进农民共同富裕作为出发点和落脚点，促进农民持续增收，不断提升农民的获得感、幸福感、安全感"。为贯彻落实《中共中央国务院关于打赢脱贫攻坚战的决定》，国家旅游局、国家发改委、

国土资源部等12个部门于2016年8月制定并印发《乡村旅游扶贫工程行动方案》,"十三五"期间,我国将力争通过发展乡村旅游带动25个省(区、市)2.26万个建档立卡贫困村、230万贫困户、747万贫困人口实现脱贫。要立足精准扶贫,采取切实有效措施利用乡村旅游助推乡村脱贫攻坚目标。通过旅游产业发展,把乡村生态环境优势转化为经济社会发展优势,以此增加乡村农民收入、促进乡村脱贫攻坚,推动乡村振兴战略在乡村落地落实。

首先,要发挥农民在乡村旅游发展的主体作用,通过重组乡村旅游资源所有权、经营权、使用权,组建农民旅游合作社,组织和引导农民积极参与乡村旅游的发展,吸引更多的社会资本和经营主体投入乡村旅游的发展。重点是帮助农民做好家园策划设计,加大对发展乡村旅游的基础设施建设支持力度,发展一批休闲农业的特色村、专业园和合作社。发展原生态体验、垂钓休闲、观光采摘、研学旅行、养生度假等乡村旅游,依靠旅游使乡村脱贫。其次,结合危房改造、易地扶贫搬迁、新农村建设等工作,调动多方资源增强乡村旅游脱贫富民功能。结合乡村土坯房(危旧房)改造搬迁政策,建设集休闲、旅游、居住为一体的乡村旅游客栈式居民点。途家发布的《2018十一出游民宿预测报告》数据显示,2018年国庆期间途家民宿订单量相比2017年增加5倍。2018年国庆黄金周假期,四川的乡村民宿订单量同比涨幅超过6倍,其中以成都三圣乡、青城山、都江堰最受欢迎。由此可见,乡村旅游发展民宿前景广阔。最后,通过采用农民入股、组建合作社等方式,建立健全乡村旅游利益联结机制,让广大农民能够平等参与乡村旅游的有关发展环节,确保就地、就近实现农民就业与增收,共同享受发展乡村旅游所带来的成果。采取有效措施,将农民住房变成游客用房,提高农民的财产性收入;将乡村的各种土特产品变旅游礼品,不断增加农民的经营性收入;将农村居住区变旅游景区,扩大农民就业渠道,实实在在地增加农民的工资性收入。

(二)产业发展,着力增强乡村旅游发展后劲

旅游产业具有"一业兴、百业旺"乘数效应。乡村旅游是以乡村农业等产业经营为基础,乡村产业与旅游业相结合的新型产业,二者不能割裂开来。发展乡村旅游,是乡村产业转型、调整、提升的重要方面。坚持融合发展理念,以产业为基础的乡村旅游发展定位,推动旅游业从门票经济

向产业经济转变，促进乡村旅游业与现代乡村产业体系融合发展，构建产业高端、结构合理、绿色循环、集约型增长的乡村旅游发展新格局，使旅游业成为乡村经济增长的排头兵。

首先，着力于转变乡村旅游发展方式，打造产业跨界、产业融合发展的乡村生态旅游产业链。推动乡村旅游生产要素配置更加科学、合理，实现乡村旅游产业生产集约化、组织科学化与要素供给高效化。因地制宜发展特色旅游产业，促进旅游产业多样化、个性化发展。整合旅游要素，打造一批乡村旅游精品景点和精品线路。实施乡村旅游精品工程，建立经济高效的乡村旅游价值体系，形成特色资源保护与村庄发展的良性互动机制。其次，在开发乡村民俗、乡村美食、乡村特产、农事体验、农家生活等特色产业的基础上，因地制宜积极发展乡村休闲、乡村度假等产业。突出强调休闲、养生项目，增加四季皆可进行的养生旅游项目以及古民居、民俗风情等文化、节庆旅游产品，使乡村旅游发展由乡村观光旅游顺利转变为观光加上休闲养生度假型乡村旅游发展方式，有效弥补了季节性产品的空缺，同时适应了旅游业发展的整体趋势。最后，以旅游为依托，按照"旅游+"新业态融合发展的思路，促进乡村旅游产业升级。通过融合文创、电商、养生、养老、体育、健康、研学、文艺等产业，培育多样化、个性化的乡村旅游业态。成都在发展乡村旅游过程中，鼓励在水稻、油菜等规模化生产中，融入大地农业景观；乡村景观与产业结合，打造景观农业、林业，将现代农业、林业基地建设成为乡村旅游风景区；大力发展综合性休闲农业园区、农业主题公园、赏花基地、水利风景区（河湖公园），将田园变公园、农区变景区、农房变客房，优化乡村旅游产品供给体系。

（三）强化建设，增强乡村旅游发展的综合承载力

基础设施是乡村旅游赖以可持续发展的基础和平台。应坚持以人为本、民生优先，大力推进和整体提升乡村旅游硬件设施水平，着力增强乡村旅游的融合发展综合承载力，确保游客在乡村"行之方便、游之尽兴、购之丰富、娱之快乐"。

第一，加大乡村旅游交通设施建设力度，努力提升乡村环境设施互通、互联能力。结合乡村旅游实际，统筹规划、适度超前建设乡村旅游交通设施，引导城市优质交通设施反哺乡村，支持乡村旅游发展。重点是建立和完善城市、城镇连通周边乡村旅游重要景点的公共交通网络，推行

"景区直通车""网络单车"等便民服务设施，完善乡村停车场、微型自驾营地等配套设施，形成"快速通达、慢行体验、无缝接驳"的乡村综合交通体系，提升乡村旅游舒适度与便捷性。第二，完善与配套乡村旅游公共服务设施，使城乡公共服务资源得到均衡配置。着眼于解决群众生活关心的乡村旅游存在的突出问题、热点、难点，完善乡村旅游标识，提升乡村酒店民宿品质。加大建设力度，进一步完善乡村文化、休闲娱乐、教育、科技、体育和医疗等公共服务设施建设和配套。第三，高度重视乡村应急设施和防灾减灾设施建设。乡村防震减灾、防洪排涝和公安消防等设施建设要与改善乡村形象、美化乡村环境相结合，不断增强乡村对重大自然灾害和突发事件的应急处置能力，提高乡村旅游的安全感。第四，高水平、高质量搞好乡村旅游景点规划建设，加强乡村景点建设过程管理，全方位提高乡村旅游经营管理水平。通过乡村基础设施建设和服务体系投放，促进城乡居民乡村旅游习惯养成，在提升生活福祉的同时增进未来消费潜力。根据 2017 年出台的《成都市关于加快乡村旅游提档升级的实施意见》，5 年内成都将实现全市乡村旅游项目及配套设施各项投入达到 50 亿元。

（四）绿色发展，提升乡村旅游发展的"造血"能力

生态宜居，是乡村振兴的关键。生态良好、宜人环境是乡村宝贵财富和最大的发展优势。坚持以"绿色"为导向的乡村旅游发展模式。习近平指出，"我们既要绿水青山，也要金山银山。宁要绿水青山，不要金山银山，而且绿水青山就是金山银山"。习近平关于"绿水青山就是金山银山"的发展理念，为发展乡村旅游奠定了理论和实践基础。2018 年 9 月，习近平到吉林省松原市查干湖了解生态保护情况时指出，绿水青山、冰天雪地都是金山银山，一方面要保护生态，另一方面要发展生态旅游，相得益彰。绿色，不仅是乡村永续发展的必要条件，而且还体现了乡村人民对美好生活的不懈追求。就乡村农业而言，农业的底色就是绿色，乡村农业本身就是绿色产业。绿水青山，既是乡村的宝贵资源，又是乡村发展的独特优势。相生共荣、天人共美的良好生态，老少咸宜、营养健康的绿色产品，是乡村旅游独特的吸引力、竞争力与发展魅力。

第一，乡村旅游要坚持走绿色发展之路，合理利用乡村特色资源发展乡村旅游，大力发展乡村生态旅游。始终树立保护生态环境就是保护生产

力、改善生态环境就是发展生产力的理念，尊重自然规律，走绿色发展乡村旅游之路，努力把乡村绿水青山打造成金山银山。第二，合理、适度、科学开发乡村旅游，要遵循乡村自身发展规律与旅游资源现状，通过保持乡土味道、保留乡村原始风貌来保护乡村田园风光，杜绝因发展乡村旅游导致农村变成城市的缩小版、粗放式低水平重复建设。着力于乡村的发展现状与生态、绿色等资源优势，通过发展旅游产业，为增添乡村自身"造血"功能提供重要支撑。重点是依托乡村良好的自然生态环境、人文风光，大力发展健康、养老、生态等产业，构建影响力大、绿色环保的乡村旅游产业生态圈。第三，打造乡村文化体验区和生态旅游目的地，助力乡村振兴发展。乡村有传统民居、古镇、传统村落等资源，为做大做强乡村旅游产业奠定坚实基础，让乡村的绿水青山不断带来金山银山。要始终树立绿色发展理念，坚持走绿色发展之路，顺应自然、尊重自然，保护好乡村风景，美化乡村山水田林湖，打造乡村田园绿色美，坚决防止以牺牲环境为代价去换取经济的发展。要通过乡村旅游，多途径、多渠道强化乡村环境综合治理与生态建设，推动乡村人与自然和谐、健康、可持续发展，把乡村的绿水青山打造成金山银山。

（五）文化传承，增添乡村旅游发展的不竭动力

乡村振兴，乡风文明是保障。建设美丽乡村，前提是乡村文化美。实现乡村振兴，重在文化引领。坚持以"文化"为灵魂的乡村旅游发展特色。唯有与乡土文化、民风民俗相融合的乡村旅游，才会有旺盛的不灭生命力。在乡村旅游发展过程中，推动乡村文化与旅游融合发展，挖掘乡村文化内涵，强化古镇、古村落等保护利用，以浓厚的乡村文化彰显乡村地域特色，留住乡村文化的根脉和记忆。

一是乡村旅游要立足乡村的历史地理、传统文化、民俗情感，突出"乡村"特色。要传承农耕文化，多形式、多途径传承展示利用农耕文化、民俗文化、饮食文化、农事节庆文化等乡土文化；深度挖掘乡土文化内涵，融入现代休闲理念，突出产品独特性，促使乡村旅游发展更具生命力。二是强化乡村传统文化、民俗文化、村落文化等保护。乡村具有丰富的人文旅游资源、浓郁的乡土风情、悠久的历史文化和个性彰显的手工艺文化。对传统农业的耕作技术、生产工具、种植制度等实施全面保护。在满足保护乡村文化的前提下，开发包括民俗体验、修学旅游、艺术鉴赏和

文娱旅游等乡村旅游产品。三是在乡村旅游发展中错位发展文化。推动文体旅商功能融合，建设以文化体验、康养度假为主要特色的乡村旅游带；打造以农俗体验、田园休闲为主要特色的乡村旅游区，推进乡村农业、文化、康养和教育与旅游的深度融合。加大乡村旅游创意设计，创作一批充满艺术想象力、感染力和创造力的乡村旅游创意精品力作。四是大力发展乡村旅游文化。乡村旅游文化，是乡村旅游区别于其他旅游之处，也是加快乡村振兴发展难得的宝贵精神财富。意蕴深远的乡村旅游文化是乡村永不褪色的文化宝库，给予了乡村人民涌水般的精神财富与物质财富，奠定乡村推进中国特色社会主义文化发展的深厚基础，成为乡村脱贫攻坚、振兴发展的不竭动力。要大力实施乡村旅游文化现代化建设工程。深化乡村公民道德建设，推进乡村文明创建，扩大乡村公共文化有效供给，加快农村文化队伍建设，让文明之风滋养美丽乡村。

（六）强化保障，确保乡村旅游得到健康发展、顺利推进

党的十九大报告对于如何实施乡村振兴战略提出了明确要求："发展多种形式适度规模经营，培育新型农业经营主体，健全农业社会化服务体系，实现小农户和现代农业发展有机衔接"。乡村旅游合作社是诸多农民专业合作社的类型之一，是推进乡村旅游规模经营的有效形式。乡村旅游合作社是在乡村农业与旅游深度融合发展中形成的一种新型农业经营主体，对于拓宽农民增收渠道、促进农民就业创业有着难以取代的作用。据2018年5月底召开的四川省乡村旅游合作社现场推进会媒体报道，经工商注册登记的四川省乡村旅游合作社数量达到了5759家，这5759家乡村旅游合作社表现出不同的特点。这些乡村旅游合作社结合乡村实际情况，多数采用"合作社＋支部（公司、土地、职业经理）"模式发展，为发展乡村旅游注入新动能。

探索与完善村委会、公司参与乡村旅游管理的模式。实施"旅游＋"产业融合发展模式，将文化、教育、康养、体育、金融等生产生活要素融入乡村旅游发展之中。搭建乡村旅游产业发展融资平台，促进各类社会主体参与乡村旅游发展。搭建集乡村旅游服务咨询、旅游特色商品展示、市场运营监管等于一体的乡村旅游智慧营销管理平台，为游客提供个性化在线预订、信息推送等便捷服务。组建旅游产业基金支持乡村旅游发展，创建一批乡村旅游创客示范基地。

　　按照中共中央、国务院于2018年9月印发的《关于完善促进消费体制机制，进一步激发居民消费潜力的若干意见》，加强对乡村旅游的政策指导，提升乡村旅游品质。通过保留农村居民点和土地综合整治来解决乡村旅游用地，在农用地和耕地范围内发展观光和体验型旅游活动，推出亲子户外体验游、乡村田园风光游、古镇历史游等乡村特色旅游。通过培育乡村旅游产业发展新技术、新业态等要素，促进乡村旅游资源开发更加市场化、专业化、国际化。加大乡村旅游人才培训力度，鼓励营销、规划设计和创意策划人才到乡村支持旅游发展，多渠道多举措激发农民参与乡村旅游就业、创业的潜在活力。开展乡村旅游"两师一员"（乡村旅游规划师、乡村旅游工程师、乡村旅游技术员）试点与推广工作，提升乡村旅游经济质量和资源利用效率。从旅游服务标准化、个性化入手，加大乡村旅游管理者培训力度，提升乡村旅游经营管理与服务水平。将标准化、精细化、人性化理念贯穿乡村旅游管理全过程，着力打造多元文化的旅游消费场景，构建系统完备的游客服务体系。加强宣传，以旅游营销拓展乡村旅游资源和业态认知维度，统筹策划一批乡村旅游节庆活动，做到月月有节会、每节有特色，吸引游客到乡村旅游。

　　我们有理由相信，随着乡村振兴战略的全面实施与乡村旅游的快速发展，在充满希望的乡村田野上必将谱写出"三农"问题的崭新诗篇，进而让农村变得更加美丽、农业发展更加兴旺、农民生活更加幸福。

广东省乡村旅游资源分类体系研究

▶梁江川　潘　玲

广东财经大学 岭南旅游研究院

一、引言

党的十九大报告提出乡村振兴战略，旅游以其全域联动、多产融合、富民旺业、环境亲和等属性，被社会各界公认为乡村振兴的最佳途径之一。然而，并非所有的乡村都适合旅游开发，也不是所有的"三农"资源都是旅游资源。究竟乡村地域内哪些资源可以转化为市场认可的旅游产品？这是乡村旅游开发系统工程中最关键的问题。广东村庄数量庞大、资源类型多样、地域分布广。全省约有行政村 1.9 万个，村民小组 23.5 万个，乡村户籍人口为 4032 万人，乡村常住人口 3432 万人[①]。珠三角及粤东西北不同地区的村庄在发展基础、历史文化及景观风貌等方面呈现较大差异。国家标准《旅游资源分类、调查与评价》虽然是我国现行旅游资源分类最齐全的体系，但对于地方乡村旅游实情并不完全适用。广东亟须出台适合省情乡情的资源分类体系，为乡村旅游资源普查、规划设计、招商引资、开发管理提供科学依据。

---

① 广东省统计局，国家统计局广东调查总队. 广东统计年鉴 2015 [M]. 北京：中国统计出版社，2016.

二、乡村旅游资源概念辨析

旅游资源和旅游吸引物是两个容易混淆的概念，在乡村旅游研究领域，两个概念常常泛化而相互替代。吴晋峰（2014）和徐菊凤等（2014）对两者进行了概念辨析，并一致认为，旅游资源是中国旅游理论和实践的原创概念，指能吸引旅游者前往的、能被旅游业开发利用的、能创造各种价值的事物；旅游吸引物的概念源自西方英语国家，指能对游客产生吸引力的目的地特色事物或现象。两者概念的区别在于，旅游资源侧重于价值创造，而旅游吸引物强调目的地和游客之间的吸引力及对游客需求的满足。旅游促进乡村振兴，关键是促进乡村经济的持续发展和农民的增收致富。强调能创造价值或财富属性的乡村旅游资源概念更适合当今中国国情。综上所述，本文认为，乡村旅游资源是指在乡村地域范围内凡能对旅游者产生吸引力，以农业生产、农村生态、农民生活为主要内容，能满足旅游者审美、情感等需求，并可产生经济效益、社会效益和环境效益的各种事物和因素。该概念有三个方面含义：一是地域范围限定在乡村，即非城市地区；二是以乡村性作为核心吸引力；三是通过满足游客需求而产出效益。

三、乡村旅游资源分类研究综述

（一）"国标"的局限性

乡村旅游资源分类与评价是一项系统工程，涉及地理、农业、建筑、景观、历史、文化、海洋、生物等诸多学科和行业。《旅游资源分类、调查与评价》（GB/T18972—2003）（以下简称"国标"）是目前业界主要使用的标准，但主要以地理学为划分依据，更适用于传统观光型资源，其普适性、科学性、实操性受到不少学者质疑。具体而言，存在以下问题：（1）类型缺失，"国标"中关于乡村、海洋、文化、农业、民俗、休闲等专项资源的分类极少，忽略了乡村地区常见的农业种植基地、养殖基地、休闲农庄等资源。（2）"国标"采用地理学专业术语较多，不利于乡村工作者理解。（3）"国标"资源单体尺度较大，"国标"中某个基本类型就可以涵盖一个自然村落的大部分资源，例如，山丘型旅游地、康体游乐休闲度假地、传统与乡土建筑，忽略了乡村中普遍存在的小尺度旅游资源，例如，奇石、茶园、果园、农庄、小型农产品加工厂（如腐竹厂、酿酒厂、米粉厂）。（4）"国标"分类体系立足全国范围，过于庞杂，分为 8 个主类、31 个亚类、155 个基本类型，很多类型不适用于广东省情。综上可见，"国标"对乡村旅游资源分类不全面、不详细，缺乏对乡村旅游资源的系统认识和评价。本文旨在构建一个适合广东省情的乡村旅游资源分类体系，为省内各级行政主管部门编制相关的规划设计、招商引资计划提供参考依据。

（二）旅游资源分类研究评述

旅游资源分类标准和方法根据行业、主题、地域的不同而各不相同。国内学者对十多种不同类型的旅游资源进行了分类研究。其中，有学者研究不同细分地理概念的旅游资源，如天象与气候、滨海湿地、城市遗产、岩溶、地震遗迹。有学者研究不同行业的旅游资源，如体育、科技、休闲、水利、森林、文化。有学者研究不同"颜色"的旅游资源，如红色旅游、海洋（蓝色）旅游、生态（绿色）旅游。有学者研究以特定体验内容为主题的旅游资源，如民俗旅游、养生旅游。有学者研究以某项地方特产为吸引物的旅游资源，如竹类旅游、酒文化旅游。旅游资源分类研究需要限定在特定的地域范围，一般以景区、县市居多。

近年来，随着乡村振兴国家战略深入实施，乡村旅游资源分类研究引起了不少学者关注。高曾伟和高晖（2002）将乡村旅游资源大致分为农业景观、聚落景观和民俗文化景观三大类型。刘沙（2012）研究旅游者感知的乡村旅游吸引物体系，分为乡村硬件景观要素、乡村软件景观要素。胡粉宁等（2012）根据陕西省乡村旅游资源的属性、特征和赋存状况，将乡村旅游资源划分为主类、亚类两个层次，分为乡村自然景观类、乡村历史遗址与遗迹类、乡村特色聚落与建筑类、乡村农业产业科技类、乡村农家乐类、乡村休闲度假类、乡村民俗类、乡村红色旅游类 8 个主类，40 个亚类。李会琴等（2016）根据资源的价值和功能，构建了湖北省乡村旅游资源分类体系，包括 8 个主类，18 个亚类，41 个基本类型，8 大主类分别是：乡村观光类、乡村体验类、乡村度假类、乡村养生类、乡村科普类、乡村文化类、乡村商品类、乡村节庆类。李乔玲（2018）根据云南地方特色和优势产业将乡村旅游资源分为 5 类：村落古镇景观型、民族民俗文化型、自然生态环境型、农事农耕生产型和特色物产经济型。何静（2018）

将河南省乡村旅游资源分为 5 个主类、19 个亚类、55 基本类，5 个主类，分别为休闲农业园、农家乐、乡村自然景观、乡村文化景观、乡村特色商品。综上可见，乡村旅游资源类型庞杂，地域差异明显，但核心属性是体现乡土自然景观和传统民俗文化的乡村性。

旅游资源分类体系的研究方法可分为两种：一种是事后分类法，即首先现场勘查收集资源情况，然后根据资源单体普查情况，再结合相关文献标准，划分资源类别，如杨岳刚和郑国全（2014）、韩笑（2017）。另一种是事前分类法，即首先通过文献研究归纳资源类型，其次开展实地普查或问卷下发，对资源分类体系进行验证和修改，进一步优化指标体系，如胡粉宁等（2012）。两种方法都是采用理论推导与实地检验相结合的方式，两者的适用案例取决于实地普查的成本，前者更适合村、镇、县等小范围的区域，后者更适合市、省、国家等大范围的区域。除了上述基于文献梳理和人为主观经验的研究之外，有学者尝试使用遥感技术、大数据等先进技术手段进行资源分类调查，并证明行之有效。可见，探索使用新技术、新手段可以减少资源分类研究过于主观性的不足。

综上可见，旅游资源分类研究需要根据所在的行业、地域及活动主题的情况而适当调整，任何一种妄图大而全的分类标准都难以满足特定领域的特定需求。目前，大多数研究是单向思维的，存在依靠研究者主观知识体系、缺乏理论依据的局限。本文认为分类指标体系构建是一个双向互动、不断完善的动态过程，因此，采用理论与实际相结合、旅游者需求与旅游地禀赋相匹配的研究方法进行分类。

四、理论依据

（一）"三生"理论

"三生"指生产、生活、生态，始于 20 世纪 90 年代台湾地区提出的"三生"农业概念，倡导"三生一体、平衡发展"，以实现农业生产企业化、农民生活现代化、农村生态自然化的目标。"三生"理论在我国产生的现实背景是改革开放以来国土空间利用出现区域过度无序开发、自然资源破坏严重以及生态环境急剧恶化等一系列的突出矛盾和问题。2010 年国务院出台的《全国主体功能区规划》和 2012 年党的十八大工作报告提出要构建"生产空间集约高效，生活空间舒适宜居，生态空间山青水碧"的"三生空间"，2017 年党的十九大报告在实施乡村振兴战略方面明确提出"产业兴旺、生态宜居、生活富裕"的总要求，简单通俗地阐明了"三生"发展要义，其后被广泛应用到城乡规划、国土利用、乡村开发等领域。"三生"理论强调生态、生产、生活三者共生、共融、共赢，达到第一、第二、第三产业融合、区域均衡永续发展、人与自然和谐共存的目标，对于解决乡村发展困境、优化资源配置具有重要的指导意义。不少学者基于三生共融视角对乡村资源进行分类，并证实行之有效。例如，张红旗等（2015）将土地利用划分为生产用地、生活用地和生态用地三类。孙瑞桃和李庆雷（2018）将乡村旅游资源划分为聚落生活资源、经济生产资源、自然生态资源三类。杨岳刚和郑国全（2014）将乡村休闲旅游资源分为农业生产资源、农民生活资源、农村生态资源 3 个主类，农作物、农耕活动、农具、家禽家畜、日常生活、节庆等 12 个亚类。

（二）"乡愁"理论

"乡愁"原本是文学词汇，表示对故土的怀念之情。在全球化与城市化冲击下，乡村空心化和千村一面现象日趋严重，传统乡土文化逐渐被破坏，面对陌生的城镇与建筑，人们普遍产生怀念过去生活的乡愁情感。自2013 年 12 月中央城镇化工作会议针对新型城镇化提出"让居民望得见山、看得见水、记得住乡愁"之后，"乡愁"一词被多次写入国务院办公厅《关于进一步促进旅游投资和消费的若干意见》、中共中央国务院《关于实施乡村振兴战略的意见》等国家政策文件中。"记得住乡愁、留得住乡情"是人们前往乡村旅游的重要情感诉求，是指导乡村旅游开发的重要理念和愿景。乡愁（Nostalgia）是内心深处一种对家乡、对曾经生活过的地方的记忆与怀念，是人们在物质生活得到满足后产生的文化依恋和精神需求，承载着中国最传统的文化基因。王新歌等（2018）对乡愁进行理论化探讨，并指出"留住乡愁"包括四个方面要义：满足人的乡愁体验、联通和传承地方文化记忆、探寻乡愁触发要素、留住"乡"的原真性。乡村旅游开发首先需要对触发乡愁的要素进行系统性的识别，不少学者专门研究了触发乡愁要素构成。例如，王成等（2015）认为乡愁生态景观的构成要素包括地理景观、植物景观、水体景观、农田景观、动物景观、人工景观。唐赛男等（2016）研究发现，体现岭南乡愁文化的乡村生态景观主要是村头宗祠、古树参天、村前水池、岸绿水清、村边小溪、浣衣车水、村后茂林修竹、村内绿树成荫、庭院花果飘香。郑文俊等（2018）通过游客调查发现，田园风光、传统民居和生活场景是最能让游客感知到"乡愁"的景观元素。

五、研究方法

乡村旅游资源分类体系的研制，基本逻辑是搭建资源与市场对接的桥梁，形成乡村旅游产品后备库或原料库体系。本文认为指标体系构建是一个不断完善的过程，因此，笔者建立了指标修正回馈机制，通过多次反复修正，达到指标体系最优化（详见图1）。理论推导源自行业标准、学术论文、政策文件。现实验证包括实地勘察、案例精读、网络检索。只有理论推导与现实验证相匹配的指标才能采用，否则再分别重复一轮直至指标确立为止。其中，实地勘察是指笔者选取若干省内有代表性的乡村，进行资源普查试验。案例精读是指选取珠三角、粤东、粤西、粤北、粤东北五个地区15个具有典型代表意义的村落旅游发展规划文本，深入分析其旅游资源普查资料。网络检索是指遴选465个旅游资源相对富集的村落，包括中国传统村落名录（160个）、列入中央财政支持范围的中国传统村落（3个）、国家A级旅游景区（乡村旅游类）（17个）、全国特色景观旅游名村（3个）、中国乡村旅游创客示范基地（4个）、广东省旅游扶贫重点村（113个）、《广东旅游招商引资项目库2017》乡村旅游开发资源名单（20个）、广东省古村落（158个）、广东"网红"旅游乡村（22个）。利用网络检索引擎新媒体公众号推文搜索，检索上述465个重点村落的旅游资源情况，共收集1163个基本类型资源，并与理论推导的分类体系进行测试检验，删改与实际不符的指标，增补能反映广东乡情的指标。

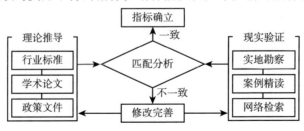

图1　研究方法与技术路径

六、广东省乡村旅游资源分类体系

本分类体系有5个主类，17个亚类，50个基本类型。其中，主类包括乡村自然景观类、乡村特色产业类、乡村聚落建筑类、乡村历史遗存类、乡村民俗文化类。采用数字编号系统，如123代表第1种主类下，第2种亚类的第3种基本类型。典型代表是指旅游者能感知或体验到的具体吸引物，是具有较高市场转化价值和潜力的资源要素。详见表1。

表1　　　　　　　　　广东省乡村旅游资源分类体系

主类	亚类	基本类型	典型代表
乡村自然景观类1	天文景观11	日月星光111	风霜雨露、阴晴雾霁、日出日落、夜空观星、天象观察地
		天际轮廓线112	天际线景观、地平线景观
		休闲度假适宜气候113	避暑、避寒、避霾、舒适度较高的天气
	地文景观12	山地丘陵121	高山、丘陵、峰林、峡谷
		独峰奇石122	造型独特的山峰、岩石
		特色地质地貌123	丹霞、喀斯特、海蚀、洞穴、红土、矿石
		岛屿岸滩124	江心岛、沙滩、岩礁、围垦地
	水文景观13	湖泊水库131	湖泊、池塘、水潭、水库
		湿地沼泽132	沼泽、滩涂、咸淡水交汇水体
		瀑布溪流133	跌水、山涧、小溪
		风景河段134	风景带、"画廊"
		温（冷）泉135	温泉、冷泉、山泉、矿泉
		海洋景观136	海水、海岸线、海滩、潮汐、击浪
	生物景观14	森林草地141	天然林、次生林、人工林、生态公益林、经济林、草甸
		古树名木142	古榕树、古樟树、古荔枝树、见血封喉树、古银杏树
		珍稀生物景观143	娃娃鱼、红锥树林、红豆杉林
		鸟兽鱼虫栖息地144	候鸟栖息地、蝴蝶谷

续表

主类	亚类	基本类型	典型代表
乡村特色产业类2	农工业生产地21	农作物种植地211	稻田、果园、菜园、茶园、桑蚕基地、南药基地
		花卉苗木种植地212	花木场、苗圃、油菜花田、向日葵田、藕田、兰花基地
		水产畜牧养殖地213	鱼、虾、蚝、海带、鸡、鸭、鹅、猪、牛、羊等养殖场
		加工制造地214	大米加工厂、榨油厂、传统手工艺作坊、酿酒厂、米粉作坊
		工业生产地215	采矿厂、风能发电站、水利发电厂
	接待服务地22	休闲农庄221	农家乐、科普农园、家庭农场、观光采摘园、山庄、农科园、烧烤场
		乡村文创园222	文化创意园、创客基地
		民宿酒店223	民宿、宾馆、饭店、旅馆、旅社、客栈
		露营地224	野营地、宿营地、汽车营地
	综合开发地23	特色小镇231	森林小镇、美食小镇、影视小镇
		田园综合体232	农业公园、现代农业庄园、农村产业融合示范园
乡村聚落建筑类3	宗祠建筑31	祠堂与祭祖场所311	宗祠、祠堂、祖祠、宗庙、家庙
		书院312	私塾、社学、学校、乡校
	岭南民居建筑32	传统民居群321	传统民居群、村寨、街区
		名人故居322	故居、旧宅、纪念馆
	特色建筑33	宗教场所331	佛教寺庙、道教寺庙、基督教堂
		地标建筑332	牌坊、门楼、塔、亭、台
乡村历史遗存类4	历史遗址遗迹41	文物古迹411	摩崖题刻、楹联题刻、古井、古桥、古围墙、碉楼、炮楼、雕塑、墓葬地、农耕遗址、工业遗址、古人类活动遗迹
		历史事件发生地412	历史上发生过重要商贸、文化、科学、教育等事件的地方
	红色旅游地42	革命人物和故事421	政治家、军事家、思想家、革命烈士
		革命事件发生地和重要机构旧址422	革命战争、历史事件、重要会议的发生地及共产党各级重要机构旧址
	南粤古驿道43	古道431	驿道、官道、民间古道
		交通史迹432	驿站、亭台、桥梁、码头、古客栈

续表

主类	亚类	基本类型	典型代表
乡村民俗文化类5	乡村公共服务设施51	文体科教娱乐场地511	文化广场、体育场、操场、文化室、展览馆、美术馆、纪念馆、博物馆、村镇公园、游客服务中心、游赏步道、绿道、潮人径
		农副产品集市512	土特产一条街、特产商店、传统集市、墟日
	生活民俗52	民间信仰521	祖先信仰、俗神信仰、风水堪舆、乡规乡约、巫术与禁忌
		民间文艺522	民间歌舞、传统戏剧、传统曲艺、民间美术、书面文学、书法绘画
		民间传说523	神话传说、历史典故
		人生节点习俗524	出生、成人、婚嫁、庆寿、丧葬
	节事活动53	特色节事531	传统节日、丰收节、桃花节、稻米节、番薯节
		宗教活动532	庙会、法会、礼拜
	旅游商品54	特色饮食541	特色菜肴、小吃、饮料、料理
		乡土特产542	土特产、旅游手信、手工艺品、纪念品

乡村自然景观类资源由天景、地景、水景、生景4个亚类组成，涵盖乡村所有的自然环境要素，可依托自然开敞空间，开展生态旅游、森林旅游、康养旅游、体育活动等。

乡村产业融合类资源由乡村地区适宜开展的农业、林业、养殖业、加工业、服务业及交叉行业资源组成，可加大相关资源整合力度，开发"+旅游"系列产品，开发休闲农业、农事体验、传统手工艺体验、森林度假、文创体验、科普研学等产品和活动。

乡村聚落建筑类资源由宗祠、书院、老屋、寺庙、教堂、牌坊、门楼、亭台塔阁等岭南传统建筑组成，是乡村民俗文化的最主要物质载体，可通过拓展旅游接待服务功能，促进老屋旧宅活化利用。

乡村历史遗存类资源由各种历史文物、遗迹、遗址组成，其中，红色旅游和南粤古驿道资源是近年来政府主导的重点工程，是乡愁文脉的主要载体，可积极申报各类社会公益资助，加强原址原貌复原。

乡村民俗文化类资源由乡村公共服务设施、生活民俗、节庆活动、旅游商品等组成，其中有一部分以非物质形态存在，贵在传承与创新，是人们到乡村旅游体验的主要内容，产品规划设计要注重体验的原真性。

七、广东乡村旅游资源特征分析

从5大资源主类来看：第一是乡村聚落建筑类资源，占63.8%；第二是乡村自然景观类资源，占 12.7%；第三是乡村特色产业类资源，占 9.7%；第四是乡村民俗文化类资源，占 7.5%；第五是乡村历史遗存类资源，占 6.3%（如图 2 所示）。

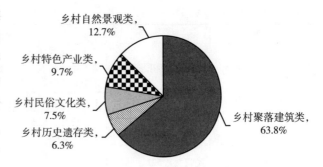

图 2　广东乡村旅游资源主类比例分布

这说明，广东的乡村旅游资源特色主要体现在岭南传统的乡村聚落建筑上，包括宗祠、书院、民居群、寺庙、牌坊、门楼、塔、亭、台等。建筑是族群聚居方式的主要载体，具有较高的观赏游憩价值。在广东乡村大量保存下来的传统建筑反映了独特的岭南文化和历史时代的变迁，是引发旅游者"乡愁"主要因素。

从 17 个资源亚类来看，岭南民居建筑资源数量最多，占 27.1%。其次是特色建筑资源，占 19.2%。再次是宗祠建筑资源，占 17.5%。这与资源主类的禀赋情况一致，共同反映了广东乡村旅游资源以聚落建筑为主体的特征。而南粤古驿道、节事活动、乡村公共服务设施、旅游商品、天文景观、接待服务地等资源较少，占比不足 2%。这说明，上述资源是广东乡村旅游开发的"短板"，有待进一步挖掘和提升。如图 3 所示。

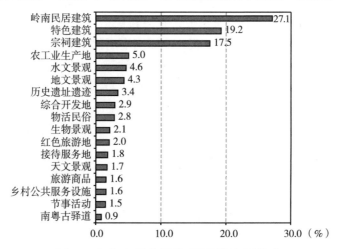

图 3　广东乡村旅游资源亚类比例分布

八、结语

本研究构建的广东省乡村旅游资源分类体系具有以下三方面特点：一是反映最新政策导向，从党中央和国家政策文件中寻找理论关键词，以三生融合、乡愁乡情等政策热词作为理论依据，分类指标更契合国家政策主推的方向；二是贴近市场消费需求，网络新媒体对外宣传的内容迎合消费者偏好，以此作为验证分类指标的依据更能反映消费者需求，有助于提高资源转化为产品项目的投资开发可行性；三是兼顾系统性和实效性，以资源单体作为普查对象，大至特色小镇项目，小至一块石头，实至山水胜迹、虚至信仰传说，均可以收录入册，可作为各级地方部门开展乡村资源普查的登记量表。

乡村旅游资源分类体系是一个各种类型资源相互关联和依存的有机整体，自然景观是乡村生产、生活赖以发展的生态环境基础，乡村特色产业与当地的自然景观、民俗文化密不可分，聚落建筑和历史遗存是乡村民俗文化的主要物化载体。乡村旅游资源体系不仅是一种孤立和静态的客观存在，而是一种社会建构的产物，随着各种乡村旅游相关利益主体的参与开发而不断改变。尤其受旅游者的心理需求和价值观影响最大。在乡村地域内存在的事物之所以能成为旅游资源，首先取决于其是否对人们构成旅游吸引力，而且这种吸引力有多大。乡村旅游资源作为相对于城市旅游资源的存在，乡土性是其核心吸引力。

本文通过实证调查发现，聚落建筑类资源才是广东乡村最主要的吸引物。这与不少学者认为的"自然景观资源是乡村旅游吸引物体系中最核心的内容"的观点不同。改革开放以来，广东经济化和城镇化浪潮席卷乡村地区，部分乡村地区以牺牲生态环境换取生产功能的扩大和增强，导致自然景观成为乡村旅游资源中的薄弱环节。广东乡村旅游发展，一方面要加强宗祠、书院、老屋、古宅等传统聚落建筑的活化利用，通过开发古宅客栈、农家民宿，民俗茶馆等旅游接待服务设施，让乡村物业升值；另一方面要开展乡村人居环境艺术化整治，通过大地艺术创作、民居外观美化等公益项目，创造打动人心的乡村空间价值。

参考文献

[1] 吴晋峰. 旅游吸引物、旅游资源、旅游产品和旅游体验概念辨析 [J]. 经济管理, 2014, 36 (8): 126 – 136.

[2] 徐菊凤, 任心慧. 旅游资源与旅游吸引物: 含义、关系及适用性分析 [J]. 旅游学刊, 2014, 29 (7): 115 – 125.

[3] 何效祖. 对国家标准《旅游资源分类、调查与评价》的若干修订意见 [J]. 旅游科学, 2006 (5): 62 – 67.

[4] 叶新才. 非传统旅游资源概念及分类体系研究 [J]. 江西科技师范大学学报, 2014 (3): 74 – 80.

[5] 章笕. 天象与气候旅游资源的范围及分类体系构建 [J]. 浙江学刊, 2013 (1): 178 – 182.

[6] 庄晨辉, 陈星, 李闻丽. 滨海湿地旅游资源分类体系的构建 [J]. 中南林业调查规划, 2007 (4): 32 – 35.

[7] 彭瑛. 城市历史景观视角下的城市遗产旅游资源分类研究 [J]. 云南开放大学学报, 2017, 19 (3): 70 – 74.

[8] 徐松华. 岩溶旅游资源分类体系探讨 [J]. 海南师范大学学报 (自然科学版), 2015, 28 (3): 310 – 315.

[9] 唐勇, 覃建雄, 李艳红, 赵俊, 梁艳桃, 刘妍. 汶川地震遗迹旅游资源分类及特色评价 [J]. 地球学报, 2010, 31 (4): 575 – 584.

[10] 袁书琪, 郑耀星. 体育旅游资源的特征、含义和分类体系 [J]. 体育学刊, 2003 (2): 33 – 36.

[11] 陶卓民, 林妙花, 沙润. 科技旅游资源分类及价值评价 [J]. 地理研究, 2009, 28 (2): 524 – 535.

[12] 黄震方, 祝晔, 袁林旺, 胡小海, 曹芳东. 休闲旅游资源的内涵、分类与评价——以江苏省常州市为例 [J]. 地理研究, 2011, 30 (9): 1543 – 1553.

[13] 汪健, 陆一奇, 钱学诚. 杭州市水利旅游资源分类与评价研究 [J]. 水利发展研究, 2013, 13 (8): 80 – 84.

[14] 罗芬, 黄清麟, 张寅, 庄崇洋. 森林旅游资源分类与调查及评价研究进展 [J]. 世界林业研究, 2014, 27 (6): 8 – 13.

[15] 许春晓, 胡婷. 文化旅游资源分类赋权价值评估模型与实测

［J］．旅游科学，2017，31（1）：44－56＋95．

［16］方世敏，邓丽娟．红色旅游资源分类及其评价［J］．旅游研究，2013，5（1）：36－40．

［17］贾跃千，李平．海洋旅游和海洋旅游资源的分类［J］．海洋开发与管理，2005（2）：77－81．

［18］王建军，李朝阳，田明中．生态旅游资源分类与评价体系构建［J］．地理研究，2006（3）：507－516．

［19］周灵，王晓文，尹春．试论民俗旅游资源分类体系的构建［J］．福建农林大学学报（哲学社会科学版），2013，16（4）：78－81．

［20］叶春，李渊妮，姚莉．传统中医理论视角下的养生旅游资源分类与评价研究——以贵州养生旅游资源为例［J］．海南师范大学学报（自然科学版），2014，27（4）：449－456．

［21］蔡碧凡．竹类旅游资源的分类与评价体系构建［J］．竹子研究汇刊，2011，30（3）：37－42．

［22］李林，洪雅文，罗仕伟．酒文化旅游资源的分类研究［J］．酿酒科技，2015（5）：115－120．

［23］陈方明，张立明，徐星星．木兰山风景名胜区旅游资源的分类、调查与评价［J］．江西农业学报，2011，23（11）：203－204．

［24］肖景义，沙占江，侯光良，唐仲霞．青海省坎布拉国家地质公园旅游资源分类与评价［J］．干旱区资源与环境，2012，26（2）：180－185．

［25］罗琼．"世界苗族文化遗产保留地"旅游资源信息分类编码的初步研究——以贵州"郎德上寨"为例［J］．贵州民族研究，2013，34（2）：104－107．

［26］李倩，朱军．天山大峡谷国家森林公园旅游资源分类及开发潜力分析［J］．森林工程，2015，31（6）：18－23．

［27］王学峰．日照市旅游资源分类、评价及开发布局［J］．国土与自然资源研究，2011（4）：74－76．

［28］孙启超，王策．疏附县旅游资源分类、调查与评价［J］．浙江农业科学，2018，59（3）：515－518＋524．

［29］高曾伟，高晖．乡村旅游资源的特点、分类及开发利用［J］．金陵职业大学学报，2002（3）：60－64．

［30］刘沙. 乡村旅游吸引物体系的构建研究 ［J］. 中国农学通报，2012，28（9）：312－316.

［31］胡粉宁，丁华，郭威. 陕西省乡村旅游资源分类体系与评价 ［J］. 生态经济（学术版），2012（1）：217－220.

［32］李会琴，王林，宋慧冰，熊剑平. 湖北省乡村旅游资源分类与评价研究 ［J］. 国土资源科技管理，2016，33（5）：26－31.

［33］李乔玲. 云南省乡村旅游资源调查及区划研究 ［J］. 中国农业资源与区划，2018，39（2）：196－199.

［34］何静. 河南省乡村旅游资源分类及评价 ［J］. 中国农业资源与区划，2018，39（6）：210－216.

［35］杨岳刚，郑国全. 基于"三生"理念的乡村休闲旅游资源分类研究——以浙江省苍南县为例 ［J］. 中国城市林业，2014，12（4）：10－13.

［36］韩笑. 乡村旅游资源调查分类与深度开发研究——以山东省滕州市为例 ［J］. 商业经济，2017（5）：63－65.

［37］凌成星，林辉. 应用 RS 技术对南昆山森林生态旅游资源分类与评价的研究 ［J］. 西部林业科学，2008（3）：61－65.

［38］李俊清，宋长青，周虎. 大数据背景下农业数据资源分类及应用前景浅析 ［J］. 农业图书情报学刊，2018，30（4）：23－27.

［39］郑百龙，翁伯琦，周琼. 台湾"三生"农业发展历程及其借鉴 ［J］. 中国农业科技导报，2006（4）：67－71.

［40］扈万泰，王力国，舒沐晖. 城乡规划编制中的"三生空间"划定思考 ［J］. 城市规划，2016，40（5）：21－26＋53.

［41］张红旗，许尔琪，朱会义. 中国"三生用地"分类及其空间格局 ［J］. 资源科学，2015，37（7）：1332－1338.

［42］孙瑞桃，李庆雷. 三生共融型乡村旅游规划编制研究 ［J］. 曲靖师范学院学报，2018，37（5）：66－71.

［43］刘沛林. 新型城镇化建设中"留住乡愁"的理论与实践探索 ［J］. 地理研究，2015，34（7）：1205－1212.

［44］郑文俊，张晓敏，张琳. 基于乡愁感知的美丽乡村景观建设研究——以桂北地区 5 个典型乡村为例 ［J］. 中国城市林业，2018，16（4）：38－42.

［45］王新歌，陈田，林明水，虞虎．旅游地"留住乡愁"的文化空间框架及对策［J］．中国名城，2018（4）：64－70.

［46］王成，唐赛男，孙睿霖，张昶．论乡愁生态景观概念、内涵及其特征［J］．中国城市林业，2015，13（3）：63－67.

［47］唐赛男，王成，孙睿霖，张昶，姜沙沙，梁冰晶，马远．珠海市传统乡村生态景观及其乡愁文化演变［J］．中国城市林业，2016，14（1）：51－59.

［48］郑春霞，余盈．从旅游吸引物角度探索闽南乡村旅游的发展［J］．漳州师范学院学报（哲学社会科学版），2009，23（2）：28－33.

乡村振兴战略下乡村旅游发展问题及对策研究

——以安溪县福田乡为例

▶马晓红 陈 捷

福建社科院经济所

按照党的十九大报告提出的乡村发展要实现"产业兴旺、生态宜居、乡风文明、治理有效、生活富裕"的总要求,实施乡村振兴战略必须选择具有持续增长力、综合带动力、城乡协同性和广泛包容性的产业作为突破口和长期支撑。发展乡村旅游业是农村发展、农业转型、农民致富的重要渠道。旅游资源要素配置不断向"三农"倾斜,通过城乡融合、农旅融合,补短板,强弱项,能够为新时代推动农业农村现代化做出新贡献。

一、安溪福田乡旅游资源调查结果及 SWOT 分析

福田乡位于安溪县西北部,位于东经117°30′,北纬25°12′,西与漳平市交界,南和华安县接壤,总人口9100多人,面积174平方千米,乡政府距漳平市大深村3千米,距安溪县城116千米。

本次研究采用上门访问、发放问卷调查的方式获取原始资料,针对福田乡发展乡村旅游的优势、吸引游客的旅游项目、发展旅游业的障碍、适合采取的发展模式等方面展开调查。一共发出问卷50份,遍布五个自然村

及农、林场，回收有效问卷 45 份，有效率达 90%。

（一）问卷调查结果

从以下的调查结果我们可以看出，近年来在福田乡政府的积极推动下，乡村旅游发展势头良好，但仍处在低档开发、自我滚动发展、摸索前进、尚未真正形成产业化经营的初级阶段。在促进农村发展、带动农民增收方面，仍有很大发展空间。如图1～图6所示。

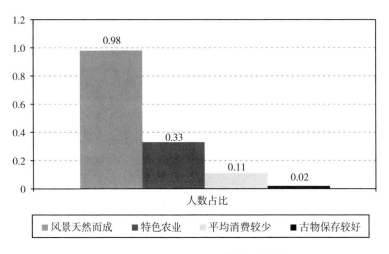

图 1　本地发展乡村旅游的优势

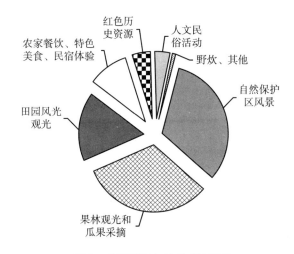

图 2　吸引游客的旅游项目

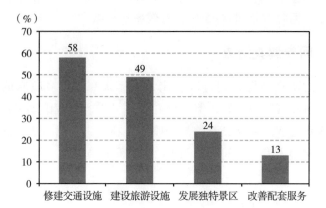

图 3　本乡发展旅游业需解决的重要问题

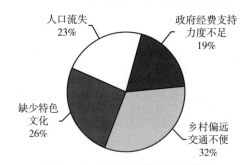

图 4　本乡发展旅游业的障碍

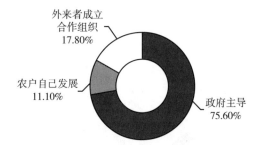

图 5　本乡旅游业的发展适合采取的模式

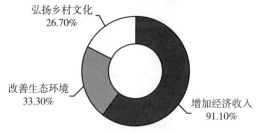

图 6　发展旅游业给居民带来的主要影响

（二）安溪福田乡旅游资源 SOWT 分析

1. 优势（strength）分析

（1）生态旅游资源丰富。福田乡森林覆盖率达 96%，是个天然大氧吧，水质条件好，空气自净化率高，休闲养生条件优越。辖区内云中山生态保护区为戴云山脉东南延伸的组成部分，是闽南地区生态环境保存最完好的地区，其独特的山水环境和典型的亚热带森林生态系统，在闽南一带甚至全省都具有明显的优势。自然保护区景观资源类型丰富，数量多，质量高，既有典型的山地景观，又有一定的文化积淀，其山泉、森林、峡谷、瀑布不仅类型齐全，而且各具特色。可用"古""雄""幽""秀""险"来概括。自然保护区不但有丰富的物种资源，还分布有许多具有重要科研、经济和文化价值的珍稀、濒危野生动植物种类。目前，福田乡云中山旅游综合开发项目主要由福州清华投资有限公司投资建设，2016 年 4月 29 日动工，计划经过 5~7 年的努力，将其打造成为集观光、休闲、度假、健身为一体的国家 AAAA 级旅游区。该项目总投资 5 亿元人民币，总面积 476.2 公顷，主要包括了"格口 + 石门峡"版块、"新田坪 + 后湖"板块、"场前 + 银坑瀑布"、福田乡镇区和自然保护区五大板块，规划建设旅游综合服务区、生态旅游区、铁观音茶叶制作体验宣传区、温泉度假区、儿童亲水区、沿溪漂流区等功能区。

（2）区位优势显著。福田乡地处闽南金三角开放区，西北与龙岩市相连，距厦门 195 千米，泉州 167 千米，安溪县城 105 千米，距漳平市 33 千米，地处交通干线，双永高速公路、安溪至漳平公路以及漳泉铁路贯穿其中，连接龙岩、三明与厦门、漳州四地，便捷的交通系统，可以有效地连接景区的客源地。信息通信方面，电信、移动、联通均已在福田。从微观区位上看，可以与周边邻县诸如闽西红土地旅游、牛姆林旅游形成互补互联互利机制，促进全省旅游链的形成，与其组合成旅游线路共同促销，自然保护区区位条件比较优势。

（3）乡土人文优势突出。福田乡拥有路村土楼、太华禅寺移址、郭埔知青遗址、伏虎渡、龙德宫等人文景观，格口温泉、太华尖、九十九湾、大坑瀑布等自然景观，生态果园、生态茶园建设基础好，是安溪著名的生态茶叶产区和重要的林果产品基地。"福前芦柑"是国家绿色食品中心认定的绿色食品，被选送钓鱼台国宾馆。福田乡先后荣获市级文明乡镇、市级生态文明乡镇、省级环境优美之乡称号，社会和谐稳定，人居环境持续优化。

（4）潜在客源优势巨大。旅游需求则是影响旅游规模的发展和旅游市场客源分析的直接因素。自然保护区面临厦门、泉州、漳州经济发达地区，具有良好的旅游环境和区位优势，泉州市人口600多万人，仅安溪县就有100多万人，是开展旅游最主要的客源市场，三明、龙岩、漳平市交通便捷，客源市场空间广阔。预计近期安溪县和周边县每年来自然保护区观光的游客将不低于1万人次，随着云中山自然保护区旅游服务设施的日臻完善，泉三高速公路的开通，周边福州、南平以及省外城市居民将会到自然保护区游览。

2. 劣势（weakness）分析

（1）开发主体单一，村民参与度不够。福田乡的云中山生态旅游度假区主要由安溪云中山旅游开发有限责任公司进行投资开发，投资渠道单一，多元化开发格局尚未形成。而周边的农家乐、农家民宿经营管理水平普遍不高，服务接待能力有限，个性化特色不明显，多数村民抱着置身事外、等待观望的心理，等待政府来扶持，他们既无发展资金，又无专业服务精神；既不出力，也不愿入股，自身参与积极性未能激发出来。

（2）旅游配套设施不完善。乡村旅游配套设施滞后，离"吃、住、行、游、购、娱"差距甚大。福田乡的自然村距离云中山景区道路建设缓慢，沿山脚远绕且狭窄难行，大大削弱了云中山生态旅游景区对福田乡的其他乡村的辐射带动功能。旅游标识系统、环境卫生、给排水及垃圾处理等公共设施建设相对薄弱，服务功能欠缺，有的乡村道路不畅，又窄又陡，必须改善和提升道路等级。景点设施滞后，景点缺乏游客服务中心、停车场、公厕，目前的状态停留在自驾游客来了"有钱花不出去"，想体验农家生活却无处安身，留不住游客，设施建设任重而道远。

（3）人才匮乏，旅游特色培育不够。福田乡旅游刚刚起步，交通旅游公共设施还不完善，医疗厕所垃圾污水处理设施缺乏。农村空心化严重，旅游人才缺乏。以福田乡丰田村为例，该村拥有美丽的九十九湾景色，但全村1585人，常住人口只有300多人，都是老人和孩子，缺乏现代营销理念和专业团队，制约了乡村旅游在项目研究、决策和实施等诸多方面工作的开展。营销策略不高，缺乏对产品细致的市场分析，导致旅游产品文化内涵单薄，无法形成特色产品和核心竞争力。

3. 机遇（opportunities）分析

（1）乡村振兴战略助推乡村旅游发展。2018年中央一号文件中乡村旅游多次被提及，重点强调构建农村第一、第二、第三产业融合发展体系。实施休闲农业和乡村旅游精品工程，建设一批设施完备、功能多样的休闲观光园区、森林人家、康养基地、乡村民宿、特色小镇。发展乡村共享经济、创意农业、特色文化产业。

（2）生态理念有利于乡村旅游发展。党的十八大后，党中央把保护生态、保护环境提到很高的位置，把生态文明、绿色发展作为"五位一体"的重要内容。乡村旅游就地取"材"，对环境影响小，又能发展农村经济，改变农村面貌，推动脱贫致富。乡村旅游既能保持甚至发展绿水青山，又能给农村、农民带来金山银山，是"绿水青山就是金山银山"重要理念的重要实践形式。城镇化进程中生活在钢筋水泥中的人们渴望回归乡村田园生活，体验农耕慢生活，这也推动了乡村游的发展。

（3）安溪云中山生态旅游开发项目已列入省"十三五"规划，迎来重大发展契机。"十三五"时期，是全省建设"机制活、产业优、百姓富、生态美"新福建的关键期，是加快产业转型升级的攻坚期，也是贯彻落实"创新、协调、绿色、开放、共享"发展理念的机遇期。随着21世纪海上丝绸之路核心区、中国（福建）自由贸易试验区、全国首个生态文明先行示范区等一系列国家战略的部署推进，科学编制和有效实施"十三五"旅游业发展专项规划，对于积极适应新常态，加快把旅游业培育成为全省国民经济的战略性支柱产业，进一步打响"清新福建"品牌，推进旅游改革创新，引导旅游投资消费，促进旅游产品观光休闲度假并重发展，着力推动全省旅游品牌、产业效益、产品体系、区域协作、服务品质的全面升级，努力实现全省自然环境清新、社会环境清新、工作作风清新。福建省"十三五"规划中，戴云山脉与武夷山脉同时被定位绿色生态游产业带。福田乡安溪云中山生态旅游开发项目，已列入福建省"十三五"规划，投资5亿元，拟建设山地旅游主题小镇（温泉养生度假村）、珍稀动植物保护基地、万亩原始森林探险区、大坑峡谷风景区等。项目发展方向定位为中国一流的目的地型生态旅游度假胜地。

4. 威胁（threats）分析

（1）旅游开发和生态保护之间存在矛盾。云中山生态旅游度假区地处九龙江和晋江流域源头，水系发达，形成以洛溪和沟谷溪流为主的两大形态：水系由山体汇水而成，水质清澈，水量不大，随季节变化明显；其中洛溪因为小水电站建设，多处截流，水系破坏严重，加之，地块形态收到莆永高速、304县道和厦漳泉铁路的分割，资源主要集中在北侧地块，云中山旅游资源种类多，有鸳鸯瀑布、石门峡、千年古榕、古民居、温泉、红豆杉群落等，但单体资源不够突出。为了自然保护区开发建设与风景资源保护有机结合，使游客满足安全、舒适、卫生和方便等旅游需求，又避免超负荷旅游对风景资源和生态环境造成破坏，必须对环境容量进行合理的测算，为自然保护区的旅游开发和管理提供科学依据。合理的环境容量是在满足游客正常旅游活动的同时，应取得最佳的环境效益、社会效益与经济效益。

（2）与周边景区存在同质化竞争。福田乡旅游起步晚，根据开发规划，云中山景区以自然养生作为主导功能，观光旅游为辅助功能，挖掘茶文化、温泉文化、宗教文化，与周边类似景区竞争激烈。如漳平九鹏溪景区，充分发挥茶山水景特色，围绕水上茶乡定位，以水体景观为主体，成功开发了九鹏溪漂流、农家美食体验等旅游产品。再如周边邻县已经建设成熟的永春牛姆林生态旅游区，已经开发了森林生态游，形成了森林观光、科研考察、科普活动等森林生态旅游产品，以上两景点已有一定知名度，旅游形象定位清晰，已经基本形成旅游产业链。而福田乡旅游刚刚起步，交通旅游公共设施还不完善，虽然一些乡村旅游产品和景点如九十九湾具有一定规模和特色，但未经过精心营销，知名度不高，难以走上规模化、品牌化的良性发展道路。若乡村旅游"灵魂"——"农（农业）、俗（民俗）、情（风情）、趣（趣味）、景（自然）"没有做出来，吸引力不足、生命力不强，这些景观只能在建成初期吸引一些游客，达不到长期获益，进而造成投资成效低下。

二、振兴福田乡乡村旅游的发展路径

福田乡在响应乡村振兴战略思想，落实乡村旅游发展过程中，主要通过五大发展路径实现战略目标（如图7所示）。

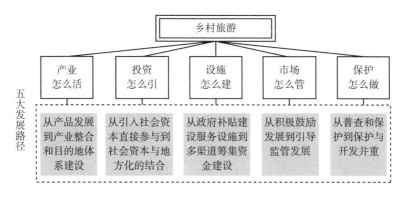

图7 乡村旅游的五大发展路径

（一）"活"产业

加强福田乡云中山旅游目的地建设与线路开发，从原来单体农家乐发展向特色村镇、田园综合体转变，串联盘活乡村全域旅游资源。要充分发挥福田乡各类物质与非物质资源富集的独特优势，利用"旅游+""生态+"等模式，推进农业、林业与旅游、教育、文化、康养等产业深度融合。丰富乡村旅游业态和产品，借由云中山景区，打造主题乡村旅游目的地和精品线路，发展富有乡村特色的民宿和养生养老基地。培育宜居宜业特色村。围绕有基础、有特色、有潜力的产业，建设一批农业文化旅游"三位一体"、生产生活生态同步改善、三次产业深度融合的特色村镇。支持有条件的乡村建设以农民合作社为主要载体、让农民充分参与和受益，集循环农业、创意农业、农事体验于一体的田园综合体。

（二）"引"投资

政府重视基础设施的投入建设，应不断转化思维，从原来的纯补贴性单方投入，到利用社会渠道多方面筹集资金建设，快速提高乡村进入性与居住便利性。引导和支持社会资本开发农民参与度高、受益面广的休闲旅游项目。鼓励各类企业、社会团体、个体工商户和民间资本，采取独资、合资、合作、联营、购买、承包、租赁、股份合作等多种形式，参与乡村旅游资源开发。鼓励和支持项目区农民以房屋、宅基地、土地承包使用权、资金、技术等资源，采取股份制、合作制等形式，培育自主经营、自负盈亏、自我发展、自我约束、富有活力的旅游服务经济实体，创新"公司＋农户""公司＋协会"等开发方式，创办乡村旅游合作社，或与社会资本联办乡村旅游企业，提高乡村旅游扶贫的组织化程度，形成规模化、集约化经营。

（三）"建"设施

采取以奖代补、先建后补、财政贴息、设立产业投资基金等方式扶持休闲农业与乡村旅游业发展，着力改善休闲旅游重点村进村道路、宽带、停车场、厕所、垃圾污水处理等基础服务设施。通过旅游资源入股、投工投劳等运作模式带动创收扶贫。采取"公司＋农户"（贫困户）、能人带农户（贫困户），能人吸纳或租赁贫困户山林、果园、土地、房产等生产资料、资源合作参股，共同建设等形式。由政府规划，企业或能人牵头，市场化运作。引导、鼓励懂经营、善管理的企业、能人进行开发建设，根据需要吸纳或租赁贫困户的部分果园、鱼塘、山林、土地等生产资源作价参股，经营业主返聘贫困户家中劳动力在经济实体中从事管理和生产，拓宽贫困户增收致富的渠道。鼓励和引导贫困户积极尝试"托管""托养"和"集中订购、分散养殖"模式，形成利益链接机制，让贫困户成为龙头企业的主人，增强抵御风险的能力。

（四）"管"市场

乡村旅游往消费大众化、产品特色化、服务规范化、效益多元化发展。农家乐、民俗村、田园农庄、农业科技园、古村落、乡村度假村等产品层出不穷。未来"旅游＋""互联网＋"等行动也将推动发展休闲旅游、旅游电子商务、城镇旅游等业态，拓展乡村旅游产业链价值链。因此，必须对于乡村旅游项目要深入研究，做好科学论证工作，从长远的角度将管理经营模式建立起来，做到乡村旅游项目规划要因地制宜，做到布局合理。还要建立健全食品安全、消防安全、环境保护等监管规范。支持有条件的地方通过盘活农村闲置房屋、集体建设用地、"四荒地"、可用林场和水面等资产资源发展休闲农业和乡村旅游。将休闲农业和乡村旅游项目建设用地纳入土地利用总体规划和年度计划合理安排。

（五）"做"保护

要加强乡村休闲旅游建设有序的开发，贯彻对生态资源环境保护的原则，对云中山自然保护区内新建项目要进行环境评估，植被的保护要防患于未然，在旅游开发阶段要做好科学规划，尽量避免植被的大范围破坏，最优化利用现有自然风光，达到与自然的和谐统一。在必要地段可实行封山育林，保护景区生态平衡。另外，必须在云中山旅游环境和承载能力内做旅游的规划方案。风景区的环境容量，包括对污染物的净化能力和对旅游人群的承接能力。对乡村环境状况随游客人数增减而产生的变化要实时监测并及时反馈，使景点的美学价值的损减，原生态系统的破坏，环境的污染降到最低值。

三、振兴福田乡乡村旅游的具体建议措施

（一）完善旅游公共设施和公共服务建设

坚持以城带乡，推动城市公共设施向乡村旅游地优先延伸、城市公共服务向乡村旅游地优先覆盖。

加快"三通、三建、四改、四保"工程。"三通"：通路、通上下水、通网络。各村要优先解决交通干道、旅游景区到乡村的道路交通建设问题。加强乡村旅游景区上下水设施改造，完善互联网、有线电视、电话等通信网络。"三建"：各村通过建设旅游购物场所、旅游停车场、游客中心等配套服务设施，提升乡村旅游发展保障能力。"四改"：改厕、改气、改水、改厨。对重点旅游项目给予一定的贷款贴息或补贴，加快景区和乡村旅游沿线的旅游厕所建设和乡村旅游景点的煤气管道、自来水管道、乡村厨房的改造升级。"四保"：保生态、保民俗、保耕地、保质量。搞好旅游沿线的绿化、美化和退耕还林工作。切实加强对乡村民俗的保护。强化消防、卫生、安保、治安等安全管理。加强乡村环境卫生综合整治，全面治理乱堆、乱放、乱搭、乱建、乱丢、乱刻、乱画等现象，实现垃圾净化、环境美化、村容绿化。

健全完善乡村旅游服务体系。加快建设散客自助游服务体系、自驾车旅游服务体系、标识引导和解说体系、金融服务保障体系、信息化服务体系、卫生服务体系和安全救援体系。建立覆盖全乡的散客旅游票务预订、销售系统和覆盖主要旅游区的散客服务体系。

提升旅游交通水平。建立起以旅游集散中心为主导、以包车旅游为基

础、以专线旅游为补充的布局合理、功能完善的旅游运输服务体系。积极开通符合旅游出行特征的班次，鼓励实行农村客运班线片区化经营模式，提高乡村旅游景点客运的服务能力和覆盖面。

（二）开发模式多元化，提高村民参与度

要构建起通过旅游业实现乡村精准脱贫中政府投入和市场投资之间的良性互动机制。在乡村振兴战略下的乡村旅游发展中，特别需要用有效的政府投入来降低社会资本进入乡村旅游业的投资门槛，提高外来资本参与乡村振兴的积极性；以政府投入作为前置条件约束外来投资商实现与村民利益的共享，这样才能实现乡村旅游的良性发展。福田文化休闲镇的建设，白桃村牛心土楼的修缮都应以政府投入为主。在促进乡村旅游的发展过程中要通过增加农民参与度的方式来保护农民的利益，通过增加农民参与到乡村旅游的自觉性和自愿性使其能够参与决策并分享相应收益。在乡村振兴战略下的旅游业发展应该充分考虑村民利益，要借助乡村治理新体系的构建，做好外来旅游投资者、经营者与乡村治理体系的对接。如要与农村合作经济组织等农村社会组织开展合作，优化和改进乡村旅游发展中的契约行为，与此同时，也要不断探索乡村旅游发展中纠纷调处的机制等。

（三）整合资源，打造旅游产业集聚区

实现福田乡乡村旅游产业转型升级，要整合资源，科学规划，集聚旅游产业要素，延伸产业链，建成"产业结构优化、产业功能配套、产品业态丰富、综合效益显著、带动作用凸显"的乡村旅游产业集聚区。重点建设三大乡村旅游产业集聚区。

森林生态旅游集聚区。发挥石门峡的生态旅游资源优势，以"天然氧吧"概念，依托生态系统构成和空间分布特征，结合地形地貌特点，采取立体开发策略，开发丛林穿梭，林冠木栈道，探索公园，峡谷探奇，百鸟园等林地旅游产品，构建游乐性、参与性、科普性、浪漫性强的旅游产品体验体系，以森林生态大本营的品牌，发展森林旅游，策划峡谷生态体验、生态保护科研、度假休闲产品。

休闲养生度假旅游集聚区。充分发挥比邻云中山自然保护区的区位优势，利用高森林覆盖率和丰富的负离子优势打造大自然氧吧，增加游客与

大自然的亲近及度假体验。发挥格口温泉资源的低硫偏酸性的特征和其对关节炎和多种皮肤病有良好的治疗效果，开发温泉医疗旅游；以云中山酒店、石门峡红杉山庄、云中城山寨、云中山会所、云中城运动健身中心等旅游项目建设为契机，以中国养生文化为基础，打造特色养生度假、疗养旅游特色产品，将云中山生态旅游度假区建成海西生态休闲养生、温泉疗养胜地。

青少年教育实践基地。依托自然保护区，积极开展青少年科普教育，拓展素质教育。青少年教育实践基地分布于格口＋石门峡板块的云中山旅游度假城，将建设文化教育与科技制作区、艺术教育与工艺创意区，生态拓展训练、水上娱乐运动等四大区域，建成云中山度假城青少年宫、艺术宫，科技楼，云中山拓展训练中心、水上乐园，洛溪漂流船码头等文化教育设施。

（四）农旅产业融合，构建乡村旅游新业态

延伸产业链。依托和利用农事活动、农业生产、林业开发和水利建设等资源和乡土民俗文化，深入推进休闲农业、森林旅游、水利旅游业态融合发展。提升农业的附加值，以产业发展延续乡愁；推进福田红菇、金线莲等农产礼品化，打造"乡村礼物"，推进第一、第二、第三产业融合。把种植业、养殖业、手工业广泛地跟"旅游＋"联动起来，同时延伸产业链至健康养生、文化创意、体育运动等多种业态，全面放大旅游业的联动效应。

发展新业态。对乡村旅游产业链各环节进行设计和功能的优化，为乡村旅游策划出新主题、新概念、新感受，促进旅游产业与相关产业的互动互融。可采取创意农业旅游、创意红色旅游、创意生态旅游、创意民俗文化旅游、创意养生养老旅游等模式，因地制宜，根据不同群体、不同方式、不同档次的消费需求，着力打造和打响历史文化旅游村、民俗文化旅游村、特色景观旅游村、特色产业旅游村、休闲度假旅游村和现代休闲农业园等乡村旅游品牌，凸显乡村旅游的经济效益、社会效益和环境效益。

（五）品牌建设提升乡村旅游服务品质

按照乡村旅游"一村一景、一户一业"的产业发展格局，构建五大品牌模式：一是借助云中山风景区山水自然资源，以乡为单位综合整治整体

环境，发展休闲生态乡村游；二是借助传统农产资源，以特色美食茶果花木为卖点，发展参与体验式乡村游；三是借助栽种或加工方式独特科技含量较高的特色，发展科技教育式乡村游；四是借助福田特色农俗文化，以乡间节庆、宗教、工艺、戏曲等为依托，发展民俗体验式乡村游；五是借助古村落和红色旅游开发，以村落建筑、民居生活形态、革命历史为依托，发展青少年品德教育式乡村游。要进一步加大对乡村旅游休闲农业规划、形象宣传、建立公共信息平台、服务人员培训等公共服务投入力度，完善乡村旅游公共服务体系；围绕乡村旅游资源"吃、住、行、游、购、娱"六要素，成立工作专班，细化任务分工，组织专项攻坚，实现特色化、专业化、标准化、规范化发展。

（六）教育培训推进乡村旅游人才培养

加强乡村旅游人才培养。以当地培养与外地引进相结合、短期培训与长期培养相结合、农村现有人才与企业院校输送人才相结合、集中培训选调学习与送教上门组织技能竞赛相结合的思路，多渠道提升从业人员技能，培养专业人才和急需人才，提高管理人员队伍、服务人员队伍和导游人员队伍的整体素质。重点加强三支队伍（乡村旅游行政管理干部队伍、乡镇村干部队伍、乡村旅游从业人员队伍）建设，提升三个能力（管理经营、指导服务、实用技能）。重点培训乡村旅游经营户、乡村旅游带头人、能工巧匠传承人和乡村旅游干部四类人才，提高乡村旅游导游、乡土文化讲解等各类实用人才整体素质，建立一支眼界高、理念新、能力强的乡村旅游管理和经营队伍。

完善乡村旅游人才培训措施。采取"政府＋农户"型、"学校＋农户"型、"公司＋农户"型、"研究机构＋农户"型"旅游协会＋农户"等方式，加强对旅游从业人员的在岗培训，并在旅游淡季集中组织系统的培训。探索成立旅游行业在职人员培训中心，推进与旅游院校或企业合作，培训旅游管理人才；聘请专家学者、资深管理人员定期进行人力资源培训；委托省内高等院校培养高级旅游管理人员，培养进行乡村旅游开发的高级管理人才。

（七）处理好开发与保护的矛盾

党的十九大报告指出："我们要建设的现代化是人与自然和谐共生的

现代化，既要创造更多物质财富和精神财富以满足人民日益增长的美好生活需要，也要提供更多优质生态产品以满足人民日益增长的优美生态环境的需要"。从产业发展角度看，乡村生态环境是产业发展的基础资源，破坏了生态环境就是自掘坟墓。从消费需求来看，乡村生态环境正是广大人民群众的需求所在，破坏了生态环境也就失去了消费动力，产业发展也是无源之水。将云中山自然保护区开发建设与风景资源保护有机结合，使游客满足安全、舒适、卫生和方便等旅游需求，又避免超负荷旅游对风景资源和生态环境造成破坏。

乡村生态保护。保护大气环境，推广使用清洁能源，如电、液化气、沼气等，控制、监督农家乐饭店的厨房油烟排放，保持较优的空气质量。保护水体环境，严禁城镇企业和居民直接向水中排放生产、生活污水、乱丢垃圾，同时要保护好地下水资源，减少农药化肥使用量。完善固体废弃物的处理，沿乡村旅游步道设置一定数量的垃圾箱。在停车场、旅游商店、售票处等游客集中的地方增加垃圾箱的数量；成立专门的卫生保洁人员队伍，及时清理垃圾，居民生活垃圾实行定点收集，分类处理，以保障整洁的村容村貌。保护田园生态环境，严格乡村土地利用审批制度，合理规划乡村土地，保护传统文化特色的乡村聚落景观和乡村居住环境。

乡村文化保护。以乡村人文与民俗活动为依托，利用农业特色景观资源，不断提高农耕文化品位。着力打造文化品牌，在提高知名度的同时，为游客提供更多接触性和参与性强的文化体验活动。全面加强知青文化的挖掘整理工作，及时做好相关资料、图片、档案、物品收集整理，加强知青年代相关老旧建筑修葺保护，规划建设知青文化街和知青缘文化馆等，成为村庄特色文化品牌。依托郭埔知青缘文化，结合云中人家、知青餐厅、知青旅社、时令果园、农耕体验区和知青博物馆等设施开发，发展集旅游休闲、文化体现、科普考察为一体的"知青缘"项目。依托生态资源资源优势；结合丘陵地带茶园景观，开发采茶、制茶和品茶为一体的生态茶园旅游。

乡村旅游发展中的政府职能研究

——以青海省贵德县为例

▶白生祥　张建英

青海民族大学

　　乡村旅游是传统农业的后续产业，对新农村建设以及农村经济的发展有深远的影响。乡村旅游的兴起是社会经济发展的产物，发展乡村旅游可以促进农村经济的发展、城镇化发展和群众素质的全面提高。本文通过对贵德县乡村旅游发展现状以及政府履行的职能进行剖析，明确政府在乡村旅游发展中职能定位、进一步探索政府如何在发展乡村旅游产业中提升职能。

　　目前，对于乡村旅游发展文献很多，相关文献成果主要围绕经济发展、政府职能、人文地理、休闲旅游等方面进行，但是，研究贵德县乡村旅游的文献却很少。旅游业现在是贵德县经济发展的重要支柱之一，乡村旅游的发展对于农村经济的发展、农村城镇化发展以及农村剩余劳动力的解决都具有极大的意义，就现在的趋势，贵德县发展乡村旅游需要政府的大力支持和主导，探析贵德县发展乡村旅游中政府职能，希望为贵德县政府制定乡村旅游发展的相关政策实施参考。

一、政府职能研究综述

　　从1978年改革开放起，中国进入了历史性的社会转型期。市场经济体制已经取代了计划经济体系，并且越来越完善，政府职能也开始发生变化。在市场经济发展的过程中，随时都可以看到政府的身影。因此，在市场经济发展过程中，由于市场本身的缺点和不足，需要政府职能的参与和引导。

政府职能，是行政主体作为国家管理的执法机关，在依法对国家政治、经济和社会公共事务进行管理时应承担的职责和所具有的功能，它体现着公共行政活动的基本内容和方向，是公共行政本质的反应。政府职能在公共管理过程中占有非常重要的地位，其表现为：政府职能满足公共行政的基本要求，直接反映公共行政的性质和方向；政府职能是建立政府机构和政府职能发展的根本基础之上；政府职能是政府建立机构的重要标准；政府职能的实施是衡量行政效率的重要标准。政府职能涵盖政治、经济、文化和社会等多个方面，在乡村旅游发展过程中，政府充分发挥了资源配置、收入分配和宏观调控的作用。正确处理政府与市场的关系不仅是中国社会主义市场经济平稳发展的重大问题，也是转型期中国完善社会主义市场经济体制的核心任务。

在政府和市场问题上，尽量避免两种极端的现象；一方面，市场机制不能有效地分配社会资源，导致市场失灵；另一方面，缺乏政府在市场上的活动或干预措施，导致政府失败。在乡村旅游发展过程中，农民的自发组织和发展存在一定的盲目性，如信息不足和不完善、外部负面影响、资源浪费、市场垄断、收入和财富分配不公。结果导致市场容易发生市场失灵，使市场无法有效地分配商品和服务。因此，在乡村旅游发展过程中，政府需要利用职能进行宏观调控和资源配置，制定合理有效的产业政策，通过职能进行相关的规划和就业指导。公共产品具有非竞争性和非排他性的特征，政府需要发挥社会中介组织和企业的力量，共同承担向政府提供公共产品的任务。在市场发展过程中，政府不仅要保证市场的平稳运行，保证公平竞争和公平贸易，还要维护市场经营者的合法权益，管理和监督市场。因此，政府的职能定位可归纳为：弥补市场的不足，促进社会公平。

二、贵德县乡村旅游发展基本现状

（一）贵德县整体旅游现状

贵德县位于青海省海南藏族自治州东部，独特的高原自然景观、悠久的历史古迹，旅游景点遍布全县，以"天下黄河贵德清"为特色，成为省内最具吸引力的旅游热点地区之一，近年来贵德县开发以旅游度假为宗旨，以村庄野外为空间，以人文无干扰、生态无破坏为特色的乡村旅游形式。在西部大开发战略引导下，深化贵德县的改革开放，促进当地经济社会发展，贵德县委、县政府因地制宜，制定了《加快贵德经济发展的优惠办法》①，对在贵德县境内投资兴办企业的，给予一系列特殊优惠政策。为创造良好的投资环境，对所有投资者的投资项目实行一站式审批服务，充分保护投资者的合法权益。

我国乡村旅游起步较晚，在 1981 年题为《当前的经济分析和今后经济建设的方针》中指出"全国要根据新时代的要求转农业及农村现状，以建设社会主义新农村为新的战略目标"，在这新的农村战略目标引导下，我国的乡村旅游逐步走上发展之路。2001 年以来，多方筹资建设了黄河文化广场、国家地质公园、南海殿等重点景区夜景亮化、黄河清旅游带、贵德古城、黄河旅游航电等旅游基础设施项目，形成了旅游业发展的整体合力，确定贵德县为全省旅游开发建设示范区加快了旅游业发展的新阶段。"乡村旅游是以具有一定特色或特点的乡村人文和环境为吸引而引发的发生在乡村区域内的旅游经济活动"，这是 2002 年在中国乡村旅游领域何景明和李丽华两位学者在经济学和旅游学相关理论的基础上提出定义。

旅游业是造福于民的有效途径。"到 2010 年，贵德县已建成农家乐106 余家，安置农村富余劳动力和下岗失业人员 1500 余人，实现年收入800 多万元，有效提高了当地人民的经济收入；旅游接待服务设施已初步形成"②。

2012 年，海南州政府对贵德旅游定位是"以乡村旅游为抓手、打造田园风光休闲区"③，开始强调要注重发展田园风光，彰显地方特点；举办重大节庆活动，挖掘深厚的文化资源，丰富活动内涵，打造精品旅游，逐步走市场化、规模化的经营轨道。提出要求：一是加强总体规划，加强规划之间的有效衔接，加强规划过程中公众的参与，充分保证规划的可持续

---

① 贵德县办公室. 贵德县以生态农牧业助力乡村旅游业［CP/OL］. http：//www. qhhngd. gov. cn，2017 - 9 - 6.

② 青海通. 贵德农家乐了农家［CP/OL］. http：//www. qhnews. com，2010 - 7 - 6.

③ 肖瑞娜，吴德林. 全省乡村旅游经验交流会在贵德举行［N］. 海南报，2012 - 6 - 5.

性；二是要进一步加强创新，解放思想，做好土地储备工作，缓解土地调解压力；三是加强与金融部门的沟通，广泛宣传大投资环境，使金融部门积极参与社会经济建设。

截至 2017 年 9 月，根据村落优势，形成了"一村一特色"的乡村旅游发展模式。结合常牧镇都秀、拉德等村落形成了独具特色的牧家乐，并形成了肉干、牦牛酸奶等特色食品。同时，开发了徒步、自行车、自驾、登山探险等 15 条旅游线路，涉及全县 50 多个乡村社区，丰富了乡村旅游形式。

近十年来，贵德县把发展旅游业作为建设特色经济的有效途径，抓住发展趋势和机遇，不断扩大旅游规模，发展速度不断加快。通过举办黄河文化旅游节等系列活动，举办环湖大赛、水与生命主题音乐晚会等大型活动，提升了"天下黄河贵德清"旅游品牌。

（二）贵德县乡村旅游资源

贵德县清澈的黄河像一条玉带，在坎布拉国家森林公园的衬托下，交织在贵德山川之间。2000 年 7 月，钱其琛访问贵德县时，欣然写下了"天下黄河贵德清"七个字，一语道出了贵德的风物精魂。2004 年 11 月，贵德县黄河生态文化旅游度假区被中国社会科学院评为"西部最具魅力的旅游景区"荣誉称号。

贵德县旅游资源有贵德黄河奇石苑、AAAA 贵德高原养生休闲度假区、AAAA 贵德国家地质公园、AAA 贵德文庙及玉皇阁、贵德黄河清湿地公园、河西文昌庙、珍珠寺、南海殿、阿什贡峡的风蚀山貌、文昌、黄河人工长堤、梨花堆雪、素石积雪等多种自然和人文旅游资源。

2011 年，在贵德县三河地区（河阴镇、河西镇、河东乡），观光休闲型农牧业产业带启动以来，组织蔬菜水果采摘节等活动，实现了旅游业的全面参与，同时贵德县被评为全国休闲农业和乡村旅游示范县。在丰富农牧业资源的基础上，充分发挥农牧业观光休闲度假等功能，协调发展现代生态农牧业和乡村旅游，开辟协调发展之路。形成以农业和旅游业提供资源和服务的路径，畜牧业与旅游业共同发展，相互促进，近几年来，贵德县相继开通了网络通信业务，实现了农业与旅游业的双赢。进一步方便快捷了贵德县与外界沟通。

三、贵德县乡村旅游发展中的政府职能及其完善的必要性

（一）贵德县政府在乡村旅游中履行的职能

在乡村旅游发展中，作为地方政府的贵德县政府职能和作用不容忽视。从萌芽到成熟，政府应充分发挥其主导和调节作用。

世界经合组织（OECD）旅游委员会将政府参与旅游产业分为三个阶段：初始阶段——"先驱或催化剂"、成长阶段——"规范与服务"、成熟阶段——"协调与组织"①。简而言之，在这三个阶段中政府要依次发挥开拓者、规范者、协调者的作用。经合组织这样的提法对于研究贵德县乡村旅游中政府的职能依然是适用的。

贵德县政府在地方发展乡村旅游应履行的职能如下：

第一，对旅游资源进行科学的规划，促进可持续性发展。旅游资源具有多样性、复杂性、广泛性的特征，所以，贵德县政府做乡村旅游发展的总体规划、提出方案与设想、保证旅游资源的可持续发展。制定有效、科学、合理的乡村旅游发展规划。一方面，乡村旅游必须保持乡土气息的真实性和丰富性；另一方面，有必要挖掘乡村旅游的时代性，使游客能够充分体验到回归自然的乐趣，使游客通过劳动的收获满足教育和娱乐的需要。

第二，发展乡村旅游，宣传是重中之重。乡村旅游初步发展阶段只有把宣传搞好了，才会有更多的人了解乡村旅游的内容，也会吸引更多的人涉足乡村旅游。贵德县政府的宣传没有形成完善的体制，有很多的景区不被人们所了解，因此，贵德县政府可以通过互联网、电视、广播、微博、微信等媒体进行宣传。吸引更多的游客走进农村，体验农村生活，吸引喜爱田园生活的旅游中。总体而言，政府从宏观角度对其进行宣传，以提高游客对乡村旅游的向往和可信度。

第三，加强建设相关的法律法规制度。贵德县乡村旅游发展处于不断的探索前进阶段，贵德县政府运用立法的手段严格规范每个环节的正常秩

① 张树民. 中国乡村旅游发展模式与政策保障研究［M］. 北京：中国旅游出版社，2014.

序，完善相关法律法规保证乡村旅游健康成长，因地制宜地制定切实可行的乡村旅游法律法规，建立健全相应的管理制度，使乡村旅游在管理过程中依法管理，创造具有良好法律效果的乡村旅游环境。

第四，鼓励村民发展旅游，维护旅游者的利益。旅游管理有关部门应当通过宏观调控、公共管理和社会服务等方式，统筹组织社会力量。采取各种适当的方法，改善乡村旅游的总体环境，鼓励村民发展旅游业，维护旅游者的利益。

第五，保持本色，蓄意创新。民族文化和地方风味是乡村旅游的灵魂，文化创意是吸引新游客的重要途径。政府帮助开发当地自然资源和文化景观，并对开发进行规范和市场推广。

（二）乡村旅游发展中完善政府职能的必要性

目前，我国乡村旅游的发展取得了良好的效果。同时，乡村旅游也具有重要意义。一方面，充分利用乡村旅游资源，调整优化乡村产业结构，拓宽农业功能，促进农民就业转移，增加农民收入，为建设更好的新农村奠定良好的经济基础。另一方面，有利于保护农村生态环境。旅游业促进了景观和环境卫生的清洁，促进了农村容貌的变化，改善了卫生条件，促进了环境治理和整个村庄建设的发展。

目前，旅游业已成为许多国家最重要的主导产业之一。它在某种程度上已经成为一个国家或一个地区的形象代言。因此，许多国家和政府都把促进地方旅游业的发展作为重要任务之一。但是，旅游业的发展效益周期相对于其他行业而言是相当长的，尤其旅游业产业化整合具有极强的自身特点的。因此，推动旅游业的发展，政府的作用是无可替代的，建设有效的政府，发挥政府行之有效的作用，并让有效政府在旅游产业发展中发挥其引导作用。

"从公共管理角度而言，公共政策发挥着对地方经济资源和人力资源的引导作用"①。发展中国家旅游业大多从接待入境游客起步，但是，交通建设、服务设施和相关法规又不完善，为协调和解决接待游客面临的众多问题，在发展旅游业的过程中，政府要采取相关行政干预措施，不能单纯地由旅游主管机构进行开发建设、经营管理、市场监督和宣传营

---

① 宁骚. 公共政策学（第二版）［M］. 北京：高等教育出版社，2011：373－401.

销等职责。

（三）贵德县政府在发展乡村旅游中的举措与做法

1. 政府建立乡村旅游电子信息公共服务系统

针对乡村旅游市场信息不对称、不公平竞争、定价随意等问题，贵德县政府及相关部门积极发挥核心部门的公共管理职能。可以运用现代网络技术公布在网络服务平台中，一方面可以实现游客和经营者之间公平的信息交流；另一方面可以为游客提供方便的在线服务。

2013 年，贵德县的七个行政乡镇都已经彻底实现了网络覆盖，为贵德县建设网络公共平台打好了坚实的基础，第一，电子服务平台可以加强景区及相关服务点之间的沟通与交流，就近餐饮及住宿等情况的查询，为贵德县乡村旅游工作提供了方便与实用。第二，便捷有效地实现游客预订住宿、餐厅等，对于景区的天气状况也可以进行查询。第三，贵德县政府可以充分利用网络公共服务平台对外进行宣传、介绍、推出新产品和新项目等，提高自身的知名度，吸引更多游客。

2. 政府培养高素质管理人员及从业人员

从事乡村旅游的人员上至政府有关部门工作人员，下至景区普通工作人员。基本上处于摸索和学习的状态，缺乏相关人才，对于贵德县而言，参与乡村旅游行业的基本上是本县的村民，这个群体本就存在着相关知识欠缺、服务意识薄弱、市场认识不足等缺点，对于经营、服务更是了解较少，许多弊端不利于乡村旅游产业的发展。

针对这种情况，贵德县政府通过聘请专业人员、培训旅游管理服务、培养专业人员等方式改变政府内部缺乏专业人才的问题，组织一支有技术、有知识、能服务、懂管理的队伍，为下一步乡村旅游产业的发展引导方向。让参与乡村旅游发展的经营者和村民都有所依靠和参考，同时也为经营者和村民提供专业的、正确的关于经营服务的指导。另外，政府借鉴优秀的管理经验和成功方法，定期、分批组织乡村旅游管理人员到不同的先进示范场地学习，为自身的发展增添光芒，避免发展中自身的错误和不足。

3. 政府促进了乡村旅游与新农村建设相结合

新农村建设与乡村旅游景点建设结合起来，把发展乡村旅游作为建设新农村的有效途径之一，积极抓住机遇，支持乡村旅游发展，加大旅游开发力度，多渠道解决乡村旅游资金"瓶颈"①。

4. 加强现代农业与乡村旅游相结合

根据新农村建设战略规划，现代农业与乡村旅游发展总体布局相协调，与整体旅游发展规划相衔接。依托自然生态环境、农村牧区景观、农业生产等农业资源，发挥区域优势，促进发展。以村为单位，片区发展，规模建设，凸显特色，集中发展，实现现代农业和乡村旅游相结合。

四、贵德县乡村旅游发展中政府职能缺失的表现及原因分析

（一）政府职能缺失的表现

在我国，乡村旅游资源是相当丰富的，近几年政府也在不断摸索乡村旅游的发展模式，由于政府职能缺失也造成了很多的问题。如投资的盲目性与开发的随意性、缺乏市场观念、缺少可行性研究和市场调研，选址不科学和布局不合理，重复建设和缺少特色，甚至给地方环境造成巨大的破坏，农民与企业之间的利益纠纷等现象随之发生。

贵德县乡村旅游发展中存在的问题如下：

一是贵德县资源开发优势不明显，整合性差。存在乡村旅游资源开发不足、分散性大、档次低、景区基础设施不完善等问题，旅游区交通发展相对落后，交通设施和配套设施不完善，客观上影响了游客消费，制约了贵德县乡村旅游的发展。贵德县龙王池景区是"贵德古八景"之一，然而它的旅游价值没有充分地发挥出来，也没有更多的开发，基本上停留在原生态阶段，另一原因是离县城比较远，而且没有专门的车辆，交通设施不完善，而且缺乏相应的景区基础设施，所以，尽管是古八景，但是，没有发挥它的作用。

二是服务水平低，体验活动单一。服务水平相对较低，产品开发经验相对不足，甚至部分服务人员的服务要素缺乏，服务态度不能满足旅游者的需求，消费价格定制不合理。随着旅游业的不断发展，"天价鸡""天价鱼"等天价食物事件不断地发生，贵德县也不例外某个农家乐出现了"天

---

① 资金不足成为乡村旅游发展的重要阻碍之一，所以，发展乡村旅游除了农民自身的努力外，还需政府的大力扶持。

价土鸡"，将土鸡高出市场价数倍给游客，尽管受到曝光和罚款等，但是突出的说明服务人员服务意识的欠缺和价格定制的不合理。乡村旅游缺乏鲜明的体验产品，市场动力和吸引力相对匮乏，不能给游客留下深刻的印象。体验活动局限于常规项目，仅仅是传统的"吃农家饭、做农家活、住农家房"，不能有效满足游客日益增长的体验需求。目前就贵德县贡巴村而言更多是自发性的，政府的引导不是太明显，所以，出现的问题就是体验产品单一，基本上就是参与到农业劳动和制作农家饭的过程中以及对农村的实地了解，除此没有太多的体验，所以很多人就会满足于一次的体验和感受，没有再次参观和体验的欲望，缺乏长远性。

三是宣传机制不健全。旅游宣传更多倾向于黄河沿岸的线路产品，乡村旅游宣传力度不够。目前，贵德县缺乏有效的宣传体系，需要进一步建立健全宣传体系，充分借助旅游特色进行宣传。贵德县采摘园为更多的游客亲身参与到采摘等农业活动量身制作的，采摘园的果蔬种类也是非常多的，内部基础设施建设比较完备，但是，宣传效果不是太明显，很多的游客以及本地人对于采摘园的了解都是比较少的，所以，没有充分发挥它的价值，还是需要多途径不断地加强宣传。

（二）政府职能缺失的原因分析

贵德县政府对于乡村旅游的理解不透彻，存在政府职能缺位的现象，无法充分发挥其公共服务功能。对于贵德县而言，缺乏开发建设乡村旅游的经验和相关专业知识，更多地停留在现有自然资源的条件下进行开发，缺乏联动性、长远性、便捷性。

例如，贵德县玉皇阁周围的古长城近几年得到了很好的修复和保护，然而，玉皇阁内部也就是城隍庙一带被破坏的相当严重，而且大梨树周围环境脏乱差的现象比较严重，梨树也没有得到很好的保护和应用，每年梨花节的时候游客到城隍庙一带参观梨花，然而客观环境质量起不到很好的吸引效果。假设将城隍庙一带环境整理起来、梨花保护起来、加强基础设施，也许会有更好的结果，一方面，在这一片梨花可以满足游客参观浏览的基本需求；另一方面，贵德秋子梨（软梨）作为贵德的特产，以贵德特产的名誉进行销售，既可以增加贵德旅游和旅游产品的知名度，又可以增加农民的收入，或许可以弱化乡村中的梨因销路狭窄而大量滞销的问题。

基础设施建设不健全，从业人员缺乏相应的服务意识和态度。贵德县以"天下黄河贵德清"为品牌，不断地开发以黄河为中心的旅游业，同时，不断地挖掘乡村旅游资源，不断地提升乡村旅游资源的质量和品位，但是，存在的问题是前期建设的投入比较大，然而后期的维护、保养、修复等没有及时到位，形成"有人修，没人管"的现象。在有些区域道路设置以及公共服务设置建设不完善，给游客造成很多的不便捷，而且在有些景区的从业人员都是当时的农民，没有经过系列的相关从业的培训，在服务方面存在缺乏服务意识和服务态度的现象。

例如，在黄河边的树林、草地上都铺上了木板，在方便游客游玩的同时也不会对植被造成破坏，环境也比较整理和干净，可以说是事半功倍的做法，方便了每年在黄河边上踏青的群众，然而近年铺的木板遭到人为破坏（估计焚烧和弄折），损坏比较严重，而且损坏的模板没有及时得到更替，农村的树林破坏也是比较严重的，政府管理的手伸不到，农民自发管理缺乏相关的合法性。

各职能部门对于乡村旅游行业管理分工不明晰。对于乡村旅游宣传工作，没有明确的界定与分工，尽管旅游资源开发过程中，不可避免地涉及多个部门，然而，作为旅游主管单位的旅游局对于乡村旅游的发展和建设更多处于不断地摸索和学习态势，而且旅游局没有具体的执法权和经济管理权限，更多的是起到协调、沟通的职能。因此，在旅游开发过程中，旅游局与国土部门、财政部门、税务部门等多个单位的职能交叉。

例如，对于贵德县自然旅游资源、人文环境、历史渊源等旅游资源的宣传在"贵德政府""贵德在线""梨花飘香贵德青"等相关政府公众平台上在不断地进行更新宣传与介绍，但是，一直缺乏对于乡村旅游的相关宣传与介绍，从而就容易导致很多游客不知道乡村旅游，或者对于乡村旅游的信息知道的很少。由于信息的不充分与不完善使游客不敢轻易地尝试。

五、完善贵德县乡村旅游发展中政府职能转变的建议

（一）充分发挥政府职能，对乡村旅游资源进行科学合理的开发

一是统筹城乡发展和新农村建设，坚持市场化，充分发挥资源优势，整合农村特色和文化资源，以资源优势提升经济优势。二是做好乡村旅游

发展规划，按照"因地制宜，合理布局，突出特色，重点发展"原则①，合理开发乡村旅游资源、旅游产品和乡村文化，统筹乡村旅游建设和城乡一体化建设。贵德县乡村旅游发展，结合农村特色扩大经营规模，政府应支持其向特色化、规模化发展，推进农村农用地适度规模经营，在不断提高现代农业发展质量的基础上，充分利用现代观光农业资源，鼓励农民积极参与和开发乡村旅游的发展。

（二）创新经营模式，持续开发新的体验项目，加强从业人员的服务意识

不断地探索和创新经营模式，一方面，政府部门、旅游企业、从业人员和农民对乡村旅游的认识有限，必须正确认识发展乡村旅游的优势和意义，有计划地开发乡村旅游资源。抓经典乡村景区，不断地总结经验，开辟独特的乡村旅游路线，充分利用好贵德县新农村建设的新机遇，整合乡村旅游资源，加快乡村旅游向整合化、可持续化、现代化方向发展。旅游业是贵德县的重要经济支柱，乡村旅游的发展需要支持和引导，加强基础设施建设，规范和完善农村旅游景区相关服务设施建设，提高旅游接待服务水平。另一方面，举办相关的从业培训班，对于乡村旅游从业人员进行相关的从业培训，不断地加强从业人员的服务意识和服务态度，提升整体的服务水平，在服务方面使游客能够有耳目一新的体验。

（三）加强宣传力度扩大影响力，打造品牌提升质量

针对贵德县服务业普遍存在的质量不高的问题，应做好旅游服务人员的培训工作，制定相应的业务管理人员和从业人员培训计划，加强乡村旅游就业培训，对从业人员进行乡村旅游管理和服务技能培训，为促进农村剩余劳动力就业做出积极贡献。品牌的力量不容忽视，品牌是现代旅游发展的重要特征，乡村旅游也需要重视品牌。一是抓住文化、资源、生态、生活条件的差异，塑造不同类型的产品和商品，深入挖掘地方文化遗产，突出生态、绿色、环保、休闲特色。二是以市场为导向，将乡村旅游与观光农业、生态旅游相结合，可以参照"城郊大众化、城郊低山高端化、中山高山特色化"的产业布局，建设休闲、观光、度假、民俗文化体验特色

---

① 青海省旅游局. 青海省旅游业"十二五"发展规划.

的乡村旅游。

加强营销，扩大市场影响。一是创新宣传营销方式。贵德县政府积极发挥宣传作用，加强乡村旅游资源整合。二是加强宣传营销的针对性。结合"假日旅游"的规律和特点，关注客源市场和旅游活动的变化情况，有针对性对目标市场进行重点宣传。三是拓宽宣传营销渠道。要充分利用广播、电视、报纸和现代互联网等平台，加大宣传力度、深度和广度，不断提高农村旅游景点的知名度和吸引力。

六、结论

贵德县的乡村旅游处于发展的初期，乡村旅游发展的大环境趋势乐观，但对于贵德县政府而言乡村旅游发展处于"探索"的状态，全方位的吸收更多的成功经验，创造具有导向性的乡村旅游，乡村旅游的发展管理和公共服务存在着明显的不足，相对于硬件设施不完善，对乡村旅游发展的引导作用不够，制约了贵德县乡村旅游的发展。

通过对贵德县政府在发展乡村旅游中职能履行的研究，对于贵德县乡村旅游的背景、现状资料收集及整理，对贵德县乡村旅游的整体情况有了一定的了解，同时更多的借鉴和参考国内外成功的案例，找出贵德县政府在发展乡村旅游中的引导作用、存在的问题及原因。希望能够明确发展乡村旅游中职能的准确定位、进一步探索贵德县政府在引导发展乡村旅游产业中行使的职能及相关措施等。在贵德县发展乡村旅游中，引导县政府应加强乡村旅游产业的管理和服务体系建设。构建贵德县旅游公共服务平台，提高贵德县旅游服务现代化水平，为贵德县乡村旅游发展创造良好环境。

参考文献

[1] 张永华. 惠民县乡村旅游开发的几点浅见 [J]. 人文天下，2017 (2).

[2] 叶森国. 乡村旅游的特点及对农村经济发展的促进作用——以歙县乡村旅游建设为例 [J]. 现代农业科技，2015 (15).

[3] 张明川. 农家乐旅游发展中的政府作用研究 [J]. 农村经济与科技，2015 (1).

［4］何景明，李立华．关于"乡村旅游"概念的探讨［J］．西南师范大学学报（人文社会科学版），2002（5）．

［5］石云萍．乡村旅游发展中基层政府行为研究［D］．福州：福建农林大学，2015．

［6］文静．乡村旅游发展中政府治理创新研究［D］．西安：陕西师范大学，2015．

［7］叶峰．浅析旅游业发展中地方政府的职能［D］．呼和浩特：内蒙古大学，2015．

［8］张浩．乡村旅游业发展中的政府职能转变研究［D］．南京：南京师范大学，2015．

［9］青海省旅游局．青海省旅游业"十二五"发展规划．

［10］谢先红．青海：对贵德县旅游业发展的调研思考［CP/OL］．http：//www.qhrd.gov.cn，2012/4/12．

民宿监管的主体、客体与机制

▶ 刘学伟

广东省旅游发展研究中心

民宿是近年在我国兴起的一种非标准住宿产品，与传统的酒店相比，民宿以其个性、自由以及富有情怀等特点，受到越来越多游客的青睐，特别是在乡村地区，在政策与市场资本的推动下，民宿发展非常迅猛，民宿成了一种乡村旅游中标志性的新业态，民宿经济的兴起，在促进乡村旅游转型提升，推动农村第一、第二、第三产业融合，盘活乡村闲置资源，实现农民就业增收，保护生态环境等方面作出了积极贡献。民宿蓬勃发展的同时，由于立法缺失、监管缺位，民宿的合法性问题难以解决，民宿大都处于监管真空的状态，虚假信息、安全隐患、经营扰民等问题突出。加快推进民宿地方立法工作，加强民宿监管，成为当下社会各界的共同认识，如何更好地对民宿进行监管，促进民宿经济规范健康发展，将成为今后一段时间民宿发展需重点思考的问题。笔者以为，进行民宿监管，重点是要理顺与明确民宿的主体、客体及机制三个要件，通俗地讲就是要解决"谁监管、监管什么、怎么监管"的问题。

一、民宿监管的主体

民宿监管主体是使用公权力对民宿进行监督管理的政府部门，明确监管主体，厘清部门监管责任，是实现民宿有效监管的关键，也是实践当中开展民宿监管工作的难点之一，即要解决"谁监管"的问题。民宿经营与服务涉及住宿、餐饮、购物、文化娱乐等多个方面的内容，其监管牵涉消防、公安、工商、旅游、住建、卫生、食品、环保、文化等多个行政部门，监管部门多，责权不清，使民宿现在处于"谁都可以管，但谁都不愿管"的尴尬局面，究其原因，就是没有明确民宿的主管部门，只有明确了主管部门，发挥主管部门的牵头协调作用，规划指导、规章制定、监督检查等民宿管理工作才能得到更加有效地落实。从一些地方实践经验来看，实际具体负责民宿相关工作部门有旅游部门、农业部门、房管部门等，或者建立由相关部门组成的协调发展小组开展民宿的相关工作，各地情况不尽相同。笔者以为，应当从省级层面明确民宿主管部门，以助于民宿管理的上传下达工作，统一工作思想，提高工作效率。基于民宿的旅游休闲服务本质，可以考虑将旅游部门明确为民宿的主管部门，由旅游部门牵头开展民宿的部门联合监督管理工作，从旅游业的角度统筹考虑民宿建设，更有利于推动民宿经济的健康发展。

二、民宿监管的客体

民宿监管客体是受监督管理的对象，即民宿的经营行为，主要包括民宿经营者、民宿经营场所及民宿经营内容等。明确民宿监管的客体，是开展民宿监管工作的最基本的内容与前提，即要解决"监管什么"的问题，这也是民宿监管实践操作中分歧最大的内容，解决这个问题的关键是要限定民宿的范畴以及明确开设民宿所要符合的基本条件与要求，确定民宿经营的准入门槛。

关于民宿的概念，学界中已有不少的讨论，为民宿的管理实践提供了很好的支持，但学术概念中的民宿有着较大主观性与相对性，在实践应用中难以对民宿与非民宿进行有效的甄别，因此，在实践管理当中有必要对民宿范畴加以量化与绝对化的限定。从实践经验来看，可以从建筑属性、经营规模以及地理空间三个方面对民宿经营进行限定：一是要明确哪些建筑设施可以用于开办民宿，笔者以为，开办民宿的建筑应当仅限于房屋，可以是经营者自有房屋，也可以是经营者通过合法途径取得使用权的房屋；二是要明确民宿经营规模的大小，如台湾将民宿经营规模限定为"客房数五间以下，且客房总楼地板面积 150 平方公尺以下"，浙江将民宿经营规模限定为"单栋房屋客房数不超过15间，建筑层数不超过4层，且总建筑面积不超过800平方米"，各地情况不尽相同，应加强论证，结合地方实际而定；三是明确哪些地方可以经营民宿，以防止民宿"遍地开花、野蛮生长"，特别是要科学引导城镇民宿发展，可由县级政府划定城镇区域内可开办民宿经营的具体空间范围。

民宿作为一种新兴的非标准住宿业态，与传统的旅馆业相比，有其特殊性，由于民宿多是利用城乡居民房屋改造而成，其房屋结构、装修等普遍无法达到现行旅馆业规定的消防、治安等要求，无法取得消防许可、特种行业许可等行政许可，这也是当前大部分民宿处于灰色运营的主要原因，因此，明确开办民宿的基本条件与要求对于民宿监管尤为重要，特别是要明确消防与治安条件。笔者以为，应以住客的人身财产安全为大前提，遵循宽进严管的原则，根据民宿的特点与发展实际，减少民宿的行政审批，除必要的营业执照以及食品经营许可证外，无须办理消防许可、特种行业许可等行政许可，只需到民宿主管部门进行登记备案即可，并针对民宿实际，另行制定建筑安全、消防安全、治安纳管、食品卫生安全、环保以及相关管理服务规范等具体的基本要求，既是作为民宿开办的准入标准，也是作为有关部门进行民宿监管与执法的依据。

三、民宿监管的机制

民宿监管机制是促使民宿监督管理工作得到有效运行的手段与举措，建立行之有效的民宿监管机制，是开展民宿监管的有力保障，即解决"怎么监管"的问题。一是要建立查处机制，明确有关部门的监督职责以及民宿违规经营责任，以乡镇为管理单元，由乡镇政府对辖区内的民宿进行日常的检查工作，及时发现问题并上报；民宿主管部门统筹协调民宿监督管理工作，定期组织有关部门开展对民宿的联合执法；有关部门在相应的职责范围内对民宿的相关经营行为进行监督；对民宿的违规经营给予处罚。二是要建立奖励机制，完善地方民宿等级评定划分标准，鼓励民宿提高服务质量，对达到相应条件的民宿，给予资金或其他条件的奖励扶持。三是要建立自律机制，鼓励成立民宿行业协会，发挥民宿行业协会的自律和行业服务作用，加强民宿行业的自我监督与自我管理，推动民宿行业的规范发展。

四、结语

民宿在我国还是一个新鲜事物，对其监管也是不断在实践摸索当中，但相比与民宿经济的快速发展，民宿的监管显然是滞后的，民宿监管面临着立法缺失、监管主体不明、民宿界定模糊、准入标准不清等一系列挑战，建立健全民宿的监管体系愈发紧迫。本文从主体、客体、机制三个角度对民宿的监管进行了探讨，搭建了民宿监管的大体框架，但这显然是不足的，民宿监管的部门责任关系与体制建设、民宿经营的准入标准、民宿监管的手段等都需要深入思考。对于民宿新业态，要充分平衡好监管与放活之间的关系，遵循"放管服"理念，以宽进严管为原则，除了政府监管外，还要充分发挥行业组织、消费群体、舆论媒体等力量的监督作用，构建民宿规范有序发展的大环境。

参考文献

［1］王敏娴，唐代剑．乡村旅游未来发展趋势探讨［J］．旅游学刊，2018，33（7）：13－16．

［2］徐林强，童逸璇．各类资本投资乡村旅游的浙江实践［J］．旅游学刊，2018，33（7）：7－8．

［3］潘颖颖．浙江民宿发展面临的困难及解析——基于西塘的民宿旅游［J］．生产力研究，2013（3）：132－135．

［4］邓皓．上海市民宿发展及法律规制初探［J］．旅游纵览（下半月），2018（1）：72－73．

［5］戴丽霞．海南乡村旅游民宿发展的法律监管问题研究［J］．农业经济，2016（6）：46－48．

［6］吴晓隽，于兰兰．民宿的概念厘清、内涵演变与业态发展［J］．旅游研究，2018，10（2）：84－94．

［7］台湾民宿管理办法［EB/OL］．http：//admin．taiwan．net．tw，2017－11－14．

［8］浙江省人民政府办公厅关于确定民宿范围和条件的指导意见［EB/OL］．http：//www．zjzwfw．gov．cn，2016－12－12．

精准扶贫机制与脱贫攻坚篇

引　评

▶桂拉旦

广东财经大学岭南旅游研究院

党的十八大以来，《中共中央国务院关于打赢脱贫攻坚战的决定》《"十三五"脱贫攻坚规划》《关于创新机制扎实推进农村扶贫开发工作的意见》《深度贫困地区教育脱贫攻坚实施方案（2018～2020 年）》《关于打赢脱贫攻坚战三年行动的指导意见》等文件对推进精准扶贫、脱贫攻坚做出了精密的决策部署，围绕"六个精准""五个一批"等系列政策文件的颁布和"四梁八柱"顶层设计的完成，脱贫攻坚已进入关键期。习近平总书记在参加十三届全国人大二次会议甘肃代表团审议时强调，"脱贫攻坚越到紧要关头，越要坚定必胜的信心，越要有一鼓作气的决心，尽锐出战、迎难而上，真抓实干、精准施策，确保脱贫攻坚任务如期完成。"这既体现了中央对脱贫攻坚的决心，也表达了最终实现目标的信心。

2019 年的中央一号文件指出，巩固和扩大脱贫攻坚成果，减少和防止贫困人口返贫。因此，决不能再出现一边脱贫一边返贫的现象，严格按照"两不愁、三保障"要求，建立抑制贫困的长效机制，即避免陷入"福利陷阱"，又防止产生"悬崖效应"，要防范产业扶贫市场风险，防止产业项目盲目跟风，强化对扶贫主导产业面临的技术和市场等风险进行评估，制定防范和处置风险的应对措施。本专题包括的 7 篇论文，分别从扶贫运营机制、激励贫困群体财税政策、精准扶贫激励机制、扶贫思想可视化、文化扶贫绩效及案例等方面的研究，从扶贫对象精准、项目安排精准、资金使用精准、措施到户精准、因村派人精准、脱贫成效精准的"六个精准"，到发展生产脱贫一批、易地扶贫搬迁脱贫一批、生态补偿脱贫一批、发展教育脱贫一批、社会保障兜底一批的"五个一批"，对扶贫思想的转化、扶贫政策的完善、扶贫机制的建构和典型案例进行了研究，也为脱贫攻坚目标的实现和建立长久持续减贫机制提供理论和实践的借鉴。

精准扶贫战略下乡村旅游产业扶贫运营机制研究*

▶桂拉旦　　周小芳　　孙润艳

广东财经大学，广东科贸职业学院

本文在旅游扶贫产业兴起的大背景下，结合旅游精准扶贫的定义，在理论方面进行一些探索，主要从概念、原则、特点、机制、政策等方面初步构建乡村旅游精准扶贫的理论分析框架，尤其是在扶贫机制方面提出一些优化性思路，从识别系统、决策系统、运行系统、评估系统四个方面建立乡村旅游精准扶贫运营"四机制模型"，从而提高乡村扶贫效率。

一、研究综述

20 世纪 80 年代以来，旅游业作为扶贫（反贫困）的一种方式，开始受到国内外旅游学界和业界的密切关注。尤其是近年来国际社会提出"面向贫困人口的旅游"（pro-poor tourism，PPT）（Ashley，2000）和"消除贫困的可持续旅游"（sustainable tourism-eliminating poverty，ST-EP）（Sofield，2004）以后，世界各国特别是发展中国家就旅游发展如何实现消除贫困做出贡献方面的研究和实践，受到广泛关注。中国作为世界上旅游业发展最快的国家之一，在如何进行旅游扶贫，实现可持续发展等方面也成为很多

* 基金来源：2016 年国家社科基金一般项目"精准扶贫战略下旅游体验型农村社区营造及效应研究"（16BJY138）阶段性成果。

学者的研究课题。主要包括以下几方面的研究。

（一） 乡村旅游扶贫的参与主体呈现多元化

在中国旅游扶贫开发过程中，政府既是经营者，又是政策制定者、招商引资者和市场营销推广者，还充当着旅游业内部各部门以及旅游业与其他产业发展之间的协调者，对全民进行旅游宣传的教育者（Zhang，1999）。因此，在旅游扶贫中，离不开政府的扶持和引导（郭清霞，2003），政府的作用应主要通过决策、协调、立法、政策、引导和宣传等手段（曹新向和丁圣彦，2003），从为旅游企业营造公平竞争的发展环境、以法律的方式界定和保障旅游业经营者的产权，以及为旅游业的发展提供公共品三个方面为旅游扶贫服务（曹建华，2002）。旅游的未来发展应着力于促进生态旅游为社区和旅游经营者（如保护区）两个方面都产生利益，从而争取村民持久的支持，保证区域的可持续发展（Stone and Wall，2004）。只有通过对社区和居民的教育、培训和管理，增强居民的旅游服务意识，提高服务水平，树立市场营销理念，才能保证参与式乡村旅游沿着可持续的道路发展（邱云美，2004；郑群明、钟林生，2004）。依据"实现主体利益持续互动均衡"的原则提出了建立"三农"利益保障机制的设想（梁明珠，2004）。社区参与旅游、旅游扶贫与当地主导产业的有机结合等，都有待进一步深入分析和研究（丁焕峰，2004；肖建红、肖江南，2014）。

（二） 乡村旅游扶贫的资源基础呈现特色化

乡村旅游资源是旅游扶贫的重要资源基础，因而也是旅游扶贫研究的重要内容。乡村文化被认为是乡村旅游资源的核心之一（王兴水等，2004）。许多研究认为，以"农家乐"为代表的乡村旅游不仅是一种物质消费，而且也是一种精神文化消费，应深度挖掘其村野文化内涵（李左人，2000；何薇，2004；王祖良等，2014）。还有一些研究则从旅游客源、游客消费需求、市场营销的角度，分析了城市客源、人文生态、民俗文化等在乡村旅游中的重要性（Oakes，1998；谢彦君，1999；李伟，2003；佟玉权，2007；李小云，2014）。

（三） 乡村旅游扶贫机制呈现全面化

国内很多学者都对旅游扶贫机制进行了研究，其成果也比较丰富。大体有以下几个方面：一是旅游扶贫保障机制；二是贫困人口旅游扶贫参与、受益机制；三是旅游扶贫运行机制；四是旅游扶贫参与主体协调机制（邓小海，2015）。将旅游扶贫与"三农"问题结合，从三农的利益保护角度提出构建保障机制的构想（梁明珠，2004）。探索出贫困户在乡村旅游产业发展中的受益机制，建立起乡村旅游产业发展与精准脱贫相结合的利益机制，让贫困户能在参与产业发展中真正获益（李星光，2018）。有学者从动力系统、决策系统、执行系统、目标系统、保障系统和监控系统等方面构建立体化的旅游扶贫运行机制（李国平，2004）。乡村旅游扶贫是一个开放、动态、不断反馈的系统（邓小海，曾亮，肖洪磊，2017），它需要各方参与主体的共同合作，有学者从旅游企业集群角度出发，结合特定市场和活动的经济联系，构建"政府＋公司＋旅行社＋农民旅游协会"的协调机制（张春美，2016）。

对于旅游扶贫理论及其在中国的实践，国内外学者进行了大量的研究。一些重大问题得到基本解决，如旅游扶贫被广泛认为是一种有效的消除乡村贫困的方式，政府在旅游扶贫中的重要作用、各参与主体如企业、社会组织、村集体、村民等重要地位得到较为广泛的确认。另外，大量的研究致力于从具体的实践入手来总结旅游扶贫的经验和教训。这些都为今后进一步研究奠定了良好的基础。但是，在具体的扶贫机制构建中，由于忽略市场因素，导致扶贫机制效应出现短期化，扶贫现象严重。因此，本文基于市场的角度，从识别系统、决策系统、运行系统、评估系统四个方面建立乡村旅游精准扶贫运营"四机制模型"，让贫困村不只是解决一时的贫困，而是真正实现永久脱贫。

二、乡村旅游产业扶贫运营机制分析框架

"旅游精准扶贫"的概念最早提出于国务院2014年出台的《关于促进旅游产业改革的若干意见》。该意见明确提出要加强乡村旅游精准扶贫。旅游精准扶贫是精准扶贫理念的具体应用，根据不同贫困区域的旅游资源条件、贫困人口参与的状况，运用科学有效的方法和程序对旅游扶贫的对象进行识别、帮扶和运营，从而达到精准帮扶，实现旅游扶贫"造血式"扶贫功能。

但在实际扶贫工作中，大多数是政府主导下的扶贫模式，整个乡村旅游市场的适应力差，缺乏市场竞争意识，导致扶贫效应短期，效果不明

显。同时，在运营机制中，也存在诸多问题：第一，在进行扶贫对象识别时，只注重对贫困村的扶贫，忽略贫困人口、贫困户的脱贫。而且扶贫工作中，没有建立动态的识别和跟踪机制，从而出现对扶贫对象"瞄不准、扶不准"的现象。第二，在进行项目决策时，常常会出现决策主体的缺位，重政府力量，忽略各种社会力量和其他力量对扶贫工作的贡献。第三，在运营模式的选择上，只注重改善贫困地区的生产生活条件，而没有去刺激当地的需求，开拓市场，这就导致扶贫效应往往是短期的。第四，在扶贫效应的评估上，大多只关注经济效益，忽略了社会效益、文化效益、生态效应的影响。

结合乡村旅游扶贫的前期研究成果和实践，本文基于对概念、原则、模式等方面进行较为系统的基础理论分析，并运用系统论的方法从识别系统、决策系统、运行系统和评估系统设计乡村旅游精准扶贫的运营"四机制模型"，从理论层面提出推进乡村旅游精准扶贫的基本分析框架。识别机制主要围绕识别对象、区域识别、项目识别三方面展开。要进行乡村旅游精准扶贫，必须要首先确定扶贫对象，根据当地区位优势和资源条件进行规划引领，激发其旅游发展潜力。决策机制主要是确定参与主体和参与形式。要明确有哪些决策主体以及何种权力结构，采取何种方式进行决策。运行机制主要是围绕产品定位和运行形式两方面展开。依据对当地乡村旅游资源价值的挖掘和市场需求的分析进行产品定位，形成依托乡村资源特色和适应游客体验性需求的产品体系，实现项目可行性和发展的可持续性的运营模式。评估系统机制主要选取经济效应、生态效应、社会效应、文化效应来进行评估。以实现多效应为目标，提高贫困地区的经济效益。如图1所示。

参与主体
决策主体
参与形式
权力结构、决策类型
────────
产品定位
资源价值挖掘、市场需求分析
运行形式
项目可行性、运行形式设定

决策机制　　识别机制
运行机制　　评估机制

识别对象
扶贫对象识别
区域识别
区位优势、资源条件
项目识别
规划引领、旅游发展潜力
经济效应
收入水平、发展能力等
生态效应
环保投入、村庄保洁、卫生条件等
社会效应
教育水平、基础设施等
文化效应
文化环境、文化保护、居民意识等

图1　乡村旅游精准扶贫运营机制分析框架

三、乡村旅游产业扶贫"四机制"模型分析

（一）识别机制

识别机制是乡村旅游精准扶贫运营机制的前提和基础，它要解决的是"扶谁"的问题。首先要将扶贫对象精确的识别出来，才能达到扶贫的精准性。它主要包括三个方面：一是识别对象，也时扶贫对象：贫困村、贫困人口和贫困户。精准扶贫的前提是找准扶贫对象，识别出真正的贫困村、贫困人口和贫困户，这样才能做到因地制宜。就贫困村而言，可按照"一高一低一无"标准开展核查工作。"一高"即省级扶贫标准以下贫困人口村级贫困发生率高于 23.24%；"一低"即村级农民人均收入低于 5220元；"一无"即行政村无集体经济收入。并结合当地情况，综合评定出贫困村。针对贫困人口、贫困户的识别，以户为单位，该农户年人均可支配收入低于当年国家扶贫标准，且未实现"两不愁三保障"（不愁吃、不愁穿、义务教育、基本医疗和住房安全有保障）为标准，采取"一进二看三算四必五议六定"工作法，对全村农户逐家进户调查，摸清底数，建档立卡，切实做好贫困人口和贫困户的识别。二是区域识别。乡村旅游作为产业扶贫的一种方式，并非适用于所有贫困地区。因此，在扶贫工作开展之前，要对该村区位优势、资源条件进行考量，以确保该地具有乡村旅游开发的条件，保证乡村旅游精准扶贫的可行性。就贫困村而言，乡村旅游的开发应考虑当地资源禀赋，确定开发宽度。资源禀赋是乡村旅游开发的原动力，是乡村旅游发展的基础性要素，决定了乡村旅游发展的宽度。具备地理区位优势，是乡村发展旅游的关键，美丽的风景、良好的生态、乡土文化要转化成乡村的发展要素，需要便捷的交通，如果交通不便，乡村旅游的客源会大打折扣。三是项目识别。在对扶贫对象和区域识别的基础上，制定可行性研究报告，筛选出满足条件的方案，进行规划引领，激发旅游发展潜力。

（二）决策机制

决策机制是解决"谁来扶"到"怎么扶"的问题。对识别对象的工作完成后，需要明确决策方式、决策主体，这也是乡村旅游精准扶贫成功的

关键环节。它主要包括以下几个方面内容：一是参与主体，要明确不同模式下谁是决策主体，比如是政府决策还是公司组织内部决策；二是参与形式，决策主体要通过何种方式进行决策以及怎样去决策，其主要从权力结构和决策类型进行区别，如政府主导型模式下，其主要是通过成立各级领导小组进行决策，其权力结构也是以政府为核心；三是典型案例，从资源禀赋和贫困程度角度出发将乡村旅游扶贫模式进行划分，并根据不同模式下决策要素的不同进行归类，最后选取不同模式下的一个典型案例提供参考（如表1所示）。

表1　　　　　　　　**不同类型乡村旅游扶贫决策要素与案例**

模式类型	决策主体	决策类型	权力结构	典型案例
政府主导型（资源禀赋优、贫困程度轻）	以政府为主	地方政府落实中央扶贫政策，制定地方扶贫措施	成立各级政府跨部门扶贫领导小组	云南罗平多依河景区
景区依托型（资源禀赋好、贫困程度高）	社会组织（公司）、村集体	发动对口扶贫单位参与扶贫开发	组织机构内部会议决策、村集体通过成立农民专业合作社进决策	四川省宣汉县鸡坪村
公司＋农户型（资源禀赋差、贫困程度轻）	公司、农户	公司与农户共同合作，参与到扶贫工作中来	双方进行工作对接、沟通	云南西双版纳傣族园
农户自主经营型（资源禀赋差、贫困程度高）	农户	农户积极发挥创意进行开发	以农户为核心，通过市场观察进行自主决策	广东博罗西群农庄

（三）运行机制

运行机制是解决"怎么运行"的问题，提升"扶贫的持续效应"是整个扶贫机制系统的运营支撑环节，直接关乎扶贫工作的成效。党的十九大将"精准扶贫"思想作为乡村扶贫的核心理念提出，精准扶贫是实现全面小康社会的重要环节。与粗放式扶贫相比较，精准扶贫更强调扶贫的"差异化"。运行机制主要包括几个方面内容：一是产品定位，通过识别机制和决策机制选取的扶贫模式，对当地的资源价值挖掘和市场需求分析，以确定其产品定位，究竟要发展成哪种旅游项目，如是景区依托型还是产业依托型；二是运行形式，通过对项目的可行性分析，要明确在运行工作中以何种方式运行，是形成扶贫示范区还是利用互联网进行资源的配置和优化等；三是典型案例，对不同类型乡村旅游扶贫运行系统的内容、形式进行大范围总结，并提供一个典型案例进行参考（如表 2 所示）。

表 2　　　　不同类型乡村旅游扶贫运行系统的内容、形式及案例

产品定位	运行形式	运行内容	典型案例
"历史文化依托型" 和 "民俗依托型"	"旅游 + 文化商品 + 农户"	政府主导，但同时鼓励农民参与到扶贫和社区发展的管理事务中来，形成扶贫示范区	重庆市开县麻柳乡 "八步工作法"
景区依托型	"旅游景区 + 贫困村"	整村推进、综合扶贫在一个村根据需要同时实施多种类型的扶贫项目，使项目之间能够相互配合，获得更大扶贫效率	1997 年甘肃省选择了 10 个行政村进行整村推进、综合扶贫的试点
产业依托型	"商品基地 + 农户"	农业 + 旅游 + 互联网，运用互联网技术，设计具有可持续性和赢利模式	广东顺德长鹿农庄
自主创业型	"旅游双创 + 就业"	利用互联网平台，将教育资源与信息技术进行配置，深度挖掘教育的功能与作用	湖南汉寿县 "鹿溪农家"

另外，随着"互联网"的普及，乡村扶贫不再适应传统的扶贫与治理方式，传统的扶贫效果也是不太理想的。我们要提升扶贫的持续效应，必须将"互联网 + 乡村旅游 + 精准扶贫"作为一种全新的扶贫模式来进行指导，以乡村旅游资源和乡村文化为依托，借助互联网平台信息技术等渠道，将乡村以旅游形式进行宣传和推广，吸引大量的游客。通过旅游业带动贫困村的经济发展，开辟一条全新机制的脱贫致富之路。

"历史文化依托型"和"民俗依托型"——"旅游 + 文化商品 + 农户"扶贫模式。这两类模式旅游资源开发条件好，贫困程度也不高，是旅游扶贫重点培育对象。在实际工作中，可以通过重点帮扶，建立试点示范区。政府作为这两种产品模式的主力军，应在考察贫困村各方面资源的情况下，明确当地扶贫的必要性，以及扶贫的目标和途径，因地制宜地制定当地脱贫政策和发展规划，同时对旅游市场进行监管和监督。根据政策和发展规划，明确各个部门的职责权限，并将相应权力下放，使扶贫工作更加精准化。政府应完善贫困村的基础设施建设，通过交通、环境、公共服务设施、餐厅、住宿等旅游配套设施来展现和塑造该地的旅游形象，从而促进旅游业的发展。同时，政府还应加强对互联网信息平台方面资金和技

术的投入，使贫困村能真正的"走出去"，与外界共享信息，从而能对信息做到精准掌握，防止信息"孤岛化"。通过互联网技术，对旅游项目进行动态管理，将旅游业数据整合，景区实时监测，对景区接待量进行统计等运营实现智能化。

"景区依托型"——"旅游景区+贫困村"扶贫模式这类模式的乡村旅游开发条件好，但贫困程度高。景区的地核吸引力为旅游发展在资源和市场方面带来天然的优势，同时带动周边乡村的发展，形成乡村旅游发展示范区。这一类型乡村旅游开发，主要依托核心景区，以市场需求为导向，因地制宜地制定自身的发展旅游规划，很多社会组织根据其景区的发展前景，准确寻找旅游发展契机。这类模式应注重产品开发与景区内容互补相对应协同发展，加强与景区的线路连接，根据对客源市场的调查分析和当地特色开发旅游产品，并配套发展吃、住、行、游、购、娱六大旅游要素，诱发游客旅游动机，前来消费购买。引导村民积极参与其中，促进当地群众丰收，实现脱贫目标。但这类景区在开发时，要注重景区品牌建设，只有树立好品牌形象，才能获得认同感，从而使游客忠诚。乡村旅游精准扶贫必须在依托当地特色资源的条件下，对其产品的塑造有一个明确的市场定位，以及根据市场需求细分市场，通过招商筹集资金，聘请专人进行开发，将资源整合成具有一定规模和质量的特色产业。并将产业进行延伸，打造具有本地特色的品牌形象。同时，要坚持产品创新驱动，根据市场的变化，利用互联网技术观测，及时对产品进行创新，从而保持持久的竞争力。

"产业依托型"——"商品基地+农户"扶贫模式。产业依托型的旅游开发条件差，但贫困程度不高，通过产业发展，给予村民权利和机会，参与到乡村旅游就业当中。以贫困村内的优势农业为依托，通过拓展农业观光、休闲、度假和体验等功能，开发"农业+旅游"的产品组合，带动当地农副产品加工、餐饮服务等相关配套产品协同发展，以使农业向第二、第三产业延伸产业链，实现旅游带动农业发展。在开发中，注重以特色农业为核心资源，同时开发加工工艺品和体验产品等旅游吸引物，开发具有宽度的集观光、休闲、住宿、购物、娱乐于一体的产业链，从而产生强大的产品经济协同效益。随着互联网的普及，这就需要我们在进行产品开发和营销中必须借助这一大利器，来宣传和推广产品。利用互联网，建立官网和专属App，丰富在线宣传功能，不仅可以使村户们在官网进行自由宣传和推广，而且还可使外界通过官网了解到他们想要了解的信息，实现信息共享，更好地使资源更精准的配置。同时，通过微信、微博等新媒体营销渠道进行营销，多方位的将该村形象映入游客脑中，激发前来游玩的意愿，同时，还可以通过乡村节庆活动、民族文化表演等来吸引社会眼球，推广当地文化。利用网络信息技术对游客关系进行管理，建立一套人性化的体验系统"线上互动、预定、支付、反馈，线下体验、参观游览"的消费模式，加强与旅游企业如携程、飞猪，去哪儿网、同程网等合作沟通，进行旅游产品的销售和宣传，形成广泛的营销范围。

"自主创业型"——"旅游双创＋就业"扶贫模式。这类模式旅游开发条件差，贫困程度又高，乡村旅游扶贫的难度很大。此时，农户可依托个人资源参与到旅游项目中，在乡村积极开展旅游"创新、创业"，吸引乡村中大量的剩余劳动力，引导大学生和返乡农民工参与乡村旅游开发，从事家乡旅游发展，带动休闲农业、回归自然、体验农学等产业的发展，不仅解决了当地人口就业问题，同时给当地注入了新的血液，实现"造血式"扶贫。但在这种模式下，农户作为扶贫主体，由于缺乏专业素能，同时往往起不到扶贫作用。因此，"治贫"应先"治愚"，加强对村民的教育，提高村民的素养和专业技能，从根本上打好脱贫战。在当今"互联网"的大环境下，掌握的信息越多，越能更快脱贫。利用互联网平台，将教育资源与信息技术进行配置，深度挖掘教育的功能与作用。首先，加强对贫困地区青年人的教育，给他们输入正确的创业观，大力培养素养和专业技能，为乡村脱贫发展培养建设人才，给扶贫工作提供源动力。同时，政府可以积极宣传、传播等途径使村民认识到他们才是整个项目的最大受益者，从而激发他们的参与欲望。其次，通过"农产品＋旅游"形式将村民自家的农产品进行销售，使村民能获得相应的收入。最后，相关旅游企业和行业组织可以加强对年轻村民的经营能力和专业技能，给年老者提供一些基础性工作，使这些村民们能更直接的理解到这项精准扶贫工作能给他们带来哪些受益，从而从本质上解决村民们参与意愿不强的问题，同时还解决了这些人参与能力的问题。

（四）评估系统

评估系统是整个扶贫机制的保障，它对扶贫绩效进行评估，从而保证乡村旅游精准扶贫识别和帮扶的有效性和持续性。评估系统以突出实现多效应为宗旨，以实现经济效应为核心，带动当地生态效应、社会效应以及文化效应发展为目标。在收集和整理 2018 年 8 月 18 日文化和旅游部发布《全国乡村旅游扶贫观测报告》基础上，梳理相关文献，询问相关学者，对每一个维度归属的指标体系进行筛选，建立量表（如表 3 所示）。

表3　　　　　　　　　乡村旅游扶贫评估系统分级指标

一级指标	二级指标	三级指标
经济效应	收入水平	乡村旅游人均可支配收入贡献率
	发展能力	乡村旅游扶贫脱贫人数占脱贫总人数
社会效应	教育水平	乡村旅游贫困人口就业贡献率
	基础设施	乡村旅游经营场所 Wi-Fi 覆盖率
生态效应	环保投入比	
	村庄保洁	保洁员人均保洁面积
	卫生条件	接入生活污水处理设施农户比
文化效应	文化环境	当地文化设施及活动的种类
	文化保护	修复和保护的历史建筑、纪念品
	居民意识	对当地文化遗产的认知

四、结论

乡村旅游产业扶贫运营机制是在精准扶贫战略实践中，发挥旅游与相关产业融合的优势，整合乡村旅游资源，通过全要素市场化运作，进行客体精准识别、提高项目决策水平、提升运行管理能力、完善扶贫效益评估的动态可持续性发展系统。其中，识别机制是前提，决策机制是灵魂，运行机制是核心，评估机制是保障。

乡村旅游精准扶贫重在精准，必须要明确"扶谁、谁扶、怎么扶"的问题，要使扶贫产业或项目达到长期高效运转，使贫困人口和贫困乡村真正实现脱贫致富的长远目标。本文鉴于上述考虑设计的"四机制分析框架"只能说是一种探索，主要针对以旅游产业为主导推进脱贫攻坚工作提出了一种识别、决策、运行及评估思路，在内容覆盖面、指标针对性、实践操作性等方面还存在很多不足，也是后续研究中进一步深化和探究的重点。

参考文献

［1］George A. Hillery，Jr. Definitions of Community：Areas of Agreement ［M］. Rural Sociology，20（4）：1955.

［2］Mcyer D. Pro－Poor Tourism：F mm Lcakages to Linkages Aconccp－tual Framcwork for Creating Linkages between the Accommoda－tion Sector and Poor Neighbouring Communities ［J］. Gurrent Lssues in Tourism，2007，10（6）.

［3］白凤峥，李江生. 旅游扶贫试验区管理模式研究 ［J］. 经济问题，2002（9）.

［4］郭清霞. 旅游扶贫 PPT 战略及其特征 ［J］. 湖北大学学报（哲学社会科学版），2003（5）.

［5］梁明珠. 生态旅游与"三农"利益保障机制探讨 ［J］. 旅游学刊，2004（6）.

［6］张立冬. 中国农村贫困动态性与扶贫政策调整研究 ［J］. 旅游学刊，2013（2）.

［7］肖建红，肖江南. 基于微观经济效应的面向贫困人口旅游扶贫（PPT）模式研究 ［J］. 社会科学家，2014（1）.

［8］曾本祥. 中国旅游扶贫研究综述 ［J］. 旅游学刊，2006（2）.

［9］桂拉旦，唐唯. 文旅融合型乡村旅游精准扶贫模式研究——以广东林寨古村落为例 ［J］. 西北人口，2016，37（2）.

［10］吴靖南. 乡村旅游精准扶贫实现路径研究 ［J］. 农村经济，2017（3）.

［11］宋慧娟，蹇莉，陶恒. 景区带动型乡村旅游精准扶贫的机制及路径 ［J］. 农村经济，2018（5）.

［12］桂拉旦，翟玉洁，周小芳. 基于时空维度的乡村旅游开发要素分析和战略选择 ［J］. 西北人口，2018（4）.

［13］张春美，黄红娣，曾一. 乡村旅游精准扶贫运行机制、现实困境与破解路径 ［J］. 农林经济管理学报，2016，15（6）.

［14］桂拉旦，孙润艳. 产业融合驱动下旅游产业集聚区管理模式研究 ［J］. 西藏大学学报，2016（4）.

［15］桂拉旦，刘少和. "以旅助农"传导机制分析及其政策建议 ［J］. 开发研究，2010（1）.

　　[16] 张程程. 精准扶贫背景下旅游扶贫精准识别分析 [J]. 农村经济与科技, 2018, 29 (14).

　　[17] 周霄. 乡村旅游精准扶贫的内涵解读与路径安排 [J]. 江苏农业科学, 2018, 46 (5).

　　[18] 刘蓓. 农村集体经济组织参与旅游精准扶贫的现状、困境及对策——以习近平精准扶贫思想为视角 [J]. 武汉交通职业学院学报, 2018, 20 (1).

　　[19] 胡柳. 乡村旅游精准扶贫研究 [D]. 武汉: 武汉大学, 2016.

　　[20] 徐阳. 旅游精准扶贫效应研究 [D]. 拉萨: 西藏大学, 2018.

激励贫困群体从福利依赖到积极就业的财税政策研究[*]

——兼论精准扶贫中精准确定贫困原因的重要性

▶朱翠华[1]　张　秋[2]

1. 广东财经大学财政税务学院；2. 广东医药大学医药经济学院

一、引言

　　贫困问题是一个世界性问题，也是一个世界性难题。保证所有人都能有最起码的生活、生存权利是人类社会区别于动物世界的本质区别之一。中华人民共和国成立以来，我国政府在推动经济发展、消除贫困方面一直不遗余力。党的十八大以来，我国的扶贫工作掀开了新的历史篇章，精准扶贫要求精准定位所有贫困户并建档立案，对扶贫工作目标、任务提出了新的要求。党的十九大以来更是将精准扶贫列入决胜建立小康社会的三大攻坚战之一。在解决贫困问题的方法中，最低生活保障制度是保障无劳动能力以及暂时有困难群体的最后的安全网。我国的最低生活保障制度经多年发展，在应保尽保方面取得了显著成就，为困难群体解决生活困难、摆脱贫困、融入社会等方面起到了重要的作用。2014 年初，国务院颁布《关于创新机制扎实推进农村扶贫开发工作的意见》，提出了将农村低保制度

　　* 青海省旅游局．青海省旅游业"十二五"发展规划．
　　基金项目：国家社会科学青年基金项目（15CRK018）。

与精准扶贫有效衔接。但是，随着我国低保制度的不断推进，越来越多的低收入者受益于此处，但也使一些具有劳动能力的人成了最低生活保障制度的对象。有研究表明，截至 2007 年底，有劳动能力却领取最低生活保障救助金的人占领取低保总人数的 70% 以上[①]，遗憾的是，笔者未找到这一指标的最新数据。虽然近年来社保制度在不断完善，此现象有一定程度的缓解和改善，但仍有一部分有劳动能力的贫困者依赖最低生活保障金，在就业与领取最低生活保障之间，部分有劳动能力的人选择后者，这一现象被称作"福利依赖"。福利依赖不仅造成财政支出更大的压力，更是挤占了社会救助资源。实际上，因劳动能力缺失而致贫的群体的贫困具有不可逆性，适用于被最低生活保障制度覆盖，而一些有劳动能力或者暂时失去劳动能力的群体的贫困具有可逆性，如何激励这类贫困群体从福利依赖到积极就业，是各国最低生活保障制度安排的最大难题之一，本文利用经济学的激励模型分析了政府如何差别化制定对于贫困者的财政补贴，以建立低收入群体中有劳动能力者积极就业的诱导机制。在未来低保制度的不断改革和完善中，我们应当考虑有劳动能力的贫困者的劳动义务问题，或者社会保障权的界限。换句话说，政府可以通过为贫困群体中的一部分有条件的人提供就业机会或谋生技能而解决贫困问题，丰富和完善最低生活保障制度。

本文共分为四部分：第一部分为本文的引言，介绍了本文的研究背景和研究意义；第二部分为文献综述，主要介绍了现有研究成果以及本文研究的出发点；第三部分为理论模型分析部分，利用经济学中经典的激励模型分析了如何激励贫困群体从福利依赖到积极就业的基本原理；第四部分为本文的结论和政策建议部分，总结了本文的研究结论，并介绍了激励贫困群体从福利依赖到积极就业的可行的政策选择。

二、文献综述

保障贫困群体达到最起码的生存水平是社会保障体系中的核心内容之一（Gough，1997）[②]，也是社会保障体系建立的根本动因之一。1601 年，

---

① 王磊. 城市低保对象救助与就业问题博弈分析 [J]. 财经问题研究，2009（5）：112 - 118.

② Gough, Ian, Jonathan Bradshaw, John Ditch, Tony Eardley & Peter Whiteford, Social Assistance in OECD Countries [J]. Journal of European Social Policy, 1997, 7（1）：17 - 43.

英国政府颁布了世界上第一部济贫法，被视为社会保障制度的前身。消除贫困是社会保障制度的核心内容，其实现途径主要通过为贫困群体提供资金、服务等途径以助其脱困。为缺乏劳动能力的群体提供必要的社会救助最初是人类人道主义的选择，后演化成为公民的基本权利。但是，由于各种原因致使目前的社会救助中覆盖了一些有劳动能力的人，致使产生"福利依赖"现象，造成了财政支出的压力以及不良的社会风气等。对于福利依赖的含义、社会影响以及如何解决福利依赖等问题，目前理论和实证研究在达成一些共识的基础上还存在着一些分歧（徐丽敏，2008），通过梳理现有文献可知，福利依赖相关文献探讨主题主要集中在福利依赖的社会影响，社会救助中是否存在福利依赖？以及就业促进政策是否能解决福利依赖现象等几个问题。首先，关于福利依赖的社会影响，认可福利依赖现象存在的学者几乎一致地认为福利依赖对社会会产生较大的负面影响，主要表现在福利依赖会降低福利接受者找工作的努力程度，会侵蚀人们自我支持的动力，同时加重底层心态，导致福利接受者被社会边缘化（韩克庆、郭瑜，2012）[1]，不利于社会的稳定和谐。因社会救助而带来的失业和福利依赖会加重接受福利者的社会排斥（肖萌、梁祖斌，2010）。而消除贫困、救助困难群体的本义恰恰是避免贫困者遭受社会排斥，助其融入社会，但在社会救助过程中，社会排斥现象因福利依赖而依然存在。默里（Murray，1984）[2] 也曾提出过相同的观点，即福利依赖的本质是接受福利的人因底层心态而产生的对社会的消极态度，这种消极的态度致使福利接受者拒绝履行公民义务，无法融入社会，因此可能产生贫困的恶性循环以及福利欺诈等现象。这不仅造成财政资金的浪费，更无法从根本上让贫困群体摆脱贫困状态。究其原因，这或是由于救济金的发放仅仅解决了贫困的症状，但未从根本上解决贫困病灶（Ellwood，1988.）[3] 也就是说，发放贫困救济金、实施最低生活保障制度只能缓解贫困者暂时的贫困带来的生活的困境，但无法从根本上消除贫困。这是由于造成贫困的原因不同，因此解决贫困的方法也应该不同，贫困救济金的发放只能解决贫困当中的一部分，但不是全部。另外，关于促进就业是否有助于福利依赖者摆脱福利

① 韩克庆，郭瑜."福利依赖"是否存在？——中国城市低保制度的一个实证研究明 [J]. 社会学研究，2012（2）：149－168.

② Murray，Charles，Losing grouud [M]. New York：Basic Books，1984.

③ Ellwood D，Poor Support [M]. New York：Basic Book，1988.

依赖？一种观点认为就业有助于贫困者摆脱对福利的依赖，因为对于大多数具有工作能力的人来说，就业是解决贫困最有效、最快捷的途径[1]。另一种观点认为，就业无助于贫困者摆脱贫困，贫困者偶发的就业行为只是为了获得一些额外收入，并且这些收入仅仅作为救助金的补充[2]。尽管贫困者在社会上可以获得一些就业机会，但他们缺乏使自己获得体面生活的能力。[3] 因此就业是否能够摆脱贫困者对福利的依赖取决于社会是否给就业者提供足够多的就业机会以及就业激励[4]（张浩森，2014）。张倩秋，田园（2018）[5] 也提出了类似的观点，即有劳动能力的低保对象得到的社会支持越多，越有可能不依赖于福利，其中的社会支持包括社会认同、客观支持和主观支持。可以看出持有这类观点的学者们之所以认为就业无法使贫困者摆脱福利依赖，是由于贫困者无法通过就业获得足够的收入——如技能低，贫困就业获得的收入可能还低于可领取的福利金，贫困者为了不丧失领取福利者的身份而选择较少参与就业。因此，就业促进在政策无助于福利依赖者摆脱福利依赖的原因主要是缺少就业机会或者是就业收入较低等，只要有相应的就业支持和就业机会，福利金领取者是愿意重回工作岗位的，灵活就业甚至都会在一定程度上降低福利依赖程度（Y. C. Wong, H. L. Chen and Q. Zeng, 2014）[6]。故而通过以上对文献的梳理，我们可以得出这样的结论：福利依赖对社会有负面影响，这种负面影响主要体现在财政资金使用的低效率以及福利依赖者的社会边缘化等，就业促进政策可以从一定程度上缓解福利依赖现象，但想要贫困者主动选择就业需要一些激励手段，如技术的支持等。因此为了使贫困者通过就业摆脱贫困，摆脱

---

① ［英］艾伦·肯迪. 福利视角—思潮、意识形态及政策争论 ［M］. 上海：上海人民出版社，2011.

② Pearce, D., Women work and welfare: the feminization of poverty ［A］. in K. W. Feinstein (Ed.), Working women and families ［C］. p103 - 124, 1979, Beverly Hills, CA: Sage.

③ Piet K Keizer，从社会福利到工作福利：荷兰 20 世纪 90 年代的政策 ［A］. Neil Gilbert, etc. 激活失业者 ［M］. 北京：中国劳动社会保障出版社，2004：101 - 117.

④ 张浩森. 救助、就业与福利依赖—兼论关于中国低保制度"养懒汉"的担忧 ［J］. 兰州学刊，2014（5）：163 - 169.

⑤ 张倩秋，田园. 从心理视角再论福利依赖问题——基于佛山市 1431 个低保受助对象的调查 ［J］. 西南师范大学学报（自然科学版），2018，43（4）：95 - 101.

⑥ Y. C. Wong, H. L. Chen and Q. Zeng, Social Assistant in Shanghai: Dynamic, between Sosial Protection and Informal Employment ［J］. International Journal of Social Welfare, Vol. 23, No. 3, 2014, pp. 333 - 341.

福利依赖需要政策的激励，然而现有文献较少涉及如何激励贫困者放弃福利依赖而选择就业，本文以此为研究出发点，重点分析财政政策如何选择才能激励贫困群体从福利依赖到积极就业进而摆脱贫困。

三、激励贫困群体从福利依赖到积极就业的激励模型分析

（一）模型的设定与假设

本文将利用经济学激励模型分析对贫困群体的政策支持如何以及为什么应该从无差别的救济转向个性化支持。特别是精准扶贫政策对贫困的治理提出了更高的要求，不仅要解决贫困，精准确定贫困对象，更要精准确定贫困原因才能从根本上实现精准扶贫。本文将用经济学中的激励模型来分析精准确定贫困原因的重要性。为了更好地分析问题，我们首先将贫困人群分成工作高效率（$X2$）和工作低效率人（$X1$）两类，并认为对两类人群的财政支持政策应区别对待。工作高效率者是指有就业能力，且劳动产出比相对较高的人，但可能暂时表现出工作低效率，工作低效率指的是无就业能力或者劳动产出比相对较低的人。

假设一：努力程度越高，工作效率可能越高；工作机会越多、技能水平越高工作效率可能越高。本文用 b 表示贫困者进行了主观的努力，a 则表示贫困者没有进行主观努力，有福利依赖的倾向。贫困者的工作效率受主观和客观两类因素影响，主观因素如受教育程度、工作努力程度等；客观因素包括就业机会、外部环境等。假设个人的主观努力在很大程度上可以提高工作的效率 P，进而提高个人收入水平，即 $P_{1a} > P_{1b}$，也就是说经过努力后工作高效率的概率要高于不努力工作高效率的概率。但工作效率也可能受外部环境影响，如就业机会缺失而导致工作的低效率。个人不努力很大程度上会导致个人工作的低效率和贫困，即 $P_{2a} < P_{2b}$。同时假设 $P_{1a} + P_{2a} = 1$，$P_{1b} + P_{2b} = 1$。

假设二：主观努力要付出更多的成本 C_b，如接受教育或者培训的直接费用及机会成本 C_a，即 $C_b > C_a$，当然也包括努力的时间成本。

假设三：U 表示个人的效用水平，并假设其效用函数是单调增且凹的，符合性状良好的效用函数的基本假设。

假设四：S 代表政府对贫困者个人的财政支持力度，其中 S_2 表示个人努力无福利依赖时的财政支持。S_1 表示个人有福利依赖时获得的财政支持。财政资金支持贫困群体的目标是鼓励个人努力工作并实现自己的最大化效用，但也面临一些约束条件。

约束一：个人努力后的收入高于不努力的收入。

约束二：个人努力后的收益高于包括隐性成本在内的所有成本。即

假设五：个人追求效用最大化目标。

$$\max: \sum_{i=1}^{2} P_{ib}(\bar{U}(X_i) - S_i)$$

$$\text{s.t.} \quad \sum_{i=1}^{2} P_{ib}U(S_i) - C_b \geqslant \sum_{i=1}^{2} P_{ia}U(S_i) - C_a$$

$$\sum_{i=1}^{2} P_{ib}U(S_i) - C_b - \bar{u} \geqslant 0$$

本文将利用 Kuhn – Tucker 定理来解最优结果，首先构造如下拉格朗日函数：

$$L = \sum_{i=1}^{2} P_{ib}[U(X_i) - S_i] + \lambda\left[\sum_{i=1}^{2} P_{ib}U(S_i) - C_b - \sum_{i=1}^{2} P_{ia}U(S_i) + C_a\right]$$

$$+ \mu\left[\sum_{i=1}^{2} P_{ib}U(S_i) - C_b - \bar{u}\right]$$

由一阶条件可知，$\dfrac{1}{U'(S_1)} = \lambda\left(1 - \dfrac{P_{1a}}{P_{1b}}\right) + \mu$

因为 $\dfrac{P_{2a}}{P_{2b}} < 1 < \dfrac{P_{1a}}{P_{1b}}$，所以 $\lambda\left(1 - \dfrac{P_{1a}}{P_{1b}}\right) < 0$，为了使边际效用非负，必须要求 $\mu > 0$

故而，由互补松弛条件可知必须要求：$\sum_{i=1}^{2} P_{ib}U(S_i) - C_b - \bar{u} = 0$

如果 $C_a \geqslant C_b$，这一假设或在长期中更具有合理性，因为接受培训和教育等投入活动，会提高自己的劳动生产率，那么在一定程度上也可节省自己工作的成本，因为生产同样的产品需要更少的劳动时间，即机会成本下降了。既然自我学习和投入在长期看在很大程度上有利可图，那么为什么较少贫困群体主动接受教育和培训活动呢？究其原因在于以下几点：一是个人教育经费的短缺，没有足够的资金支持自己的技能培训以及学习；二是个人短视造成的，短期内的培训只有支出没有收益，看不到收益的支出很难被认定为是可行的投资；三是个人能力有限，无法接受新技术或者主

观认定自己无法掌握新技术；四是源于风险，培训或教育投入获得收益具有不确定性，不确定技术是否可以有用武之地，不确定技术是否可以学成，不确定技术能在多大程度上带来收益。综上所述，为了促进贫困群体主动进行教育、培训或者干中学等投入活动并进行高效生产，摆脱贫困作为追求效用最大化的经济人的自觉行为，需要一些外力的作用，如政府的差别化的财政补贴政策，对主动进行技能培训者进行更多的财政资金支持。

为了进一步厘清上述问题，我们分两种情况进行分析，情形一：若 $\lambda \neq 0$

由 $\lambda\left(1-\dfrac{P_{1a}}{P_{1b}}\right)+\mu < \lambda\left(1-\dfrac{P_{2a}}{P_{2b}}\right)+\mu$，

可知 $\dfrac{1}{U'(S_1)} = \lambda\left(1-\dfrac{P_{1a}}{P_{1b}}\right)+\mu < \lambda\left(1-\dfrac{P_{2a}}{P_{2b}}\right)+\mu = \dfrac{1}{U'(S_2)}$，即 $U'(S_1) > U'(S_2)$

由于效用函数是凹的这一特征，可知 $S_1 < S_2$，另由于假设效用函数是单调的，于是可知：$U(S_1) < U(S_2)$，所以，

$$\sum_{i=1}^{2} P_{ib}U(S_i) - C_b - \sum_{i=1}^{2} P_{ia}U(S_i) + C_a = \sum_{i=1}^{2}(P_{ib}-P_{ia})U(S_i) - (C_b - C_a) =$$
$(P_{1b}-P_{1a})[U(S_1) - U(S_2)] - (C_b - C_a) > 0$

于是，根据互补松弛条件的要求 $\lambda = 0$

与假设 $\lambda \neq 0$ 矛盾，故而情形一的假设不成立，即 $\lambda = 0$

情形二：当 $\lambda = 0$ 时

$$\frac{1}{U'(S_1)} = \lambda\left(1-\frac{P_{1a}}{P_{1b}}\right)+\mu = \lambda\left(1-\frac{P_{2a}}{P_{2b}}\right)+\mu = \frac{1}{U'(S_2)}$$

因此 $S_1 = S_2$；$U(S_1) = U(S_2)$

所以根据 $\begin{cases}\displaystyle\sum_{i=1}^{2} P_{ib}U(S_i) - C_b - \bar{u} = 0 \\ U(S_1) = U(S_2)\end{cases}$

可以求解得出，$U(S_1) = U(S_2) = Cb + \bar{u}$

此时，高效生产的劳动者和低效率生产的劳动者获得相同的财政支持，其效用为直接成本加上间接成本。

当 $C_a < C_b$ 时，若 $\lambda = 0$，则 $S_1 = S_2$

那么，$(P_{1b}-P_{1a})[U(S_1) - U(S_2)] - (C_b - C_a) < 0$ 与互补松弛条件矛盾，所以假设条件不成立，即 $\lambda \neq 0$

因此
$$\begin{cases} (P_{1b} - P_{1a})\left[U(S_1) - U(S_2)\right] - (C_b - C_a) = 0 \\ \sum_{i=1}^{2} P_{ib}U(S_i) - C_b - \bar{u} = 0 \end{cases}$$

可求解得出：

$$U(S_1) = \left(\frac{C_b - C_a}{P_{1b} - P_{1a}} + \frac{C_b + \bar{u}}{P_{1b}}\right)\frac{P_{1b}}{P_{1b} + P_{2a}}$$

$$U(S_2) = \left(\frac{C_b - C_a}{P_{1b} - P_{1a}} + \frac{C_b + \bar{u}}{P_{1b}}\right)\frac{P_{1b}}{P_{1b} + P_{2a}} - \frac{C_b - C_a}{P_{1b} - P_{1a}}$$

$$U(S_2) = \frac{C_b + \bar{u}}{P_{2b}} - \frac{P_{1b}}{P_{2b}}U(S_1)$$

$$U(S_2) = -\frac{C_b - C_a}{P_{1b} - P_{1a}} + U(S_1)$$

由于 $-\dfrac{C_b - C_a}{P_{1b} - P_{1a}} > 0$，所以 $U(S_2) > U(S_1)$，即 $S_2 > S_1$

（二）主要结论

首先，当 $C_a \geqslant C_b$ 时，$U(S_1) = U(S_2) = C_b + \bar{u}$。即自我投入可以在一定时间内自我偿付成本，如贫困者所生活的地区有较好的劳动机会，且培训周期比较短的情况下，政府对这类群体的支持力度应以培训直接成本与机会成本为上限。通常来说，若地区中有较好的劳动机会，贫困者仅因为能力不足而得不到就业机会，那么财政支持应以培训相应技能为主。同时，培养产业集群，即支持更多需要相同技能的企业、产业的发展。

其次，当 $C_a < C_b$ 时，

$$U(S_1) = \left(\frac{C_b - C_a}{P_{1b} - P_{1a}} + \frac{C_b + \bar{u}}{P_{1b}}\right)\frac{P_{1b}}{P_{1b} + P_{2a}}$$

$$U(S_2) = \left(\frac{C_b - C_a}{P_{1b} - P_{1a}} + \frac{C_b + \bar{u}}{P_{1b}}\right)\frac{P_{1b}}{P_{1b} + P_{2a}} - \frac{C_b - C_a}{P_{1b} - P_{1a}}$$

$$U(S_2) = -\frac{C_b - C_a}{P_{1b} - P_{1a}} + U(S_1)$$

可以得出：

第一，当 $C_b - C_a$ 越大或 C_b 越大时（摆脱贫困所需要的成本越高时），财政支持力度应越大。例如，目前我国存在一些生活环境缺乏必要的基础设施以及就业岗位的地区，特别是一些山区的农村，人们出行方式只能靠步行上下山，生活聚集区一定范围内缺少就业机会，此时的扶贫难度较大，一般需要采取易地扶贫等政策，财政支持力度也应较高。而一些本身存在就业机会或生活环境较好的地区扶贫难度较低，财政支持力度也应较低。

第二，当 P_{2a} 越大时，财政支持力度应越少，即不进行教育培训就能摆脱贫困的概率越大，那么贫困者应得到的财政直接的资金支持力度越少。也就是说自己本身有脱贫能力的群体应该获得较少的直接财政资金支持。如贫困群体本身有一定的技术水平但当地又无合适的就业岗位时，政策重点应以帮助贫困者找到利用自己技能的合适岗位为主，如进行职业介绍、易地扶贫等。同时，值得一提的是，技术以及知识的学习应明确化，以提高必要劳动技能为主，因此职业技术学校的推广也是可行选择之一。

第三，当 P_{1b} 越大时，财政支持力度应越大，即进行教育培训后仍然不能摆脱贫困的群体应获得的财政支持反而越大，这类群体诸如因残疾、重病等原因无法自我摆脱贫困的家庭才应是脱贫战中直接获得财政补贴的重点对象。而一些暂时因疾病原因致贫的贫困群体，在其身体恢复后应适时减少财政补贴，设置财政补贴的时限。对于一些因缺乏技能而致贫的群体直接的财政补贴不是一个好的选择。

第四，当 $\bar{u}$ 越大时，财政支持资金越容易被挪作他用，特别是用于支持贫困者技术品讯的扶贫资金容易被挪作他用，根据经济学相关原理，当研究对象收入提升是时（无论因补贴提升收入还是自我收入增加），其消费的增加不一定是仅限于一种商品（如培训活动），因此政府应通过将一部分补贴以直接补贴接受教育和培训的学校等形式来确保财政资金的使用绩效，提高贫困者用于教育培训等活动的实际资金投入。

第五，当 $P_{1b} - P_{1a}$ 越小时，也即教育培训前后工作能力差异较小时，S2 与 S1 之间的差异应越小。也就是说培训教育仍不能提升工作能力，解决此类问题的关键在于寻找工作低效率的原因，对症下药。如贫困者接受教育后无相应就业岗位，财政资金用于教育培训以助脱贫的效果将大打折扣。

四、主要结论及对策建议

扶贫工作是决胜全面建设小康社会的三大攻坚战之一，也是我国实现第一个百年奋斗目标的重大战略任务。全面脱贫是精准扶贫的首要政治任务，也是社会主义的本质要求和党的重要使命。贫困群体一般不具有参与市场经济初次分配的能力，一些扶贫政策的低效率在于没有解决贫困群体的脱困能力问题。根据前文理论模型分析结果可知，解决贫困的根本在于要理清哪些人属于贫困者，并且要弄清楚贫困者贫困的原因，精准扶贫不仅要求贫困对象确定的精准性，贫困原因的寻找和确定更要求精准。如果贫困是因为疾病等不可抗力原因导致的，那么直接的财政资金补贴是可行的。但如果贫困是由于缺乏劳动技能，那么最低生活保障金的发放对解决贫困无益，反而可能造成贫困者对福利的依赖，降低财政资金使用效率。由此可见，精准扶贫攻坚方向重点在于研究提高贫困者脱贫能力的有效途径上，在扶贫及其政策配套措施上，应更加突出分类救助，对于有就业能力的贫困群体，更加突出教育、培训以及文化扶贫的主要作用，而非"一刀切"地对所有贫困者进行经济上的扶持。最终目标是使贫困者脱贫依靠与工作自救，形成"授人以鱼以及授人以渔"的多重扶贫措施。具体来说可从以下几个方面入手。

首先，对贫困者的扶贫资金支持不能一视同仁，应根据其贫困原因，实施分类救助，不断完善低保配套政策，改变现行的以领取低保金为主的财税支持政策，贫困群体贫困的原因各有不同，改善贫困的政策自然也应有所区别。由前文分析可知，直接的财政补贴解决贫困的方法适用于那些摆脱贫困成本较高以及教育、培训无法解决其就业问题的群体，如因疾病致贫者在疾病期间应获得医疗救助以及贫困补贴。而对于有劳动能力的贫困者应更多地给予与工作挂钩的多样化的最低生活保障配套政策支持，鼓励有就业能力的贫困者就业。如对于缺乏可能获得的就业岗位所需技能的贫困者应加强教育、培训支持，使其获得就业岗位所需技能。还应对参加就业的贫困者给予必要的物质奖励，如工作交通补贴、外出务工租房补贴等，鼓励贫困者主动就业，走出福利依赖的陷阱，最终实现工作自救。

其次，不断完善低保救助渐退机制。防止一些因为临时困难导致收入中断而形成的贫困者因领取了最低生活保障金而丧失重回劳动力市场的福利依赖行为。在我国现行的救助体系中，易进难出的现象较为普遍，这是由于低保身份除可以获得低保收入外，还可以获得教育、医疗、住房等的救助，一旦低保身份被取消，这些附加的福利政策将随之消失，导致一些贫困者尽管有能力工作自救而选择放弃。从政策的稳定性和持续性来看，取消低保附加福利非明智之举，渐退是可行选择之一。例如，尽管低保对象找到了工作岗位，在一段时间内仍保持其医疗救助、教育救助、水电燃气费用减免等的资助，逐渐减少其因低保对象带来的附加福利，而非"一刀切"。还要对低保用户进行定期复核，并通过舆论正确导向作用，让人们意识到低保非终身制。

再次，以社区为单位建立低保人群义工制度，或为其推荐公益性就业岗位，领取低保的群体除因疾病等原因无法参加劳动者，都有参加义工服务的义务，防止依赖低保金混日子而脱离社会的行为。义工活动可以包括清洁社区环境卫生、垃圾分类指导、社区治安巡逻、公共政策宣传等，并且规定每人每月义工互动的最低时间。在进行义工活动期间，可领取合理的交通补贴和餐费补贴，使其获得社会责任感和自我价值感。

最后，防止扶贫直接财政补贴挪作他用，挤出低保的水分，建立低保金领取诚信制度，防止基层腐败等对提高扶贫资金使用效率均有重要意义。用于贫困者培训、教育等的财政资金应落到实处，防止以发放现金的形式代替培训和教育支出。

参考文献

［1］王磊，城市低保对象救助与就业问题博弈分析［J］. 财经问题研究，2009（5）：112 – 118.

［2］Gough, Ian, Jonathan Bradshaw, John Ditch, Tony Eardley & Peter Whiteford, Social Assistance in OECD Countries. Journal of European Social Policy, 1997, 7（1）：17 – 43.

［3］韩克庆，郭瑜，"福利依赖"是否存在？——中国城市低保制度的一个实证研究明［J］. 社会学研究，2012（2）：149 – 168.

［4］Murray, Charles, Losing grouud［M］. New York：Basic Books, 1984.

［5］Ellwood D, Poor Support［M］. New York：Basic Book, 1988.

［6］［英］艾伦·肯迪. 福利视角—思潮、意识形态及政策争论［M］. 上海：上海人民出版社，2011.

［7］Pearce, D., Women work and welfare：the feminization of poverty［A］. in K. W. Feinstein（Ed.），Working women and families［C］. p103 – 124, 1979, Beverly Hills, CA：Sage.

[8] Piet K Keizer，从社会福利到工作福利：荷兰 20 世纪 90 年代的政策 [A]. Neil Gilbert, etc. 激活失业者 [M]. 北京：中国劳动社会保障出版社，2004：101 – 117.

[9] 张浩森，救助、就业与福利依赖—兼论关于中国低保制度"养懒汉"的担忧 [J]. 兰州学刊，2014（5）：163 – 169.

[10] 张倩秋，田园. 从心理视角再论福利依赖问题——基于佛山市 1431 个低保受助对象的调查 [J]. 西南师范大学学报（自然科学版），2018，43（4）：95 – 101.

[11] Y. C. Wong, H. L. Chen and Q. Zeng, Social Assistant in Shanghai：Dynamic, between Sosial Protection and Informal Employment [J]. International Journal of Social Welfare, Vol. 23, No. 3, 2014, pp. 333 – 341.

基于央地政府间委托代理关系的精准扶贫激励机制研究[*]

▶徐龙顺 李 婵 施生旭

福建农林大学 公共管理学院

一、引言

　　精准扶贫是经济新常态下对中国特色社会主义扶贫开发理论、政策以及战略的深度认知与调整，是对 1986 年以来宏观扶贫、漫灌扶贫的继承与延续，是中国扶贫开发模式、机制的内生变革与治理能力、治理体系现代化的重要突破。自 2013 年、习近平在湖南、云南、贵州等地考察提出和丰富精准扶贫的新思维、新战略以来，我国的扶贫攻坚工作取得了突破性进展，来自联合国的最新数据显示，中国从 1990 年 60% 以上的贫困人口比例下降到 2014 年的 4.2%，在这一时期中，中国对世界的减贫贡献率超过 70%，成为世界上首个完成联合国千年发展目标中减贫目标的国家。但由于我国贫困人口基数大，实现全面脱贫并非一朝一夕所能完成的，据国家统计局 2014 年对调查样本数据的推算结果显示，我国农村贫困人口仍有 8249 万人，由此可见，我国精准扶贫任重而道远。

　　精准扶贫作为新时期全面建成小康社会的一项重要国家战略，一经提

　　* 基金项目：福建省自然科学基金项目"福建省民族地区城镇化与生态环境耦合协调治理研究"（2017J01787）；2017 年福建省科协科技智库研究项目一般课题"提高福建省贫困地区公共服务水平的公共政策研究"（FJKX – B1722）。

出就引起国内外学者的广泛关注，众多学者运用定性或定量的分析方法进行了深入研究。已有的定性研究主要集中在精准扶贫内涵、精准扶贫模式与机制、精准扶贫政策、精准扶贫问题、精准扶贫对策等方面。在定量研究中，张伟宾等（2013）基于全国近 10 年的数据实证分析了扶贫政策、收入分配与农村减贫的关系；胡祥勇（2014）运用逐步回归分析法论证了我国农村扶贫资金来源、使用及数量对减贫成效的影响；陈升等在已有文献的基础上选取 9 个可能影响精准扶贫绩效的相关变量，并以贵州毕节、湖北恩施、广东为研究对象，实证分析了各影响因素对精准扶贫绩效的影响强度；王建平（2015）应用川西北藏区 31 个县的时间序列和截面混合数据实证分析了政府扶贫资金的投入与贫困居民数量以及贫困居民收入的关系；刘林（2016）应用 SVAR 模型及脉冲响应函数分析了政府扶贫资金对新疆农村贫困广度、贫困深度与贫困强度的影响。

此外，委托代理理论（Principal – agent Theory）作为制度经济学契约理论的一重要组成部分，近年来被广泛运用于企业管理、政府服务、物流金融、食品安全等领域，但鲜有学者将委托代理理论运用于精准扶贫研究中。在精准扶贫的经济学研究中，各利益相关者信息不对称是一个关键性前提条件，而委托代理理论作为信息不对称问题的主要研究方法之一，可以适宜地运用于精准扶贫的激励机制之中。因此，本文在已有研究的基础上，从委托代理理论的视角研究信息不对称下精准扶贫过程中作为委托人的中央政府与作为代理人的贫困地区地方政府之间的博弈策略，探讨中央政府激励策略的改变对贫困地区地方政府的努力水平以及委托代理双方利益的影响。并以此为基础，提出央地政府间高效扶贫的对策建议，构建富有效率的央地政府委托代理机制，实现精准扶贫的帕累托改进。

二、理论基础

（一）委托代理理论概述

委托代理理论作为企业契约理论的重要组成部分，于 20 世纪 60 年代末 70 年代初一些经济学家探讨企业内部信息不对称和激励问题发展而来。之后，随着委托代理理论的发展和成熟，其研究范围也逐渐扩展到社会生活的各个领域。委托代理理论作为一种契约能够很好地协调委托人与代理人的关系，委托人与代理人作为理性的"经济人"存在，其行为策略都是为了实现自身利益的最大化，因此他们的目标利益存在冲突。委托人通过激励机制鼓励、促使代理人积极维护委托人的行为意志，而委托代理理论是建立在信息不对称基础之上的，委托人无法有效监督代理人的行为，代理人为了增进自身利益则会背离委托人的行为目标，损害委托人的经济利益，因此存在"逆向选择"和"道德风险"。由此可见，委托代理理论的核心问题就是在委托代理双方利益冲突与信息不对称的情况下，如何设计最优契约从而实现对代理人的有效激励。基于此，委托人制定激励契约合同时，在维护自身利益最大化的情况下，关键性问题是充分考虑与代理人相关的两个约束，即激励相容约束（IC）与参与约束（IR）。

激励相容约束（IC）所阐述的即为"代理人问题"，是指在非对称信息情况下，委托人无法对代理人进行有效的监督管理而致使代理人为了实现自身利益最大化偏离委托人的预定目标。因此委托人需要设计一种激励、约束代理人的机制，促使代理人采取有利于委托人的行为策略，在实现代理人效用最大化的同时，也能实现委托人的最大效益。

参与约束（IR）是指代理人参与委托代理契约时的效用不能小于代理人不参与契约时的保留效用，即代理人以更高的努力程度完成委托人预期管理目标时，自身收益要大于低努力程度时的收益，否则代理人不会接受和遵守委托代理契约。

（二）精准扶贫中的央地政府委托代理关系分析

中央政府与地方政府（本文地方政府特指贫困地区地方政府）作为精准扶贫中两大主要的利益官方机构，共同促进了精准扶贫项目的运作。其中，作为精准扶贫政策制定者的中央政府与精准扶贫执行者的地方政府最终的目标和利益具有一致性，都是为了实现精准脱贫，促进社会的持续健康发展。但在精准扶贫的过程中双方会出现全局利益与局部利益、长期目标与短期目标的冲突，地方政府为了继续得到中央政府的扶贫资金会趋向于采取消极扶贫的策略，在监督体制不健全的情况下，地方政府会擅自挪用扶贫资金或存在扶贫腐败的问题。因此，在这一过程中，中央政府需要制定有效的激励机制和监督机制，促使地方政府维护中央政府精准扶贫的权威与意志，从而实现精准扶贫的持续健康发展。

因此，在精准扶贫项目运作过程中，中央政府与地方政府存在一种委托代理关系，其中，中央政府为委托方，地方政府为代理方。中央政府从宏观上制定精准扶贫政策，通过向地方政府提供扶贫资金以及优惠政策等方式激励地方政府"真扶贫、扶真贫"。并通过反馈机制检验地方政府扶贫成效，对于积极扶贫，实现预期扶贫目标的地方政府给予一定的奖励，对于消极扶贫，没有完成预期扶贫目标的地方政府给予一定的惩罚，促使其提高精准扶贫的努力程度，最终实现脱贫致富。中央政府与地方政府委托代理关系如图1所示。

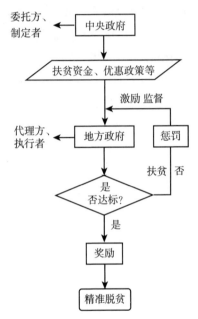

图1　中央政府与地方政府委托代理关系结构

三、委托代理模型假设与函数构建

（一）模型假设

为进一步深化研究，本文提出如下基本假设。

假设1：委托代理双方即中央政府与地方政府作为理性人，其行为策略都是为了实现自身收益最大化，此外，精准扶贫的成效不仅与地方政府的努力程度紧密相关，同时还受一些外生随机变量的影响。

假设2：中央政府是风险中性的，地方政府是风险规避的，地方政府的效用函数可表示为：$\mu = -e^{-\rho w}$，其中，ρ 为绝对风险规避度，w 为地方政府精准扶贫的实际收益。

假设 3：设地方政府精准扶贫的努力程度为 $k(k \geqslant 0)$，若地方政府努力程度每增加一单位，其精准扶贫的总收益增加 $m(m \geqslant 0)$，则精准扶贫总收益函数可表示为 $\pi = km + \beta(k \geqslant 0)$，其中，$\beta$ 为各种外生不确定性变量，且服从均值为 0、方差为 σ^2 的正态分布，即 $\beta \sim N(0, \sigma^2)$。

（二）函数构建

1. 代理方地方政府精准扶贫的成本函数

根据以上假设，令地方政府精准扶贫的成本函数为：

$$C_{地} = c + \frac{a}{2}k^2 \qquad (1)$$

在式（1）中，c 为地方政府精准扶贫的固定成本；a 为地方政府精准扶贫努力成本系数。此外，若地方政府不采取精准扶贫措施，则固定成本 $c = 0$，努力程度 $k = 0$，此时地方政府精准扶贫的成本 $C_{地} = 0$。

2. 代理方地方政府精准扶贫的收益函数

作为委托方的中央政府对地方政府的激励函数可表示为：

$$s(\pi) = \lambda + \gamma\pi = \lambda + \gamma(km + \beta) \qquad (2)$$

在式（2）中，$\lambda(\lambda > 0)$ 为中央政府给予地方政府精准扶贫的固定激励，其中主要包括扶贫资金的投入、扶贫优惠政策的支持等；γ（$0 \leqslant \gamma \leqslant 1$）为中央政府对地方政府激励的奖惩因子（也称为地方政府的风险承担系数），该奖惩因子反映了中央政府在精准扶贫中的风险转移以及地方政府对中央政府精准扶贫的风险分担；其中 $\gamma\pi$ 代表中央政府对地方政府的奖惩，即当地方政府在努力程度 k 下的精准扶贫成效达标时中央政府给予的奖励或不达标时给予的惩罚。

在式（2）的基础上，地方政府精准扶贫的收益函数可表示为：

$$E_{地} = s(\pi) + kx = \lambda + \gamma(km + \beta) + kx \qquad (3)$$

在式（3）中，x 为地方政府精准扶贫每付出一单位努力所获得的额外收益，则 kx 为地方政府精准扶贫所获得的总额外收益（如政府形象提升、社会和谐与稳定等）。

3. 委托方中央政府精准扶贫的期望收益

当中央政府为风险中性时，其期望收益等于其期望效用，即

$$E_{央} = E(\pi - s(\pi)) = E(km + \beta - \lambda - \gamma(km + \beta)) = (1 - \gamma)km - \lambda \quad (4)$$

此外，在精准扶贫的过程中，中央政府对地方政府的监督会产生一定的监督成本，由于精准扶贫会使广大贫困群众精准脱贫，从而中央政府会获得贫富差距缩小、社会和谐稳定、政府形象提高、国际声誉提升等溢出性收益。由此可见，中央政府精准扶贫的溢出性收益远大于其监督成本，因此，中央政府对地方政府精准扶贫的监督成本可忽略不计。

四、两种情境下精准扶贫委托代理模型与激励机制

（一）中央政府不监督地方政府时的精准扶贫委托代理模型与激励机制

若中央政府不监督地方政府，则央地政府在精准扶贫中存在严重的信息不对称。此时的委托代理模型可表示为：

$$\max E_{央} = (1 - \gamma)km - \lambda$$

s. t.

$$\begin{aligned} &IC：\max V(E_{地} - C_{地}) \\ &IR：V(E_{地} - E_{地}) \geqslant w \end{aligned} \quad (5)$$

其中 w 表示地方政府保留收入。

地方政府的实际收益函数可表示为：

$$w = E_{地} - C_{地} = \lambda + \gamma(km + \beta) + kx - c - \frac{a}{2}k^2 \quad (6)$$

故地方政府的确定性等价收入为：

$$CE = Ew - \frac{\rho\gamma^2\sigma^2}{2} = \lambda + \gamma km + kx - c - \frac{a}{2}k^2 - \frac{\rho\gamma^2\sigma^2}{2} \quad (7)$$

在式（7）中，Ew 为地方政府的期望收益，$\dfrac{\rho\gamma^2\sigma^2}{2}$ 为地方政府的风险成本，当 $\gamma = 0$ 时，风险成本为 0。

由于激励相容约束的存在，地方政府为了实现自身利益的最大化会选择其效用最大化的努力水平。因此，根据极值的一阶条件 $\dfrac{\partial Ew}{\partial k} = 0$，得 $k = \dfrac{\gamma m + x}{a}$。代入上述模型得：

$$\max E_{央} = (1-\gamma)km - \lambda$$

s. t.

$$IC: k = \frac{\gamma m + x}{a} \tag{8}$$

$$IR: \lambda + \gamma km + kx - c - \frac{a}{2}k^2 - \frac{\rho\gamma^2\sigma^2}{2} \geq \bar{w}$$

将式（8）中的 IC 与 IR 代入目标函数得：

$$\max_{\gamma} \frac{m^2}{a} + \frac{mx}{a} + \frac{\gamma mx}{a} + \frac{x^2}{a} - c - \frac{\gamma^2 m^2}{2a} - \frac{\gamma mx}{a} - \frac{x^2}{2a} - \frac{\rho\gamma^2\sigma^2}{2} - \bar{w} \tag{9}$$

一阶条件为：

$$\frac{m^2}{a} - \rho\gamma\sigma^2 - \frac{\gamma m^2}{a} = 0 \tag{10}$$

对式（10）求解得：$\gamma = \dfrac{m^2}{a\rho\sigma^2 + m^2} > 0$。

对以上分析可做进一步探讨：

（1）总的来说，地方政府在精准扶贫的过程中会承担一定的风险，其承担风险的大小与风险规避度 ρ、总收益增加系数 m、努力成本系数 a 以及各种外生不确定性变量的方差 σ^2 密切相关。即地方政府精准扶贫成本越小，扶贫总收益越大，除努力程度以外的其他影响精准扶贫成效的不确定性因素越少，则地方政府越趋向于承担更多的扶贫风险。

（2）根据 $\dfrac{\partial\gamma}{\partial\rho} = -\dfrac{am^2\sigma^2}{m^2 + a\rho\sigma^2} < 0$ 可知，地方政府的风险规避度 ρ 与风险承担系数 γ 负相关，即地方政府越不规避风险，其可以承担的风险就越大。极端情况下，若地方政府为风险中性，即 $\rho = 0$，而央地政府最优激励合同要求地方政府承担全部风险，即 $\gamma = 1$，此时地方政府注重的则是确定性的精准扶贫收益。

（3）由 $\dfrac{\partial\gamma}{\partial m} = \dfrac{2am\sigma^2\rho^4}{(m^2 + a\rho\sigma^2)^2} > 0$ 知，精准扶贫总收益增加系数 m 与地方政府风险承担系数 γ 正相关。说明精准扶贫所产生的正效应越大，地方政府越愿意承担更多的扶贫风险。

（4）从 $\dfrac{\partial\gamma}{\partial a} = -\dfrac{\rho m^2\sigma^2}{(m^2 + a\rho\sigma^2)^2} < 0$ 与 $\dfrac{\partial\gamma}{\partial\sigma^2} = -\dfrac{a\rho m^2}{(m^2 + a\rho\sigma^2)^2} < 0$ 可知，地方政府精准扶贫努力成本系数、各种外生不确定性变量的方差 σ^2 均与风险承担系数 γ 负相关。说明地方政府在精准扶贫过程中要综合考虑影响精

准脱贫的各种不确定性因素，努力扶贫最终实现如期脱贫。

（5）中央政府给予地方政府风险承担系数的大小会影响其精准扶贫的努力程度。由（8）式可得：

$$k = \frac{m^3}{a(a\rho\sigma^2 + m^2)} + \frac{x}{a} \qquad (11)$$

$$\lambda = c - \frac{1}{2a}\left(\frac{m^3}{a\rho\sigma^2 + m^2} + x\right)^2 + \frac{\rho\sigma^2 m^4}{2(m^2 + a\rho\sigma^2)^2} + \bar{w} \qquad (12)$$

由式（11）、式（12）可知，地方政府精准扶贫的努力程度与 a、ρ、σ、m、c 等因素有关，在中央政府无法控制地方政府风险规避度 ρ 的情况下，可以通过提供扶贫资金、制定优惠政策、规范扶贫环境、完善考核制度、优化奖惩机制等方式提高地方政府精准扶贫的努力程度。而此时中央政府对地方政府的最优激励为：

$$Es(\pi) = E(\lambda + \gamma\pi) = c - \frac{1}{2a}\left(\frac{m^3}{a\rho\sigma^2 + m^2} + x\right)^2 + \frac{\rho\sigma^2 m^4}{2(m^2 + a\rho\sigma^2)^2}$$
$$+ \frac{m^6}{a(a\rho\sigma^2 + m^2)} + \frac{m^3 x}{a(a\rho\sigma^2 + m^2)} + \bar{w} \qquad (13)$$

由此可见，央地政府委托代理关系下的精准扶贫激励机制是促进地方政府积极扶贫的关键性机制，而此机制发挥最大效用的关键在于中央政府给予地方政府一个合适的精准扶贫风险承担系数 γ。风险承担系数 γ 过小，则中央政府的激励无法充分调动地方政府精准扶贫的积极性；风险承担系数 γ 过大，中央政府主导的扶贫开发工作风险水平过高，也不利于精准扶贫。因此，风险承担系数 γ 的大小在很大程度上决定了地方政府精准扶贫的积极性以及最终的扶贫成效。

（二）中央政府监督地方政府时的精准扶贫委托代理模型与激励机制

若中央政府通过设定专门的精准扶贫监督机构、定期的省纪委巡查或受理群众举报投诉等方式有效监督地方政府的精准扶贫工作，从而最大限度地降低央地政府间精准扶贫的信息不对称性，则更有利于实现精准扶贫委托代理的帕累托最优。当中央政府能够监督到地方政府的努力程度 k 时，则激励相容约束将不再起作用，此时任何努力程度的 k 都可以通过满足参与约束的强制合同来实现。在此种情况下，最优的精准扶贫委托代理关系的实现关键在于中央政府通过设定合适的风险承担系数 γ、给予合适的固

定激励 λ 及引导、鼓励地方政府选择一个最优的努力程度 k。结合式（8），可以得出以下最优化问题：

$$\max_{\lambda,\gamma,k} E_央 = (1-\lambda)km - \lambda \tag{14}$$

s. t.

$$IR: \lambda + \gamma km + kx - c - \frac{a}{2}k^2 - \frac{\rho\gamma^2\sigma^2}{2} \geqslant \bar{w}$$

在最优情况下，参与约束等式成立（中央政府可以减少对地方政府精准扶贫财政资金的投入，更多地依靠地方政府的能力去扶贫、脱贫），因此可以将参与约束通过中央政府给予地方政府的固定激励 λ 代入目标函数，则式（12）的最优化问题可表示为：

$$\max_{\lambda,\gamma,k} km + kx - c - \frac{a}{2}k^2 - \frac{\rho\gamma^2\sigma^2}{2} - \bar{w} \tag{15}$$

式（15）表明，中央政府的目标是实现精准扶贫效益的最大化以及社会总福利的提高。根据最优化的一阶条件可知：

$$k' = \frac{m+x}{a}, \quad \gamma' = 0。$$

将 k' 与 γ' 代入式（14）中的 IR，可得帕累托最优激励合同，即中央政府给予地方政府的最优激励为：

$$\lambda' = \bar{w} + k'x + c + \frac{a}{2}(k')^2 = \bar{w} + \frac{x(m+x)}{a} + c + \frac{(m+x)^2}{2a} \tag{16}$$

对以上分析可做进一步探讨：

（1）由最优化的一阶条件可知，精准扶贫的最优激励为地方政府不承担任何风险（$\gamma' = 0$），而中央政府给予地方政府精准扶贫的固定激励 λ 等于地方政府的保留效用 $\bar{w}$、精准扶贫成本 c 与其他额外收益 kx 的总和。

（2）当中央政府监督地方政府的精准扶贫工作时，可以观测到地方政府的努力程度 k，若地方政府选择 $k < \frac{m+x}{a}$ 的努力程度时，中央政府就会给予地方政府少于 λ' 但大于保留效用 $\bar{w}$ 的固定激励（如减少扶贫资金的投入），而地方政府为了实现自身收益的最大化，就会转而选择 $k = \frac{m+x}{a}$ 的最优努力程度。

（3）"精准监督"护航"精准扶贫"。没有监督的权力必然导致腐败，而中央政府的监督作为法制监督的重要组成部分，是构建良好的精准扶贫生态环境、避免扶贫腐败、督促主体责任落实的重要保证，中央政府的权威监督可以有效促进地方政府依法扶贫，依法脱贫，从而缩小贫富差距，实现共同富裕。因此，上述的帕累托最优合同具有现实意义。

五、结论与建议

本文应用委托代理理论的分析方法对精准扶贫中的委托人（中央政府）与代理人（地方政府）的行为策略进行了深入分析，重点讨论了中央政府为风险中性、地方政府为风险规避时中央政府在监督与不监督两种情境下的委托代理模型与激励机制，这既是对新常态下精准扶贫理论的有益探索，也是对新时期精准扶贫实践的有效促进。研究主要得出以下结论：

第一，总体而言，在委托代理机制下，作为委托人的中央政府与代理人的地方政府具有利益一致性，其行为策略都是为了实现自身效益的最大化。委托代理模型作为一种富有效率的竞合机制，能够最大限度地调动地方政府精准扶贫的积极性，即提高地方政府精准扶贫努力程度，从而有利于实现精准脱贫与共同富裕。

第二，对央地政府而言，精准扶贫是一项复杂的系统工程，需要双方的精诚合作才能推进项目的顺利实施。因此，面对复杂的外部环境，中央政府的监督可以有效降低信息不对称程度，从而加强了央地政府之间的信息沟通与交流，把由于信息不对称而造成的精准扶贫损失降到最低；中央政府激励策略的改变会影响地方政府精准扶贫的努力程度；地方政府精准扶贫的努力程度与其努力成本系数、风险承担系数、风险规避度、总收益增加系数以及其他外生不确定性变量等密切相关。

为了有效促进精准扶贫的实施，最终实现精准脱贫，本文从中央政府的角度出发，对央地政府间精准扶贫的激励机制提出如下建议。

第一，强化精准扶贫监督机制。精准扶贫要以资金为支持监督为保障，监督精准扶贫项目资金、政策措施以及主体责任等的落实情况，确保中央政府的扶贫资金确实用在贫困群众身上。加强中央政府与地方政府统筹协调与反馈机制，建立扶贫对象、扶贫项目公示制度与扶贫资金信息披露制度，确保阳光扶贫、依法扶贫。发挥政府、社会、群众等各监督主体的监督作用，形成政府依法监督、社会协作监督、群众投诉举报等完整的协作监督链条，从而最大限度地避免"假扶贫、假脱贫"以及扶贫腐败等现象的发生。

第二，完善精准扶贫奖惩机制。加大对地方政府精准扶贫的激励奖惩力度，给予积极扶贫、如期脱贫的地方政府一定的物质和精神奖励，加大对消极扶贫、消极脱贫的地方政府的惩罚力度。鼓励、引导地方政府因地制宜、因时制宜、因户施策、因贫施策、突出特色、注重实效。推广实行自主投入、政府扶持、以奖代扶、先扶后奖的政策，降低精准扶贫固定资金投入的比重，加大精准扶贫奖励资金比例，倒逼地方政府以更大的努力程度扶贫脱贫，运用奖惩手段、发挥激励功能，从而最大限度地调动地方政府精准扶贫的积极性。

第三，健全精准扶贫考核机制。将精准扶贫纳入干部队伍绩效考核之中，提高精准扶贫工作的考核权重。实现"考事"与"考人"并轨施行，把精准扶贫的"考事"作为下年度提供扶贫资金与扶贫项目的优先考虑与重点倾斜对象，发挥正确"考人"的激励约束作用，注重在"扶贫攻坚主战场"中考察识别干部、选拔使用干部、问责处理干部。鼓励先进、鞭策后进，发挥激励功能，从而最大限度地增强地方政府精准扶贫的紧迫感与责任感。

参考文献

[1] 翁伯琦，黄颖，王义祥，等．以科技兴农推动精准扶贫战略实施的对策思考——以福建省建宁县为例［J］．中国人口·资源与环境，2015，25（11）：166－169．

[2] 汪三贵，郭子豪．论中国的精准扶贫［J］．贵州社会科学，2015（5）：147－150．

[3] 徐龙顺，李婵，黄森慰．精准扶贫中的博弈分析与对策研究［J］．农村经济，2016（8）：15－21．

[4] 张笑芸，唐燕．创新扶贫方式，实现精准扶贫［J］．资源开发与市场，2014，30（9）：1118－1119．

[5] 汪三贵，刘未．"六个精准"是精准扶贫的本质要求——习近平精准扶贫系列论述探析［J］．毛泽东邓小平理论研究，2016（1）：40－43．

[6] 郑瑞强，王英．精准扶贫政策初探［J］．财政研究，2016（2）：17－24．

[7] 王国勇，邢溦．我国精准扶贫工作机制问题探析［J］．农村经

济, 2015 (9): 46 – 50.

[8] 宫留记. 政府主导下市场化扶贫机制的构建与创新模式研究——基于精准扶贫视角 [J]. 中国软科学, 2016 (5): 154 – 162.

[9] 莫光辉. 精准扶贫: 中国扶贫开发模式的内生变革与治理突破 [J]. 中国特色社会主义研究, 2016 (2): 73 – 77.

[10] 赵武, 王姣玥. 新常态下"精准扶贫"的包容性创新机制研究 [J]. 中国人口·资源与环境, 2015, 25 (11): 170 – 173.

[11] 张伟宾, 汪三贵. 扶贫政策、收入分配与中国农村减贫 [J]. 农业经济问题, 2013 (2): 66 – 75.

[12] 胡祥勇, 范永忠. 中国农村扶贫资金使用效率实证分析 [J]. 中南林业科技大学学报 (社会科学版), 2014, 8 (3): 76 – 80.

[13] 陈升, 潘虹, 陆静. 精准扶贫绩效及其影响因素: 基于东中西部的案例研究 [J]. 中国行政管理, 2016 (9): 88 – 93.

[14] 王建平. 连片特困地区政府扶贫资金的减贫效果评价——以川西北藏区为例 [J]. 决策咨询, 2015 (2): 40 – 42.

[15] 刘林, 陈作成. 扶贫资金投入与减贫: 来自新疆农村地区数据的分析 [J]. 农业现代化研究, 2016, 37 (1): 17 – 22.

[16] 李春红, 王苑萍, 郑志丹. 双重委托代理对上市公司过度投资的影响路径分析——基于异质性双边随机边界模型 [J]. 中国管理科学, 2014, 22 (11): 131 – 139.

[17] 邹伟进, 裴宏伟, 王进. 基于委托代理模型的企业环境行为研究 [J]. 中国人口·资源与环境, 2014, 24 (3): 60 – 63.

[18] 阿儒涵, 李晓轩. 我国政府科技资源配置的问题分析——基于委托代理理论视角 [J]. 科学学研究, 2014, 32 (2): 276 – 281.

[19] 郭本海, 黄良义, 刘思峰. 基于"政府 – 企业"间委托代理关系的节能激励机制 [J]. 中国人口·资源与环境, 2013, 23 (8): 160 – 164.

[20] 宫大庆, 刘世峰, 王跃平. 物流资源整合环境下供应链激励机制委托代理研究 [J]. 软科学, 2013, 27 (5): 51 – 55.

[21] 邹筱, 顾春龙. 信息非对称条件下物流外包激励模型研究 [J]. 中南财经政法大学学报, 2013 (5): 130 – 135.

[22] Porter M E. Clusters and the New Economics of Competition [J]. Harvard Business Review, 1998, 76 (6): 77.

[23] Ellison G, Glaeser E L. Geographic Concentration in U. S. Manufacturing Industries: A Dartboard Approach [J]. Journal of Political Economy, 1997, 105 (5): 889 – 927.

[24] Wilson R. The Structure of Incentives for Decentralization Under Uncertainty [J]. La Decision, 1969: 171.

[25] Ross S A. The Economic Theory of Agency: The Principal's Problem [J]. American Economic Review, 1973, 63 (2): 134 – 139.

[26] Holmstrom B, Milgrom P. Aggregation and Linearity in the Provision of Intertemporal Incentives [J]. Econometrica, 1987, 55 (2): 303 – 328.

[27] Eisenhardt K M. Agency Theory: An Assessment and Review [J]. Academy of Management Review, 1989, 14 (1): 57 – 74.

[28] Sappington D E M. Incentives in Principal – Agent Relationships [J]. Journal of Economic Perspectives, 1991, 5 (2): 45 – 66.

文化产业集群对区域居民扶贫的影响研究[*]

——基于白鹿原影视城的实证分析

▶占绍文　张亚平　**Raza Syed Ali**

西安建筑科技大学 管理学院

一、引言

　　近年来，虽然我国在扶贫道路上取得了一定的成绩，但扶贫工作仍然任重道远。2013 年 11 月，习近平提出了"精准扶贫"的理念，这标志着我国精准化扶贫模式的开始。学者们关于精准扶贫路径的研究较多，赵晓峰和邢成举（2016）认为农民合作社的制度安排具有益贫性的显著特征，这使其能够成为精准扶贫与精准脱贫的理想载体；翁伯琦等（2015）提出依靠科技创新与科技创业来带动精准扶贫，分析了科技兴农与精准扶贫联动发展的优势，并结合实际提出了建宁县实施科技扶贫的对策思考；党的十八大以来，内蒙古自治区党委、政府将扶贫开发作为自治区"六大工程"之首，并将"金融扶贫富民工程"作为新时期扶贫开发的核心内容；毛峰（2016）认为我国贫困乡村旅游资源丰富、人力充沛，旅游扶贫是行之有效的科学路径。因此，我们可以看出扶贫路径是多元化，而不是单一的。2015 年 11 月，国务院印发的《关于打赢脱贫攻坚战的决定》指出：

---

　　* 基金项目：国家自然科学基金项目"文化产业集群与区域协调发展的机理和策略研究（71573200）"和国家公共文化服务制度设计基金项目"贫困地区文化精准扶贫机理及制度设计研究（20172761）"。

"到 2020 年贫困县全部摘帽，解决区域性整体贫困，可通过产业扶持，发展贫困地区的特色产业实现脱贫。" 所以，产业化扶贫成为我国当前阶段扶贫的主流思潮，另外，党的十八大提出要把发展文化产业作为未来发展的主导产业。因此，在我国精准扶贫与文化产业大发展的背景下，在集群化是带动产业发展的重要组织形式下，本文将从微观的居民个体视角出发，运用结构方程模型（SEM），以西安市白鹿原影视城的相关调研数据为基础，研究文化产业集群对区域居民扶贫的影响，以弥补相关研究领域的空白，并为之后的研究起到一定的指导作用。

本研究之所以选择结构方程模型方法，是因为结构方程模型（SEM）可在同一时间处理复杂的多变量关系。它是一种线性统计建模技术，涵盖了多种原有的多变量数据分析方法，具有同时考虑和处理多个变量、允许存在测量误差、通过路径图直观地显示潜变量和观测变量间的关系等优点，已被广泛应用于经济学、金融学、心理学、社会学、管理学和行为科学等研究领域。

二、概念界定及案例选择

1990 年，美国经济学家迈克尔·波特率先提出了产业集群（industrial cluster）的概念。多数学者一致认为，产业集群是一种由相互依赖性较强的企业、知识生产机构、中介机构和客户之间通过增值链相互联系形成的一种产业网络。文化产业集群作为产业集群的一种特殊形式，具有产业集群的共性特点，孟来果（2012）认为文化产业集群是文化企业和支撑机构通过地理空间的集聚，根据分工与协作建立起来的专业化产业组织，这是基于传统产业集群的视角对文化产业集群的认识；而文化产业集群又有其自身的独特性，有学者认为文化产业集群是指将文化产业和设施高度集中，集形象功能、产业功能和艺术功能为一体，集文化生产与文化消费为一体，追求与社区、日常生活、艺术和时尚的高度融合的文化产业园区。对文化产业园区的这一理解超越了传统产业集群的认识，这也是文化产业集群的个性所在。

2013 年 11 月，习近平总书记在湖南湘西州视察时首次明确了精准扶贫的概念，即针对不同贫困区域环境、不同贫困农户状况，运用科学有效程序对扶贫对象实施精确识别、精确帮扶、精确管理的治贫方式。产业扶贫是精准扶贫的核心内容，是创新扶贫方式、促进贫困地区发展和增加贫困农户收入的有效途径，它是一种以市场为导向，以经济效益为中心，以产业发展为杠杆的技术经济扶贫方式。产业扶贫的关键在于延长贫困地区的产业链，与当地的农民对接，使得生产、技术、市场本土化，让农民从中受益，从而达到贫困农民脱贫致富的目的。

目前，已有学者对利用产业集群实施精准扶贫进行了研究，如李婧苗（2018）研究了驻马店市多个产业集群的扶贫生产模式，其中上蔡县久久面制品产业化集群通过技能培训、安置就业、产业带动、参与美丽乡村建设等方式带动贫困农户脱贫致富，实现了公司发展、农民增收、政府满意；确山金乐山珍产业化集群采用"公司＋农户＋基地＋电商"的生产链模式，通过本地电商平台"来村网"对接上游农产品加工企业接受订单，再把订单分配给扶贫农民，从源头上增强盈利能力和抗风险能力；上蔡天一面制品产业化集群实行"公司＋基地＋农户"的现代农业产业化运作模式，同时公司以土地流转的形式承包农民土地，安置农民到公司务工，增加农民收入。李海珍和李龙旺（2018）研究了山东轻工特色产业集群对产业扶贫的作用，拉动了当地经济的发展，吸纳了群体就业，提高了居民的收入，有效促进了群众脱贫和致富增收。

文化产业集群具有产业集群的共性特点，对扶贫应该有着同样积极的影响，但目前研究文化产业集群对扶贫影响的文献还较少。因此，本文为了拓展相关研究，以白鹿原影视城作为案例，研究文化产业集群对区域居民扶贫的影响。本文之所以选择白鹿原影视城作为分析案例，首先是因为它符合文化产业集群的含义。白鹿原影视城是陕西旅游集团有限公司以小说《白鹿原》和同名电影为文化载体，通过建设明清关中老乡村、古城镇展示关中建筑、历史、宗法文化和居住、饮食、曲艺等民俗，形成集影视创作、精彩演艺、文化休闲、儿童游乐为一体的关中民俗文化产业示范基地，以此弘扬陕西关中农村民俗文化、打造特色关中休闲旅游目的地、填补陕西省文化影视基地空白，实现旅游业和影视业的跨界运作。由此可见，影视城内不仅将文化产业和设施高度集中，还通过影视创作等进行文化生产，通过拉动旅游业的发展来促进文化消费，通过一些现代设施的建设来迎合时尚的品位。其次，白鹿原影视城位于西安市蓝田县白鹿塬何家塬村，在影视城建设前，该村经济发展较为落后，当地居民主要依靠种地和外出打工谋生，家庭收入少，消费不足，生活水平低。但是当地文化底蕴深厚，民风淳朴，白鹿原影视城就是利用当地的特色文化建设而成的，由此不仅带动了当地的旅游业和影视业的发展，弘扬了当地的民俗文化，而且出于对职工的需求及集群的溢出效应和产业的关联效应对周围居民的生活将产生必要的影响，这在一定程度上响应了政府的通过发展贫困地区的特色产业实现脱贫的号召。

三、研究假设

关于贫困的衡量指标，已有学者进行了研究。孙咏梅和方庆（2017）用收入和消费作为识别、测度贫困的因素。刘沛栋（2014）把基本消费支出与可支配收入的比值定义为"支出贫困指数"，用以衡量贫困的程度，指数值越高，则基本消费支出对其贫困发生的影响越大，支出型贫困越严重。另外，文化产业集群对区域居民扶贫的影响在宏观上可以用区域经济发展的变化来反映，而区域经济是一个涵盖范围非常广的宏观概念，它不仅仅包括区域的生产总值，还包括区域的经济活跃度、经济外向度、居民收入及消费、基础设施、文化和环境卫生等方面。因此，为了与微观的区域居民个体相对应，本文选取居民的收入和消费两个具体指标来反映文化产业集群对区域居民扶贫的影响。

目前还没有关于文化产业集群对区域居民收入和消费影响的研究，不过由于文化产业集群内主要从事的是文化产业活动，两者间具有紧密的关联，而且文化产业集群具有产业集群的共性特点。所以，通过文化产业及产业集群对区域居民收入和消费的影响可以推测出文化产业集群对区域居民的相应影响。邢楠和吴石磊（2016）认为文化产业发展对居民消费的影响主要表现在三个方面：影响居民消费总量、影响居民消费潜力和影响居民消费能力，由此提出应该大力发展文化产业，拉动居民消费，促进居民消费结构升级。吴石磊和王学真（2016）构建文化产业发展对居民消费能力影响机制的分析框架，并基于投入产出模型和门槛面板模型进行实证分析。研究结果表明：中国文化产业发展能够通过增加社会就业机会、提高人力资本素质，进而增强居民消费能力。刘军（2015）等采用1999~2012年中国省级面板数据，研究了产业聚集对居民收入的影响。结果显示，在控制人力资本水平、资本投入、对外开放制度和非公有经济等条件下，产业聚集显著促进区域居民收入水平的提高。

本研究借鉴上述研究成果，综合文化产业对区域居民消费的影响及产业集群对区域居民收入的影响，围绕文化产业集群对区域居民扶贫的影响这一核心问题，基于西安市白鹿原影视城这一具体案例进行分析，并考虑到影视城自身的实际情况，现提出如下拟验证的假设：

H1：文化产业集群对区域居民收入具有正向影响。

H2：文化产业集群对区域居民消费具有正向影响。

四、指标体系设定、数据来源及信度和效度分析

（一）指标体系设定

为保证实证测度的有效性，本文参考了相关文献中指标的选取，并结合白鹿原影视城实际发展特征及专家意见，针对 3 个一级指标设置了 7 个二级指标，并将各指标转化为具体问题，以方便设计问卷如表 1 所示。

表1　　　　　　　　　　　　　　指标体系

一级指标	二级指标	问题	简称
集群发展	文化产业投资	影视城的固定投资逐渐增加	W1
	职工人数	影视城的职工人数逐渐增加	W2
	文化产业产出	影视城的月收入逐渐增加	W3
收入	收入水平	当地居民的收入增加	W4
	收入结构	本地务农的收入减少	W5
		本地打工的收入增加	W6
		本地经营的收入增加	W7
消费	消费总量	当地居民的消费总量增加	W8
	消费结构	当地居民的文化消费占比增加	W9
		当地居民的生活必需品消费占比减少	W10

（二）数据来源

本研究的数据源自问卷调查，问卷采用 5 级李克特量表形式，问卷主体的每个问题要求被调查者按 1～5 分进行评判打分，1 分表示对描述的问题完全不同意，5 分表示完全同意，其余类推。问卷调查对象包括三个群体，根据调查对象对问题了解程度的差异，对不同群体发放问卷所涉及的

问题重点有所不同，反映收入和消费的问题调查对象主要是当地居民，反映文化产业集群发展的问题调查对象主要是白鹿原影视城的职工及其负责人。另外还进行多次访谈，并根据实际调研情况对问卷予以修正，以保证访谈结果的真实性和问卷设计的合理性。本研究共发放180份问卷，回收问卷165份，回收率为91.67%，剔除无效问卷，获得有效问卷150份，有效率为83.33%，符合随机抽样调查的要求。调查数据中，各变量的描述性统计结果如表2所示。

表2　　　　　　　　　　　调研变量的描述性统计

变量	最小值	最大值	均值	方差
W1	2	5	3.71	0.215
W2	2	5	3.86	0.174
W3	1	5	3.65	0.356
W4	2	5	4.32	0.161
W5	2	5	4.21	0.037
W6	1	5	3.68	0.269
W7	2	5	3.93	0.172
W8	1	5	3.95	0.405
W9	2	5	3.87	0.128
W10	2	5	3.92	0.054

（三）信度和效度分析

1. 信度分析

信度主要是指测量结果的可靠性、一致性和稳定性，即测验结果是否反映了被测者的稳定的、一贯性的真实特征。Cronbach's a 系数检验的方法是将测量工具中任一条目结果同其他所有条目做比较，对量表内部一致性进行估计，按照（Nunnally，1978）的标准，a>0.9 为信度非常好，0.7<a<0.9 为高信度，0.6<a<0.7 为信度良好，若为 0.5<a<0.6 可以接受使用，0.5 以下应该重新修订研究工具或重新编制较为适宜。这个系数决定了变量测度的各测量指标多高频率保持得分的相同，只有较高的一致性系数才能保证变量的测量符合信度要求。本问卷用 SPSS18.0 对数据进行可靠性分析显示（如表3所示），得到总量表的 Cronbach's a 系数为 0.739，且每个潜

变量的 a 值均大于 0.7，说明量表的内部一致性较好，有较好的信度。

表3 潜变量的信度检验

潜变量	观测变量个数	Cronbach's a
集群发展	3	0.735
收入	3	0.752
消费	3	0.714

2. 效度分析

效度指测量工具能够正确测量出所要测量的特质的程度。主要包括内容效度和结构效度。此量表在设计及实际调研过程中，得到了研究团队、集群企业管理人员和当地政府主管部门工作人员的意见及多次修订，具有较高的内容效度。结构效度指测量工具反映概念或命题内部结构的程度，依据 Kaiser（1974）的观点，若 KMO 值在 0.60 以上，勉强可进行因素分析，在 0.70 以上尚可进行因素分析；Bartlett 的球体检验是通过转换为 χ^2 检验来完成对变量之间是否相互独立进行检验。本问卷运用 SPSS18.0 对数据进行分析（如表 4 所示），KMO 值为 0.728，大于 0.7；Bartlett 球形检验的显著性概率小于 0.001 为高度显著，说明问卷统计数据适合做因子分析。

表4 结构效度结果

取样足够度的 Kaiser – Meyer – Olkin 度量		0.728
Bartlett 的球形度检验	近似卡方	336.537
	df	36
	Sig.	0.000

五、模型拟合与评价

（一）建模及检验

运用 Amos20.0 软件构建了结构方程模型（如图 1 所示），使用极大似然估计法进行运算，得到各变量路径系数的估计结果（如表 5 所示），变量之间的影响均为正向关系，符合实际情况。模型检验和拟合优度的结果见表 6，从模型拟合指标来看，模型拟合结果通过了适配度的检验，效果良好。

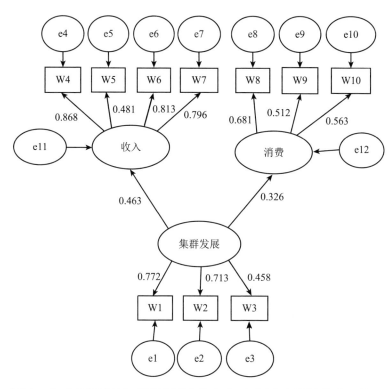

图1　白鹿原影视城对区域居民收入和消费影响的结构方程模型

表5　　　　　　　　　　　结构方程模型路径系数估计

假设	变量	路径		标准化 路径系数	S. E.	C. R.	P	检验结果
H1	收入	<---	集群发展	0.463	0.138	4.271	***	支持
H2	消费	<---	集群发展	0.326	0.147	2.367	0.014	支持
	W1	<---	集群发展	0.772	0.154	5.013	***	
	W2	<---	集群发展	0.713	0.148	4.687	***	
	W3	<---	集群发展	0.458	0.132	4.325	***	
	W4	<---	收入	0.868	0.216	3.759	***	
	W5	<---	收入	0.481	0.156	3.071	0.002	
	W6	<---	收入	0.813	0.137	6.526	***	
	W7	<---	收入	0.796	0.152	3.064	0.002	
	W8	<---	消费	0.681	0.165	5.021	***	
	W9	<---	消费	0.512	0.125	5.103	***	
	W10	<---	消费	0.563	0.141	5.265	***	

注：*** 表示 p 值达到 0.05 的显著水平。

表6　　　　　　　　　　　　结构方程模型适配度检验

分类	统计检验量	适配的标准或临界值	检验结果	适配判断
绝对	GFI	>0.90	0.931	良好
适配	AGFI	>0.90	0.957	良好
指数	RMSEA	<0.05 良好，<0.08 合理	0.000	良好
增值	NFI	>0.90	0.925	良好
适配	IFI	>0.90	0.990	良好
指数	CFI	>0.90	0.980	良好
	RFI	>0.90	0.962	良好
简约	PNFI	>0.50	0.674	良好
适配	PGFI	>0.50	0.703	良好
指数	NC 值（χ^2/df）	1 < NC < 3	2.155	良好

（二）模型解释

1. 潜变量之间的关系

如表5所示，文化产业集群对反映区域居民扶贫的收入和消费两个指标的影响程度不同，标准化路径系数分别为 0.463 和 0.326，说明对区域居民收入的影响较大，从反映居民收入的各观察变量来说，当白鹿原影视城在当地建成后，由于运营的需要会雇用大量的员工，经调查发现，大多数的职工都是当地居民，因为影视城的建设占用了当地部分居民的耕地及其他用地，因此，为了弥补居民的损失，影视城的负责人一方面会直接给予居民经济补偿，另一方面会聘用他们来解决其无业问题，这在一定程度上降低了本地务农的收入，但总的来说提高了的居民收入水平。除此之外，原来一些在家务农或无业赋闲的居民因为工作地点的便利也会去影视城打工，其中中年人群占多数，这极大地调动了当地的剩余劳动力，增加了本地打工的收入。另外，影视城不仅依靠影视创作来获得收入，而且更多的是依靠旅游业以获得长期可持续的发展，因此，旅游业的开发所吸引的大量外来游客又使当地居民受益匪浅，为满足游客们的停车、饮食、住宿和消费品等需求，居民们提供餐饮、旅馆、零售品及当地特产和停车位等服务，这在很大程度上提高了当地居民的本地经营收入。综上所述，白鹿原影视城对当地居民的收入有正向影响，不仅提高了居民的收入水平，也改善了居民的收入结构，其中本地务农的收入减少，本地打工和本地经营的收入均增加，故 H1 成立。因此，在居民的收入层面上，文化产业集群极大地促进了区域居民的脱贫进程，起到了脱贫增收的作用。

基于消费指标分析白鹿原影视城对区域居民扶贫的影响，从反映消费状况的各观察变量来说，一方面，白鹿原影视城主要提供文化产品和文化服务来满足人们的精神文化需求，当地居民面对影视城从无到有的变化，面对一些文化产品及服务供给的增多，满足了原来未被满足的消费需求，因而会不由自主地增加消费总量，而且增加的大部分是影视城所提供的文化休闲娱乐服务方面的消费，这又在一定程度上调节了消费结构；另一方面，由于白鹿原影视城增加了当地居民的收入，凯恩斯认为人们的当期可支配收入是影响人们消费支出的最主要因素，即人们收入的增加或减少会使消费支出相应的增加或减少。因此，当地居民收入的增加也会使消费总量增加。另外，美国心理学家马斯洛的需求层次理论表明，当人们物质层面的基本需求得到满足之后，将追求更高层次的精神文化需求的满足。所以，当地居民的生活必需品消费占比降低说明其基本物质需求得到满足，将进行文化消费，从而改变了居民的消费结构。综上所述，白鹿原影视城对当地居民的消费有正向影响，既增加了居民的消费总量，又调节了居民的消费结构，使居民追求更高层次的消费，故 H2 成立。因此，在居民的消费层面上，文化产业集群对地区扶贫有着积极的正向影响，不仅为当地居民增加了文化产品及服务的供给，丰富了居民的精神文化生活，而且由于集群的建设引起了收入的增加，从而提高了居民的消费能力和消费水平。

2. 潜变量与观测变量的关系

如表 5 所示，集群发展与文化产业投资、职工人数和文化产业产出三个观测变量的因子关系分别是 0.772、0.713 和 0.458，说明文化产业投资最能拉动集群发展，而且这也与拉动经济发展的"三驾马车"之一吻合，比较符合实际。职工人数的作用也较大，因为白鹿原影视城很大程度上依靠旅游业的发展，而旅游业又有淡季和旺季之分，在旺季时将会增加大量的外来游客，此时影视城也要相应增加职工人数以支持其运营；在淡季时游客人数会大幅度减少，影视城为保证盈利也会相应减少职工人数。比较而言，文化产业产出对集群发展的影响相对较小。

当地居民收入状况与收入水平和反映收入结构的本地务农收入、本地打工收入、本地经营收入的因子关系分别是 0.868、0.481、0.813 和 0.796，说明居民的收入水平、本地打工收入和本地经营收入对当地居民的总体收入状况的贡献较大，因为白鹿原影视城不仅为当地居民提供了就业机会，而且带动了当地旅游业的发展，旅游业的关联效应又促进了当地其他服务业的产生，使得当地居民能发挥各自的优势，既可以去影视城打工，又可以经营自己所擅长的当地有市场需求的行业，从而极大地提高了居民的收入水平，改善了居民的收入结构。而本地务农收入对居民收入的贡献较小，因为影视城占用居民的耕地面积相对较少，影响的也只是极少部分居民，因此，这部分居民的本地务农收入的减少对当地居民收入的影响就较小。

当地居民消费状况与消费总量和反映消费结构的文化消费占比、生活必需品消费占比的因子关系分别是 0.681、0.512 和 0.563，说明居民的消费总量和消费结构对当地居民消费状况的贡献均较大，而消费总量的影响相对更大，如上文所述，白鹿原影视城为当地居民提供了文化产品和文化服务，增加了文化消费品的供给，另外影视城也增加了当地居民的收入，在有效供给和有效需求的作用下，当地居民的消费总量必然会增加。由于提供的多是文化产品和服务，以及随着人们收入水平的提高，当满足了基本的物质需求后会增加对精神文化消费的需求，因此，文化消费品的消费占比上升，而生活必需品的消费占比下降，从而对消费结构起到一定的调节作用。

六、结论与启示

本文以白鹿原影视城为具体案例，通过构建结构方程模型，实证检验了文化产业集群对区域居民扶贫的影响，研究表明：文化产业集群对区域居民扶贫具有明显的正向影响，从收入方面来说，文化产业集群不仅提高了当地居民的收入水平，也改善了居民的收入结构，其中本地打工和本地经营的收入所占比例均较大；从消费方面来说，文化产业集群不仅促进了当地居民消费总量的增加，而且调节了居民的消费结构，其中生活必需品的消费占比减少，文化消费占比增加，促使居民提高消费水平，追求高层次的精神文化消费；在影响文化产业集群发展的因素中，投资是重中之重，另外，白鹿原影视城主打影视创作，而且文化产业又是典型的创意型产业，因此，创新也是影响集群发展的重要因素。

本文研究对于我国通过发展文化产业集群来加快农村地区精准扶贫具

有以下启示：

（1）文化产业集群的发展离不开政府的支持，政府要完善相关的政策框架和发展规划，加强基础设施建设，优化文化产业发展环境；政府要优先保障高社会效益的文化事业的财政支出，为重点产业的发展提供税收优惠、财政补贴和金融支持等，以吸引更多的文化企业入住，促使地区文化产业集聚以提高区域居民的生活质量。

（2）政府应给予当地居民相应的政策引导、业务培训、技术指导和融资支持，鼓励人们根据当地市场需求积极进行自主创业，发展文化产业的配套产业，这既解决了当地居民的就业问题，提高居民的自主发展能力和收入水平，使居民消除一味地依靠政府的直接资助来摆脱贫困的想法，又延长了产业链条，发挥文化产业集群的关联带动效应，这一方面扩大了集群范围，另一方面集群的溢出效应又会吸引更多的企业进入集群，从而进一步壮大集群势力，形成集群竞争力。

（3）政府要加强农村基础设施和公共服务设施建设，改善农村消费环境。农村基础设施的不足在一定程度上阻碍了农村居民的消费，制约了居民消费结构的合理化。另外，产业结构的改变也是消费结构得以完善的物质基础，因此，政府要大力培育当地的特色产业，充分利用当地的优势资源，通过产业扶持和产业化扶贫的路径来加快实现脱贫。

（4）由于投资和创新是影响文化产业集群发展的重要因素，因此，一方面政府应完善投融资机制，鼓励民间资本和战略资本积极投入文化产业领域，形成多元化的投融资机制，以保证文化产业发展的资金需求。另一方面应大力培养创新型人才，创新型人才是文化企业的核心生产要素，直接决定了企业的生产和发展。因此，政府首先要推动本地高校设置文化产业相关新兴专业，以满足文化企业的专业人才需求；其次，要推动企业与本地高校及科研机构进行合作交流，以促进产学研的结合；最后，要提供住房、社保和就业等优惠政策，以吸引创新型人才的到来。

参考文献

［1］赵晓峰，邢成举.农民合作社与精准扶贫协同发展机制构建：理论逻辑与实践路径［J］.农业经济问题，2016（4）：23-29.

［2］翁伯琦，黄颖，王义祥，等.以科技兴农推动精准扶贫战略实施的对策思考——以福建省建宁县为例［J］.中国人口·资源与环境，

2015（s2）.

[3] 舒景慧. 金融扶贫发展实践探索 [D]. 呼和浩特：内蒙古大学，2016.

[4] 毛峰. 乡村旅游扶贫模式创新与策略深化 [J]. 中国农业资源与区划，2016，37（10）：212 - 217.

[5] 中共中央，国务院. 关于打赢脱贫攻坚战的决定 [Z]. 2015：11.

[6] 王樱桃. 基于结构方程模型的区域体育产业集群竞争力研究 [J]. 改革与战略，2011，27（12）：141 - 144.

[7] 李方圆. 精准扶贫背景下湖南邵东特色产业集群发展研究 [D]. 长沙：中南林业科技大学，2016.

[8] 陈献近. 中小企业产业集群化发展战略研究 [J]. 中国商论，2018（7）：147 - 148.

[9] 孟来果，李向东. 我国西部地区文化产业园集群发展的特征、问题及对策 [J]. 学术交流，2012（3）：116 - 119.

[10] 占绍文，辛武超. 文化产业园区的界定与评价指标体系研究 [J]. 天府新论，2013（1）：125 - 130.

[11] 马洪雨. 我国扶贫开发国家立法具体化研究 [J]. 甘肃社会科学，2012（4）：163 - 166.

[12] 李海珍，李龙旺. 浅析特色产业集群在产业扶贫中的角色和作用——以山东轻工联社系统为例 [J]. 中国集体经济，2018（8）：26 - 27.

[13] 李婧苗. 驻马店市以集群发展推进产业扶贫 [J]. 河南农业，2018（1）：62 - 62.

[14] 孙咏梅，方庆. 消费视角下的贫困测度及精准扶贫探索——基于我国农村地区消费型贫困的调研 [J]. 教学与研究，2017，V51（4）：23 - 32.

[15] 刘沛栋. 基本消费支出视角下的"支出型贫困"研究——以江苏省为例 [J]. 社会保障研究，2014（6）：89 - 95.

[16] 褚蓓，李翔. 产业集群与区域经济竞争力：基于陕西省旅游业的因子分析 [J]. 西安文理学院学报：自然科学版，2014（3）：103 - 107.

[17] 邢楠，吴石磊. 文化产业发展对居民消费的影响机制分析 [J]. 学习与探索，2016（7）：127 - 131.

[18] 吴石磊，王学真. 文化产业发展对居民消费能力影响研究 [J].

统计与决策，2016（14）：126 - 129.

[19] 刘军，王佳玮，杨浩昌. 产业聚集对居民收入的影响及其区域差异——基于中国省级面板数据的实证分析 [J]. 经济问题探索，2015（5）：67 - 73.

[20] 郭君平，吴国宝. 社区综合发展减贫方式的农户收入效应评价——以亚洲开发银行贵州纳雍社区扶贫示范项目为例 [J]. 中国农村观察，2013（6）：22 - 30.

[21] 赵祝娟. 村级组织在产业化扶贫中对农户收入的影响研究 [D]. 山西师范大学，2016.

[22] 杨志文. 产业集群品牌对嵌入品牌的影响机制——基于 525 份问卷统计分析 [J]. 财经论丛（浙江财经大学学报），2015（1）：10 - 15.

[23] 于树江，刘静霞，李艳双. 产业集群成长阶段的动力因素研究 [J]. 河北工业大学学报，2011，40（2）：82 - 85.

[24] 姚刚，蔡宁，黄纯. 焦点企业创业与集群升级实证研究——基于网络视角 [J]. 云南财经大学学报，2016（4）：132 - 141.

福利经济学视角下的
文化产业集群扶贫绩效探析*

——以白鹿原影视城为例

▶占绍文　张亚平

西安建筑科技大学 管理学院

一、引言

2015 年 11 月，国务院印发的《关于打赢脱贫攻坚战的决定》指出："到 2020 年贫困县全部摘帽，解决区域性整体贫困，可通过产业扶持，发展贫困地区的特色产业实现脱贫"，产业化扶贫成为我国当前阶段扶贫的重要方式。党的十八大提出要把发展文化产业作为未来发展的主导产业，2018 年 8 月，工业和信息化部办公厅印发的《设计扶贫三年行动计划(2018—2020 年)》中也提到要以发展特色文化产业为主攻方向。因此，在我国精准扶贫与文化产业大发展的背景下，在集群化是带动产业发展的重要组织形式下，发展文化产业集群是实现精准扶贫的有效途径之一。在此意义上，扶贫不再是直接给予物质救济的"输血式"扶贫，而是从根本上解决贫困问题的"造血式"扶贫；扶贫也不再仅限于贫困者收入的增加，

* 基金项目：国家自然科学基金项目"文化产业集群与区域协调发展的机理和策略研究(71573200)"和国家公共文化服务制度设计基金项目"贫困地区文化精准扶贫机理及制度设计研究（20172761）"。

更重要的是其在权利和能力方面的提升，即实现整体福利的改善，而这需要通过分析文化产业集群的扶贫绩效来得知，因为扶贫绩效即是用来分析文化产业集群对人们生活影响的一种指标，通过绩效的分析可知集群对人们福利改善的程度。

但现有研究多集中于扶贫路径方面，而对扶贫绩效的研究较少，且少有的几篇研究多是对地区经济发展或农民收入效果的考核，而对农民福利其他方面影响的研究较少。梁文凤（2018）通过分析农村妇女的弱势地位，研究了农村妇女的脱贫路径。赵晓峰和邢成举（2016）认为农民合作社的制度安排具有益贫性的显著特征，是精准脱贫的理想载体。毛峰（2016）认为我国贫困乡村旅游资源丰富、人力充沛，旅游扶贫是行之有效的科学路径。张荣强和戴强（2018）利用面板数据研究了农村扶持和经济增长呈现出倒"U"形关系。赵肖林和向昌国（2018）以武陵源区 18 个贫困村为研究对象，定量研究了旅游业对贫困村的集体经济、人均可支配收入的影响。基于现有研究的不足，本文将通过具体案例，分析文化产业集群扶贫路径对当地农民的福利影响，以拓展扶贫理论，为相关研究提供理论支持。

二、文献综述

（一）集群与扶贫的相关研究

当前关于集群与扶贫的研究，大多集中于集群扶贫模式的选择上。陈晓亮（2017）等人对武陵山区特色文化产业集群进行 SWOT 分析，提出了在精准扶贫视角下集群发展战略组合模式。彭文武和陈政（2017）基于精准扶贫的视角研究了武陵山区特色农业产业集群的发展模式，并提出了相应的发展策略。何茂选（2017）研究了云南省腾冲茶产业集群对山区扶贫的推动作用。李方圆（2016）研究了湖南邵东特色产业集群促进县域经济增长及带领特困群众脱贫致富的路径。贺小荣和胡强盛（2018）探讨了湖南省旅游产业集群与区域经济的互动机制，研究发现两者间具有良好的推动与拉动作用。王兆峰和霍菲菲（2018）横向对比了湖南武陵山区 4 个地市的旅游产业集群对区域经济增长的影响程度，探明武陵山地区旅游经济发展水平的市域差异。李婧苗（2018）研究了驻马店市多个产业集群的扶贫生产模式，如上蔡天一面制品产业化集群实行"公司＋基地＋农户"的现代农业产业化运作模式，安置农民到公司务工，增加农民收入。李海珍和李龙旺（2018）研究了山东轻工特色产业集群对产业扶贫的作用，拉动了当地经济的发展，吸纳了群体就业，提高了居民的收入，有效促进了群众脱贫和致富增收。

（二）福利经济学相关研究

"福利"是指广义的社会福利，即不仅仅是经济福利，还包括非经济福利，如通过发展旅游使民众感受到精神上的愉悦、文化修养得到提高、民族自豪感和自尊心增强、环境得到保护、传统得到传承等。阿玛蒂亚·森（1973、1985）提出了创造人们福利的并不是财富本身，而是由财富所带来的机会和活动的能力理论思想，阿玛蒂亚·森的"可行能力"理论将福利概念划分为多个可测量的维度，从而能够更直观地揭示福利的特征，包括经济条件、政治自由、社会机会、透明性保障、防护性保障5种功能性活动向量。学者们依据这5个向量展开了研究，逯进（2012）等根据福利的概念构造了以物质财富、社会保障、生活环境为主的指标体系，运用耦合分析法揭示了我国省域经济增长与社会福利水平的主要特征。方福前和吕文慧（2009）认为福利水平与住房、休闲、人际关系、健康和工作满意度存在着显著的相关性。陈传静（2017）等认为参与规模经营活动获得的不仅是经济收益，还应包括权利和保障，即农民的决策权、就业权利以及所享有的一系列保障等福利内容，将影响农户福利改进的评价指标分为家庭经济收益、决策参与自由、社会机会与网络、用工忠诚度与履约保障、社会保障5个层面。

阿玛蒂亚·森指出经济增长对个人带来的福利是对其权利和能力的提升，而不只是收入的增加。因此，在福利经济学视角下分析文化产业集群的扶贫绩效，应对集群在经济收入、权利和能力等福利的多个方面对居民造成的影响综合分析。依据森的"可行能力"理论的5种功能性向量及其他学者的现有研究，本文将从家庭收入、文化素质、知识水平、社会机会与网络、社会保障等方面，并借鉴姚云云（2014）的相关研究，将其划分为生存能力、发展能力和权利三个维度，以白鹿原影视城为案例，具体分析该文化产业集群的扶贫绩效。

三、案例选择

本文之所以选择白鹿原影视城作为分析案例，首先是因为它符合文化产业集群的含义。文化产业集群是指将文化产业和设施高度集中，集形象功能、产业功能和艺术功能为一体，集文化生产与文化消费为一体，追求与社区、日常生活、艺术和时尚的高度融合的文化产业园区。白鹿原影视城是陕西旅游集团有限公司以小说《白鹿原》和同名电影为文化载体，通过建设明清关中老乡村、古城镇展示关中建筑、历史、宗法文化和居住、饮食、曲艺等民俗，形成集影视创作、精彩演艺、文化休闲、儿童游乐为一体的关中民俗文化产业示范基地，以此弘扬陕西关中农村民俗文化、打造特色关中休闲旅游目的地、填补陕西省文化影视基地空白，实现旅游业和影视业的跨界运作。由此可见，影视城内不仅将文化产业和设施高度集中，还通过影视创作等进行文化生产，通过拉动旅游业的发展来促进文化消费，通过一些现代设施的建设来迎合时尚的品位。

其次，白鹿原影视城位于西安市蓝田县白鹿塬何家塬村，在影视城建设前，该村经济发展较为落后，当地农民主要依靠种地和外出打工谋生，家庭收入少，人均年收入不足 2700 元，低于 2018 年的贫困线标准 3200 元（各地区略有差异），消费不足，生活水平低，教育、医疗和住房均无保障，当地大多数农民处于贫困状态。但是当地文化底蕴深厚，民风淳朴，白鹿原影视城就是利用当地的特色文化建设而成的，由此不仅带动了当地的旅游业和影视业的发展，弘扬了当地的民俗文化，而且出于对职工的需求及集群的溢出效应和产业的关联效应对周围农民的生活产生不可避免的影响，这在一定程度上响应了政府的通过发展贫困地区的特色产业实现脱贫的号召。

四、白鹿原影视城扶贫绩效分析

本文将分别从生存能力维度、发展能力维度和权利维度来分析白鹿原影视城在福利经济学视角下的扶贫绩效。

（一）生存能力维度的福利改善

生存能力维度的福利改善是指贫困者在基本生存物质条件方面的可获

得性得到改观，本文选用当地农民的家庭收入向量来反映，因为经济学家凯恩斯的绝对收入理论表明，绝对收入决定当前消费，收入才是物质消费的基本条件和保障。虽然经济学家杜森贝利的相对收入理论表明一个人的消费不仅受当前收入的影响，还受过去收入及周围消费水平的影响，但对农民的适用性弱，因为一般来说农民的收入较稳定，且周围的人也是收入相当的农民，所以其消费水平也相当。

家庭收入是指每个农户家庭中具有劳动能力的人口在一年的总收入，是反映家庭经济状况及影响家庭福利的重要指标，一般来说，家庭收入越高，福利水平也相应越高。白鹿原影视城建于西安市蓝田县白鹿塬何家塬村，该文化产业集群的产业关联和溢出效应给何家塬村及周围村落带来了诸多收入福利，主要表现在以下几个方面：第一，集群的建设要依附于大面积的土地，这使投资者必须在二级市场上从农民手中征收土地，促进土地流转，发挥土地的最大效益。而投资者要给予农民高额的现金补偿或股权补偿，这使以传统低收入的土地耕作谋生的农民瞬间获得高额的资本或转变生存手段。由此可见，农民从土地流转上获得的收入是非常可观的。第二，集群的正常运营少不了各类岗位的员工支持，如导游、保安、保洁、服务员、群众演员等，这又给当地失去土地或其他具有劳动能力的农民提供了工作岗位，每月可获得固定的工资收入，为生活保障的来源之一。第三，白鹿原影视城主要依靠旅游业的发展获得营业收入，通过大力宣传特色民俗文化和影视创作吸引外来游客前来观光体验。旅游业是产业链长、关联性强的一大产业，会带动当地的住宿、餐饮、购物、交通等的发展，当地农民凭借自己靠近集群这一优越的地理位置，结合自身情况，为游客提供相关服务，从而获得高收入。第四，当地农民利用自己的传统技艺或手艺，制造传统手工艺品或烹饪风味小吃，与集群企业签约共享资源和收益，在集群内部经营供游客采购，且景点的物价高是大家达成的共识，这使得农民可以从中获得高收入。

综合以上诸多的收入福利，目前当地农民的人均年收入已达4000元以上，高于贫困线标准，预示着大多数人已经脱贫，这是白鹿原影视城带来的福音，影视城给大家提供了很多的工作岗位和自主创业的机会，使得当地农民的收入来源有了依托，生活也因此有了保障，在白鹿原影视城的带动下，实现当地农民的全部脱贫，并走上奔向小康生活的道路指日可待。

（二）发展能力维度的福利改善

发展能力维度的福利改善，一方面是指贫困者所在地区基础设施的完善，为贫困者进一步的发展提供便利条件，包括交通、水利、电力、信息通信等；另一方面是指贫困者自身在文化素质、知识水平、社会机会与网络等方面的提升。白鹿原影视城对当地农民在发展能力维度的福利改善也是有目共睹的。

白鹿原影视城始建于2013年，并于2016年建成开园，历经三年的建设期投资6亿元，不仅将小说《白鹿原》所描述的白鹿原古城复原呈现在我们眼前，还打造了各类文化休闲、儿童游乐设施，使当地农民在基础设施方面受益较大的是交通条件的改善和信息的流通。首先，在交通方面，影视城建设前当地尚有较多的泥土道路，每逢阴雨或雪天道路湿滑泥泞不堪，给当地农民的生活和工作造成极大的不便。而影视城秉承"要想富，先修路"的理念，在当地政府的支持下将其周围的道路现代化，而且配有旅游专线公交车，方便了当地农民的自由出行及外来游客的游玩，目前当地周边大部分地区的道路已明显得到改善。其次，在信息流通方面，一方面交通的便利使农民有条件外出以亲身体验外部世界，零距离的感受外部信息的冲击；另一方面来自世界各地的游客给当地农民带来了各种各样的信息，包括游客的语言、服装、肤色等，使得当地农民足不出户就能了解到众多国家和民族的有关信息。

白鹿原影视城对当地农民自身在发展能力的提升是多方面的。第一，在知识文化素养方面，企业为了使农民员工能更好地服务于影视城，经常对其进行系统的培训，尤其是在本地优秀传统文化、历史文化和社会风貌的普及上，使其加深对本地文化的了解并形成一定的认知，提高自身的文化素养。另外，游客们所附带的外来文化，如思想观念、文化价值、行为习惯等对农民也会造成影响，他们可以吸取外来文化的精华，与本土文化相结合，形成别具一格的独特文化，从而丰富农民的文化涵养。第二，在社会机会与网络方面，社会机会是农民参与各种社会活动的机会，影视城这个平台给农民提供了许多社会机会，有就业机会、员工的教育培训机会、自主创业机会等，农民拥有的社会机会越多，越有利于自身能力的发展，在不同社会机会中获得不同方向的能力发展。社会网络是农民在人际交往中所形成的各种关系的集合，农民可以从不同的社会机会中建立不同的关系网络，在影视城内就业与企业建立契约关系，与其他员工建立同事关系，参加教育培训时与培训者建立师生关系，当选择自主创业时建立的人际关系最多，因为作为一个经营者需要与多方打交道，如与管理局建立业缘关系，与同行建立竞争关系，与游客建立买卖关系和市场联结等。由此可见，农民借助影视城平台使自己的交往观念和社交圈子走向开放，与之相伴的是农民的发展能力得到显著的提高。第三，在知识水平上，影视内农民员工会经常接受一定的教育培训，如对管理者在管理方面的知识、群众演员或其他演员在演艺方面的知识、对普通员工服务游客的礼仪等，使农民对各自领域的知识有一定的提高和拓展。对于自主经营（餐饮、住宿、零售等）的农民来说，为了在同行中处于优势地位，就要不断学习，提高产品或服务质量。学习方式有购书自学、培训、外出考察等，从而有助于农民积累相应的经营知识，增强自我发展能力。

（三）权利维度的福利改善

权利维度的福利改善是指农民由于在社会中扮演角色的改变而享有更有利的权利。本文主要从土地流转给农民带来的权利福利以及农民作为影视城的股东或员工而享有的权利福利两个方面来分析。

影视城总占地 480.75 亩，且位于村落间，故必然涉及土地流转问题，土地的流转将伴随福利水平的变化（如图 1 所示）。埃奇沃思方盒中的 A 点代表当地政府，B 点代表农民，纵坐标代表土地资源，横坐标代表其他资源，C 点代表初始资源禀赋，这时农民享有全部土地，IA1 是本地政府初始福利水平的无差异曲线，IB1 是农民最初福利水平的无差异曲线，影视城的建设使得当地农民丧失部分土地，在其他资源配置不变的情况下，均衡点转为 D，农民福利水平的无差异曲线变为 IB2，由图 1 可知 IB2 < IB1，农民的福利水平下降，根据卡尔多补偿准则，受益者可以通过补偿使受损者福利保持不变。但在精准扶贫政策下，国家鼓励发展农村特色文化产业集群的目

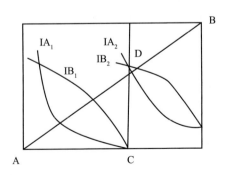

图 1　农民土地流转前后福利变化

的不只是维持农民福利不变，更是为了提高农民的福利水平。因此，农民作为土地流转的受损者，享有高出原来福利水平的受偿权利，即在土地流转下享有更多的权利福利。

通过发放问卷调查和走访得知，部分农民凭借特色文化技艺以参股的方式进入影视城，如民族民间手工技艺、演艺演出、实景舞台剧等，具有股东的地位，因而享有股本分红的权利福利，同时作为股东拥有一定的话语权和决策参与权等。作为影视城员工的农民，也享有较多的保障和权利福利。第一，影视城需要与农民签订正式的劳动合同，农民的相关权利得到了法律的保障。第二，各企业根据国家规定需要为员工缴纳一定的社保费，如医疗保险、养老保险、失业保险等，使农民享有在国家保障下的社会福利。第三，农民作为企业员工，享有涉及自身利益有关决策的知情权和参与权等。由此可见，影视城给农民带来了诸多的权利福利。

综上分析可知，白鹿原影视城的扶贫绩效是显著的，它给当地农民带来了许多福利，增加了农民的收入，改善了当地的基础设施，拓展了农民的社会网络及扩大了权利范围等，使农民的生存能力、发展能力得到很大改善，这都是影视城扶贫绩效的表现。白鹿原影视城实现可持续发展不仅是自身建设的目的，也是促进当地农民脱贫致富的重要依托，因此，通过分析影视城在目前发展中存在的问题，并提出相应的针对性措施是有必要的，以使影视城不断发展壮大，为当地做出更大的扶贫绩效。

五、白鹿原影视城自身发展存在的问题

（一）产业链不完善

文化产业具有产业链长、关联性强的特点，但由于白鹿原影视城建成开园仅有两年之多，集群的各项产业链还不够完善，主要表现在以下几个方面：第一，集群内产业链脱节。首先，集群内各产业间联系不够紧密，不完全配套，不能在"食、住、娱、购"等全面满足游客的综合需求，游客往往在游玩后需要分别寻找吃饭和住宿的地方，降低了游客的游玩效用。其次，核心企业的带动力不足。在集群内核心企业的作用至关重要，是联结其他企业的纽带桥梁，然而由于影视城建成不久，核

心企业还不够成熟，尚不能实现对上下游企业要素的有效整合。第二，产业链短窄，跨产业、跨地区延伸不够。在跨产业延伸上，目前仅实现旅影视业与旅游业的融合，尚未有其他突破性创新。在跨地区延伸上，目前影视城的横向合作较少，对其他地区优质资源的整合力度不够，尚不能与之形成优势互补；第三，对文化产品的挖掘不充分。目前影视城主要以影视放映、小型演艺、旅游观光产品为主，而对供游客参与、体验、趣味性文化产品的开发较少，易使游客产生"旅游疲劳"以至于降低重游的积极性。

（二）文化品牌实力不强

一个地区的文化品牌具有地理标志性，是不可复制和不可移动的。但对影视城来说，目前仅有一项是不可移动和复制的，即地理位置，白鹿原影视城是以小说《白鹿原》为文化背景，利用现实的白鹿原这一优越的地理位置建设而成，小说与现实的完美融合是其他地方不可复制的一大特色。但除此之外，影视城内其他如文化休闲、儿童游乐等现代化旅游产品在别的地方均可看到。地区的特色未能充分实现，其他具有白鹿原地方文化特色的产品尚未开发，影视城的总体文化品牌实力和创新能力不强。而且白鹿原影视城只是在陕西区域有一定的名气，和全国众多的文化产业集群相比稍显逊色，如横店影视城，该集群在全国乃至国外均有较高的知名度。主要原因之一是影视城的宣传力度不够，客源网和信息网尚不健全，宣传面和渠道较狭窄，不能有效利用互联网增强影视城的美誉度和知名度。

（三）农民的自我发展能力弱

白鹿原影视城内超过一半的员工是当地农民，其中年龄在40～60岁的人数约占1/3，文化程度大多是文盲和半文盲；年龄在20～40岁的人数约占2/3，文化程度少数是大专及高中水平，多数是初中及以下水平。由此可见，影视城职工的总体文化水平较低，农民的自我发展能力弱，创新性不强，不能给影视城提供足够的智力支持，而文化产业集群作为产业集群的一种特殊形式，其特殊性就在于对创新的格外重视，因为文化产业是创意型产业，唯有创新才是文化产业集群不断发展壮大、实现可持续性的动力和源泉，是集群的生命之根。因此，农民的自我发展能力弱极大地阻碍了影视城的发展，相应引发的结果是影视城将渐渐失去活力，带领农民脱贫致富也将成为无稽之谈。故影视城负责人对此问题务必要重视，尽快采取措施予以改进。

六、现有问题的措施建议

（一）优化影视城的产业链

产业链优化的目标就是通过协调影视城内部各要素及外部资源环境，积极发挥"1+1>2"的协同作用，从而实现集群效应的最大化。产业链优化要平衡当地资源、环境、经济和社会之间的关系，提高对资源的有效利用，减少环境污染，推动产业链中的人、物、信息等资源的通畅流动，提升影视城的整体竞争力，促进当地经济社会发展，农民脱贫致富（优化模型如图2所示）。

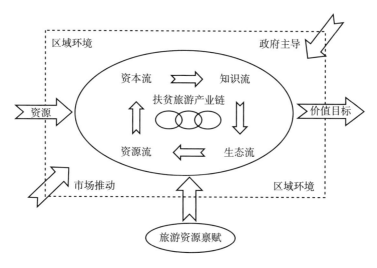

图2　产业链优化模型

资料来源：程宏伟. 西部地区资源产业链优化研究［M］. 成都：西南财经大学出版社，2008.

产业链优化一般主要是通过横向扩展和纵向延伸来实现的。在横向扩展方面，影视城应该充分发挥核心企业的资源整合优势，通过合作、联盟、并购等方式，实现影视城产业链在横向的扩展，扩大整体规模，发挥文化产业集群的规模经济效应，增强影视城的市场影响力和区域竞争力。在纵向延伸方面，首先，影视城应该以特色文化为基础，开发其他配套产品，如民族手工艺品等，逐步增加产业链的长度，提高地方文化的附加值；其次，弥补产业链上的缺失部分，提升影视城的游客接待能力，满足游客的综合需求，如农家旅馆兼有餐饮的功能，使游客们在一个地方既可以品尝地方风味，与农民的闲谈中能更深入地了解当地民俗文化，也不必再为住宿而奔走寻找，提高游客对影视城的整体满意度，有助于发挥口碑效应，吸引更多的游客。另外，影视城还要重视产业链外部跨行业、跨地区的扩展与延伸，与相关产业如农业、商业、体育等进行融合渗透，整合协调相关部门、行业、参与主体，打破集群边界，积极进行跨领域合作，为影视城的发展不断汲取新元素。

（二）提升影视城的文化品牌

品牌由于其自身不可移动和不可复制的特点，决定了它可以作为一个企业或集群的核心竞争力。因此，影视城应该采取措施提升文化品牌，增强区域竞争力，可以从以下几个方面着手：第一，文化上的差异本身就是一种优势和特色，影视城应该以现代化眼光重新审视和认知当地特色文化的独特价值，以敏锐的眼光洞察当前文化消费的潮流趋势，以市场为导向，打造迎合时尚需求的独特性文化品牌。第二，以当地优越的文化资源为基础，依靠现代科学技术，打造别具一格的文化精品，突出地区文化资源特色，凸显独一无二，切忌同质化和边缘化。第三，加大宣传力度，增加宣传渠道，利用现代信息传播方式，推进"互联网＋影视城"的有机结合，提高影视城的美誉度及在各地的知名度，吸引广大游客前来体验。

（三）提高农民的自我发展能力

影视城的成功与否在一定程度上取决于员工自我发展能力的高低，农民的低文化水平严重制约了自身及影视城的进一步发展，影视城对这一问题的解决刻不容缓，可以采取的措施主要有：第一，通过政府、行业协会等参与主体组织相关教育培训活动，或与高等科研院校合作，培养和提高农民现代化有关技能和创新创业能力，使农民为影视城贡献更多的智力资源，提高影视城整体的创新能力，促进其进一步发展，并带动当地经济发展和农民脱贫。或通过对自主经营者进行技能培训，降低创业风险，增加其创业成功的可能性，从而有助于农民的脱贫致富。第二，通过政府的宣传教育，提高农民对文化教育的重视程度，主动提升受教育水平，以及当地政府应积极发展并提高义务教育层次，提高教育质量，培养适应现代化需求的创新型人才，为影视城的发展积聚后续力量。

七、结论与展望

（一）结论

由于文化产业具有产业链长、投资收益大、群众参与性强、资金回收期短等特点，在国家精准扶贫的政策下，利用贫困地区特色的文化资源在当地以集群的形式发展文化产业，积极响应国家产业化扶贫的号召，是当下文化产业集群发展的一大热点。本文以白鹿原影视城为具体案例，并以福利经济学的视角分析了这一文化产业集群对当地农民的扶贫绩效，研究发现：白鹿原影视城显著地改善了农民的能力和权利，提高了农民的福利水平。在能力维度，影视城通过多方面增加农民的家庭收入而使其生存能力得到提升；通过完善当地的基础设施、提高农民的文化素养和知识水平、增加农民的社会机会及拓展农民的社会网络使其发展能力得到明显改观。在权利维度，通过市场交易中的土地流转及农民作为股东或员工的身份转变，使其获得更多的权利福利和社会保障。总之，白鹿原影视城给当地农民带来了福音，不仅增加了收入，还改善了其他方面的福利，脱贫致富不再是空想。但白鹿原影视城在发展初期存在较多问题，如产业链不完善、文化品牌实力不强、农民的自我发展能力弱等，本文对此提出了相应的措施，影视城应根据自身情况及早予以改进，从而能更好更快的发展，并造福于当地农民。

（二）展望

通过白鹿原影视城这一案例的分析可知，文化产业集群的扶贫绩效是显著的，对农民整体福利的提升是有利的。因此，各地政府应根据当地优越的特色文化资源鼓励相关有实力的企业联合发展文化产业集群，不仅有助于当地贫困者脱贫致富，还可以在环境、经济、资源、人口方面取得成绩，主要表现在：政府通过完善基础设施、提供政策和技术支持等，使当地的软硬环境得到改善；集群通过打造文化品牌，形成特色产业，为消费者提供优秀的文化产品，既是对文化遗产的传承与保护，又促进了当地经济的发展，同时也提升了人们的文化素养（如图 3 所示）。

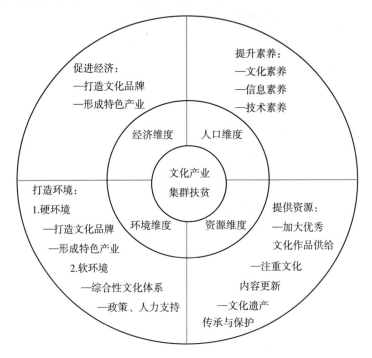

图 3　文化产业集群扶贫的四大维度

参考文献

［1］中共中央、国务院 . 关于打赢脱贫攻坚战的决定［Z］. 2015：11.

［2］梁文凤 . 基于精准扶贫视角的农村妇女脱贫路径研究［J］. 改革与战略，2018（5）.

［3］赵晓峰，邢成举 . 农民合作社与精准扶贫协同发展机制构建：理论逻辑与实践路径［J］. 农业经济问题，2016（4）：23 – 29.

［4］毛峰 . 乡村旅游扶贫模式创新与策略深化［J］. 中国农业资源与区划，2016，37（10）：212 – 217.

［5］张荣强，戴强 . 精准扶贫背景下农村扶持对经济增长影响的门槛特征［J］. 湖北文理学院学报，2018（5）.

[6] 赵肖林，向昌国. 旅游业对精准扶贫的经济贡献研究——以武陵源区 18 个贫困村为例 [J]. 旅游纵览（下半月），2018 (5).

[7] 陈晓亮，赵立平，陈政. 精准扶贫视角下的武陵山区特色文化产业集群发展现状 SWOT 分析与发展模式选择研究 [J]. 湖南工业职业技术学院学报，2017，17 (3)：24 - 27.

[8] 彭文武，陈政. 精准扶贫视角下的武陵山区特色农业产业集群发展模式与发展策略 [J]. 今日财富（中国知识产权），2017 (2)：17 - 18.

[9] 何茂选. 云南省腾冲茶产业集群发展助推山区扶贫成效显著 [J]. 中国茶叶，2017，39 (10)：33.

[10] 李方圆. 精准扶贫背景下湖南邵东特色产业集群发展研究 [D]. 中南林业科技大学，2016.

[11] 贺小荣，胡强盛. 湖南省旅游产业集群与区域经济的互动机制 [J]. 经济地理，2018，38 (7)：209 - 216.

[12] 王兆峰，霍菲菲. 湖南武陵山区旅游产业集聚与区域经济发展关系测度 [J]. 地域研究与开发，2018，37 (2)：94 - 98.

[13] 李婧苗. 驻马店市以集群发展推进产业扶贫 [J]. 河南农业，2018 (1)：62 - 62.

[14] 李海珍，李龙旺. 浅析特色产业集群在产业扶贫中的角色和作用——以山东轻工联社系统为例 [J]. 中国集体经济，2018 (8)：26 - 27.

[15] 高进云，乔荣锋. 农地城市流转前后农户福利变化差异分析 [J]. 中国人口·资源与环境，2011，21 (1)：99 - 105.

[16] 陈传静，张士云，江激宇. 福利经济学视角下规模经营模式探讨——以安徽省为例 [J]. 农业现代化研究，2017，38 (3)：445 - 451.

[17] 逯进，陈阳，郭志仪. 社会福利、经济增长与区域发展差异——基于中国省域数据的耦合实证分析 [J]. 中国人口科学，2012 (3)：31 - 43 + 111. 1994 (6)：56 - 60.

[18] 方福前，吕文慧. 中国城镇居民福利水平影响因素分析——基于阿马蒂亚·森的能力方法和结构方程模型 [J]. 管理世界，2009 (4)：17 - 26.

[19] 姚云云. 基于人文贫困维度的中国农村扶贫政策重构——发展型社会政策的逻辑 [J]. 西安电子科技大学学报（社会科学版），2014 (6)：1 - 9.

［20］占绍文，辛武超．文化产业园区的界定与评价指标体系研究［J］．天府新论，2013（1）：125－130.

［21］顾婷婷，严伟．基于福利经济学视角的乡村休闲旅游综合体的开发模式研究［J］．生态经济，2014，30（4）：132－137.

乡村振兴战略与案例实践篇

引　评

▶ 张伟强

广东财经大学岭南旅游研究院院长

要贯彻落实好习近平重要讲话精神，就要牢牢把握实施乡村振兴战略的总目标、总方针，结合"产业兴旺、生态宜居、乡风文明、治理有效、生活富裕"的总要求，注重实施的协同性、关联性、整体性，进一步建立健全相关体制机制和政策体系，统筹推进乡村的全面发展。产业兴旺是实现乡村振兴的基础和根本，推进农业供给侧结构性改革是产业兴旺的重要抓手。就是要以推进农业供给侧结构性改革、培育农村发展新动能为主线，加快推进农业产业升级，不断提高农业的综合效益和竞争力，使农产品供给数量充足、品种和质量契合消费者需要，真正形成结构合理、保障有力的农产品有效供给；生态宜居是提高乡村发展质量的保证。崇尚以保护自然、顺应自然、敬畏自然的生态文明理念，提倡保留乡土气息、保存乡村风貌、保护乡村生态系统、治理乡村环境污染，实现人与自然和谐共生田园生活图景；乡风文明是乡村建设的灵魂。促进农村文化教育、医疗卫生事业发展，改善农村基本公共服务，大力弘扬社会主义核心价值观，传承遵规守约、尊老爱幼、邻里互助、诚实守信等乡村良好习俗，努力实现乡村传统文化与现代文明的融合；治理有效是乡村善治的核心。建立健全党委领导、政府负责、社会协同、公众参与、法治保障的现代乡村社会治理体制，健全自治、法治、德治相结合的乡村治理体系，加强农村基层基础工作，加强农村基层党组织建设，深化村民自治实践，建设平安、和谐、充满活动的乡村；生活富裕是乡村振兴的目标。要保持农民收入较快增长，持续降低农村居民的恩格尔系数，不断缩小城乡居民收入差距，让广大农民群众和全国人民一道进入全面小康社会，向着共同富裕目标稳步前进，也是评价乡村振兴战略的实施效果重要指标。

本专题的10篇论文，主要从国内外乡村振兴策略比较、现代农业转型与乡村振兴的关系、承包地"三权分置"、农地确权改革对农村金融市场供求的影响、乡村旅游促进乡村振兴的模式、生态旅游可持续发展、乡村振兴政策及案例分析等方面进行了研究。

从乡村振兴视角比较中日世界
遗产景观保护策略*

——以中国自力村和日本白川村为例

▶ 曹　乐　李梦迪

广东财经大学岭南旅游研究院

一、引言

　　党和国家高度重视乡村发展，党的十六大首次提出要统筹城乡经济社会协调发展，党的十七大明确建立以工促农、以城带乡长效机制，党的十八大强调城乡发展一体化是解决我国三农问题的根本途径，党的十九大推进实施乡村振兴战略，我国的乡村发展已经进入了新的时期。而世界遗产地为追求经济效益过度开发，导致乡村传统的自然景观、文化景观遭到破坏，在新的时代背景下，如何平衡遗产地生态景观保护与旅游开发之间的关系，成为业界与学界共同关注的问题。

　　世界文化遗产指的是"具有显著的普遍价值的文物、建筑群或遗址"（《保护世界文化和自然遗产公约》，1972）。世界文化遗产是全人类的共同财富，国外各国通过采取不同的举措，共同致力于世界遗产的景观保护。意大利最早投身于遗产保护工作，高度重视文化遗产的景观保护并且制定

---

　　* 基金项目：国家社科基金面上项目"精准扶贫战略下旅游体验型农村社区营造及效应研究"（16BJY138）。

完善的法律法规进行约束；法国拥有极其丰富的建筑类文化遗产，于1840年颁布了第一部文化遗产保护法《历史性建筑法案》，而且在之后近百年时间内颁布了100多部与文化遗产相关的法律条例，法国是通过利用系统完备的国家法律从政府层面对遗产进行景观保护；与中国毗邻的日本虽不是文化遗产大国，但注重对遗产进行分类研究和分类保护，日本还倡导地方政府、社会组织与个人共同参与到遗产景观保护的工程中去，同时日本还通过颁布《自然保护法》《景观保护条例》等法规文件形成了完备的景观保护法律制度体系。

除了业界对遗产地生态景观保护的实践外，国外学者也分别从社会学、地理学、管理学等学科角度切入，对世界遗产旅游的保护进行了学术研究。安妮（1996）认为对世界遗产地进行可持续的旅游发展可以协调旅游业开发与遗产地保护两者之间的关系，从而获得双赢的局面，并提出了包括景观生态保护在内的多条可持续发展的策略。凯特（1996）以澳大利亚世界遗产地——大堡礁为例，详细阐述了世界遗产地25年战略计划，提倡保护遗产地的生态景观环境，使遗产资源得以可持续利用。伊哈布（2005）论述了埃及旅游对红海生态环境的破坏，呼吁政府加强景观生态保护政策的制定，为遗产的可持续发展提供制度保障。科金斯等（2012）对中国的古村落进行了研究，认为古村落所在地的社区参与和自我管理对该地区的生态景观保护发挥着重要作用。从研究的内容来看，国外学者倾向于进行个案研究；从研究的方法上来看，国外学者多采用模型设计、指标体系构建等进行量化研究。国外业界和学界均重视世界文化遗产的景观保护，并进行了实践研究与理论研究，研究的广度和深度得到了提升，形成了相对成熟的多学科多视角的立体研究体系。

20世纪末是国外从景观保护的角度开展世界遗产保护研究的鼎盛时期，国内研究起始于21世纪初，对景观保护的理论研究明显落后于实践发展。国内对于世界遗产地景观保护的研究主要有四个方面。一是景观保护的模式，杨效忠等（2007）指出协调世界遗产地旅游开发与景观保护的最佳模式是生态自然化开发模式，即做到在人与自然统一性的基础上实现遗产经济价值最大化。张薇等（2009）认为文化遗产保护的实质是文化遗产及其所在的生态景观系统的保护，并论述了建立生态型旅游产品的必要性与可行性。二是景观保护的主体，陈向红（2004）认为市场干预不利于遗产地资源和景观的保护，无法解决遗产地旅游开发所造成的负面效果，她强调政府在政策制定方面的宏观调控作用，主张推行绿色生态管理。郎玉屏（2011）认为社区参与对世界遗产地的景观保护起到主体作用，即遗产保护离不开政府引导、社区参与和旅游企业保障。三是景观保护的具体策略，朱沁夫（2004）主张利用遗产经济学的理论将遗产资源的价值进行货币化表示，根据变化采取相应的景观保护策略。张辉等（2010）以世界遗产地——庐山为研究对象，并从资源条件、开发环境和社会经济等方面提出了庐山生态旅游可持续发展的具体对策。四是景观保护的个案研究，卢松等（2010）从人文系统和生态系统两个角度出发，构建了古村落旅游可持续性评估模型，并以世界文化遗产地——宏村为例进行了实证研究，为遗产地的价值评估与景观保护提供了理论指导。从研究的内容来看，国内学者倾向于宏观分析；从研究的方法上来看，国内的研究虽有定量研究，但大多数为定性研究的方法。与国外研究相比，国内研究起步较晚，并且理论研究落后于实践发展。

总的来说，国内外学者均强调对世界遗产地进行景观保护的重要性，并从理论和个案研究方面做出了自己的贡献，研究视角趋于多样化，多学科交叉态势不断增强，为世界文化遗产地的景观保护提供了学理依据。国内外虽都强调景观保护的重要性，但是对具体景观保护策略的论述极少，研究大多停于理论层面，据此本文以中国世界文化遗产"开平碉楼与村落"与日本世界文化遗产"白川乡合掌造集落"为调查地，通过田野调查及文献梳理等方法从两地的旅游资源开发、乡村振兴战略和社区参与三个方面对中日遗产景观保护现状进行比较，以期为世界遗产地景观保护提供理论依据与实践指导，助力遗产所在地实现乡村振兴。

二、调查地概况及研究方法

（一）调查地概况

1. 中国自力村

自力村碉楼群位于开平市塘口镇（东经 112°57′99″，北纬 22°37′14″），是广东省唯一一处世界文化遗产地。自力村属南亚热带季风海洋性气候，年均气温 21.5 度，年降雨量 1700~2400 毫米。自力村土地总面积为150000 平方米，传统建筑面积 21000 平米，约占土地总面积的 14%，水塘、荷塘、稻田、草地散落其间。

碉楼是明代以来为防匪而建造的多层塔楼式乡村民居，体现了近代中西方建筑文化在中国农村的广泛交流。"开平碉楼与村落"于 2007 年被正式列入《世界遗产名录》，其收录的遗产有四组共计 20 座碉楼，是村落群中近 1800 座塔楼的代表，其范围包括赤坎三门里村落、塘口镇自力村村落与方氏灯塔、百合镇马降龙村落群和蚬冈镇锦江里村落。自力村现存龙胜楼等 9 座碉楼和 6 座别墅式的洋楼，是开平碉楼建设鼎盛时期的代表，碉楼现存完好，碉楼建筑与周围的村落景观还有当地村民的生产生活方式形成了整体，具有较高的美学价值和文化价值。"开平碉楼与村落"表现了中西方建筑与装饰形式的完美融合，也展现了侨居海外的华人与故土之间的紧密联系。

2. 日本白川村

白川村位于距离日本海 50 千米的岐阜县西北部（东经 136°54′23″，北纬 36°16′18″），是一个被群山峻岭环绕的典型性农山村落。白川村土地面积为 356.64 平方千米，其中 96% 是山林，拥有白山国立公园、天生县立公园等。海拔最高处 2702 米，最低处也有 351 米。由于靠近日本海的缘故，冬季降雪量大，全年最低月平均气温为 −1.1℃。2018 年现在村落人口为 1626 人（男性 783 名，女性 843 名），共计 591 户（白川村官网，2018）。由于位处山地耕地面积狭窄，且大部分的森林归属国家所有的缘故，当地村民很难开展第一产业，其主要的经济来源是建筑业和旅游业。

独特的地理环境和气候造就了这里别具一格的合掌式草苫房屋风格。合掌式草苫房屋是一种横断面为合掌形的茅草苫屋顶民居。和一般的草苫屋顶不同，它的横断面呈三角形，在三角形的山墙上设有开口，能通风采光，为古时的养蚕业创造了合适的条件，无论从形态还是使用方面都体现出它特有的功能和美感。现在这类房屋主要被作为住宅、民宿、土特产店、饮食店、参观设施和仓库使用。合掌屋大多修建于江户中期至昭和初期（1700 年前后），如今最古老的房屋已有 300 余年历史。这个村落被学者认为是第二次世界大战中残留的珍贵生活文化地区，1976 年选定为国家重要传统建造物群保存地区，1995 年白川村的核心区域荻町因为符合"合掌式草苫房屋特异的建筑价值"和"它们集中存在、保持着农村景观的村落价值"的世界遗产登录标准，以"白川乡、五箇山合掌村落"为名被世界文化遗产收录。

（二）研究方法

本文以中国世界文化遗产"开平碉楼与村落"与日本世界文化遗产"白川乡合掌造集落"为调查对象，采取田野调查、文献梳理和资料分析法，从旅游开发、乡村振兴及社区参与三个方面探讨分析中日景观保护策略的异同。本文分别在中国知网和 Elsevier 网站上以"世界遗产景观保护"和"Heritage landscape conservation"为关键词进行关键词搜索，掌握国内外学者对世界遗产旅游的景观保护的观点，在对查阅到的文献资料进行分类整理的基础上，结合野外调查，通过与当地政府人员、社会组织人员、当地村民和游客进行访谈，对文献统计资料进一步补充。

三、中日世界遗产地景观保护策略对比分析

本文主要从旅游开发、乡村振兴与社区参与三个方面论述中日世界遗产地的景观保护策略的异同。

（一）旅游开发与景观保护

1. 旅游开发过程

明朝以来，开平因位于新会、台山、恩平、新兴四县之间，为"四不管"之地，匪寇猖獗、社会治安混乱，再加上河网密布、涝灾害频发，为防匪防涝，兼具居住和防御功能的新建筑形式——碉楼开始出现。鸦片战争以后，资本主义各国出现"淘金热"，急需大量劳动力，村民为维持生计背井离乡外出打工，为保护家眷安全，华侨们纷纷集资回乡兴建碉楼，由于外出务工的国家迥异，不同地方的建筑文化符号都能在碉楼群被发现。20 世纪二三十年代，开平拥有的碉楼数量曾超过 3000 座，是碉楼修建的鼎盛时期。2000 年开平碉楼被列为开平市文物保护单位，随后在 2001 年开平碉楼被列为第五批全国重点文物保护单位。2002 年广东省人民政府批准实施了《广东省开平碉楼保护管理规定》，以法律形式对遗产地的保护进行了约束。2006 年开平市政府又颁布了《开平市碉楼与村落保护管理规定》。2007 年"开平碉楼与古村落"被列入世界文化遗产名录，成为中国第 35 处世界遗产，首个国际移民文化的世界遗产项目。2010 年开平碉楼由全资国有企业即广东开平碉楼旅游发展有限公司负责投资、开发，碉楼的管理工作逐渐步入正轨。

2014 年开平碉楼采取了"产权不变、政府代管"的管理模式，即在碉楼私人产权不变的基础上，政府对碉楼实行为期 50 年的托管，在此期间政府出资对碉楼进行维护和管理。在"托管制"的基础上，政府采取"一二二"的门票分成模式，即门票收入的 1/5 为碉楼所有者，2/5 用作碉楼维护费用，剩下的 2/5 留给村民。自力村主要利用法律法规、"托管制"、专业公司运营等多种方式（详见表 1）使当地的旅游业不断发展。

表 1　　　　　　　　　　　　　自力村旅游开发历史过程

年份	主要事迹
1600～1644 年	碉楼开始出现
1840～1860 年	碉楼迅速扩张
1920～1930 年	碉楼进入鼎盛时期
2000	列入开平市文物保护单位
2001	列入全国重点文物保护单位
2002	批准实施《广东省开平碉楼保护管理规定》
2006	颁布《开平市碉楼与村落保护管理规定》
2007	列入世界文化遗产名录
2010	成立广东开平碉楼旅游发展有限公司
2014	"托管制"管理模式；"一二二"门票分成模式

白川村合掌房屋的建造从 1700 年前后开始，到 1955 年结束（谷口等，2007）。房屋的建设通常需要花费数日时间，由专门的工匠负责。屋顶草苫的修缮是通过全村村民互助完成，由此衍生出了一种叫作"结"的合作文化。利用传统方法对合掌房屋的维护管理一直持续到第二次世界大战以前。在第二次世界大战以后，白川村内外发生了巨大变化，合掌房屋数量逐渐减少，与周围的环境一起变为保护的对象（如表 2 所示）。

表 2　　　　　　　　　　　　　白川村旅游开发历史过程

年份	合掌房屋数量	主要事迹（年）
1950～1959 年	275→223	白荻桥建设（1950）
		大牧桥建设（1951）
		椿原大坝施工，淹没内户和下田地区（1952）
		鸠谷发电厂大坝施工，淹没野谷和大谷地区（1954）
		御母衣大坝施工，淹没尾神、秋町、福岛和牧地区（1958）

续表

年份	合掌房屋数量	主要事迹（年）
1960～1969	191→144	御母衣大坝竣工（1961）
		白川合掌保存合作社成立（1963～1964）
1970～1979	133→114	白川乡荻町村落自然环境保护会成立（1971）
		荻町地区公共停车场建成（1974）
		国铁举办发现日本·宣传企划（1975）
		荻町被选定为国家重要传统建造物群保存地区（1976）
		制定白川村传统建造物群保存地区保存条例（1976）
		开通白山超级林道（1977）
		策定白川村荻町传统建造物群保存地区保存计划（1977）
		建造城山展望台（1978）
1980～1989	112→94	实施从荻町撤掉标识牌运动（1980）
		策定白川村荻町传统建造物群保存地区保存基准（1985）
		国道156号施工（1987）
1990～1999	91→88	世界遗产暂定表入选（1992）
		改定白川村荻町传统建造物群保存计划（1994）
		世界文化遗产登录（1995）
		创设财团法人世界遗产白川乡合掌房屋保存财团（1997）
		改定白川村荻町传统建造物群保存地区景观保存基准（1999）
		策定景观保存基准准则（1999）
2000～2009	80	东海北陆自动车道白川乡IC竣工（2002）
		制定白川村景观条例（2003）
		改定白川村景观条例（2008）
		策定白川村景观计划（2008）
2010～2020		策定世界遗产总体规划（2010）
		策定白川村旅游基本规划（2013）
		北陆新干线长野－金泽开通（2015）

　　20世纪50年代，白川村为解决发电问题花费10年时间在庄川流域建造大坝，导致下游许多村落被淹没。1924年尚有的300座合掌房屋到1961年锐减至191座，许多房屋被水淹或被烧毁，有一些被转卖给他人。随着村落的人口减少，大量土地被外资收购情况的不断加剧，村民开始担心本村文化的消逝，逐步萌发了文化财产保护和乡村振兴的意识。1971年村民

自发组织成立了"白川乡荻町村落自然环境保护会",村民共同制定村民宪章,并一致通过了"不转卖、不出租、不破坏"的合掌房屋保存三原则。此后,村民通过青年团活动、乡土艺能等活动振兴乡村生活。1976年,荻町被选定为国家重要传统建造物群保存地区,制定了相关的保存条例,受到行政法律的保护。与此同时,村里将荻町作为旅游资源有效地利用,掀起了一股村落景观保全运动风潮,并进行了交通条件改善等工作。1995年,荻町和富山县的五箇山地区被世界文化遗产登录,成为日本第6件世界遗产。2000年以后,随着东海北陆自动车道、北陆新干线的建设成功,白川村的交通便利性得到了更进一步的改善。白川村通过借助房屋保存活动、乡村振兴活动、管理条例制定、多媒体营销等多种手段使当地的旅游地运营逐步走向成熟化。

2. 旅游开发主体

自力村实行政府主导型的旅游发展模式。开平碉楼由全资国有企业即广东开平碉楼旅游发展有限公司负责投资、开发,由于相关景区管理经验欠缺,景区日常的运营管理与营销策略的制定则由乌镇景区管理团队负责。

白川村实行社区主导的旅游发展模式。20世纪60年代由于白川村村民没有意识到合掌造房屋的价值,许多合掌造建筑被损坏,为保护景观环境、开发景观资源,白川村荻町地区于1971年全民加入"白川村荻町部落自然环境保护会",由选举出来的委员会进行日常事务的运营。

3. 运营管理模式

开平碉楼的保护管理模式和欧洲古堡的类似。欧洲古堡属于私人财产,但由于古堡的维护和开发费用较高,古堡所有者不得不与当地的文物研究机构如"国家信托基金会"合作开发保护。同样,开平碉楼的产权和使用权也属于碉楼建造者及其后代,开平政府实行"托管制"管理办法,即碉楼产权所有者与政府签订50年的委托合同,由政府出资对碉楼进行旅游开发、运营管理、景观保护。

在合掌造建筑景观保护方面迈出第一步的便是白川村村民,随着村民景观保护意识的觉醒,全体村民成立"白川村荻町部落自然环境保护会",并且每月召开一次委员会、每年召开一次大型总会以解决合掌造建筑与生态景观保护遇到的问题。在协会与村民的共同努力下,白川村先后于1976年被认定为"重要传统建造物群保存地区",于1995年列入世界文化遗产名录。此后，白川村的景观保护得到了政府政策扶持，并且相应的房屋维护与景观保护费用的 90% 由国家、县、村进行财政补助，剩下的 10% 由村民承担。同时，日本观光资源保护财团等社会资金也积极参与到白川村的景观保护与建筑修缮中来，为筹集更多的社会资金进行保护修缮，白川村于 1988 年成立"白川乡合掌集落保存基金"，自申遗成功后，该基金与政府补助一起成为"世界遗产白川乡合掌造保存财团"的成立基金，该财团负责白川村的景观保护费用。除了资金支持，白川村还收到了社会力量的帮助，日本 NHK 电视台拍摄的纪录片《时隔 80 年的屋顶修葺——白川乡"结"的复活记录》也再次引起了全社会对白川村的关注。总的来说，白川村的景观保护管理形成了民间"参与制"占主体，政府、企业、社会多方参与的模式。

4. 相关法律法规条例

为平衡遗产资源开发与保护之间的关系，防止不顾生态景观承载力而过度开发的行为，在《保护世界文化和自然遗产公约》《中华人民共和国文物保护法》等国内外相关国际宪章的基础上，广东省政府制定了《广东省开平碉楼保护管理规定》，开平市制定了《开平市碉楼与村落保护管理规定》，为"开平碉楼与村落"的保护提供了法规依据，从制度和法律上确保碉楼与村落的可持续发展。

日本政府十分重视世界遗产的申报、开发与保护工作，日本关于建筑类文化遗产的第一部法律为《国宝保存法》（1929 年），随后制定了《文化财保护法》（1950 年）、《文化财保护法部分修正案》（1954 年），针对白川村合掌造建筑，国家也制定了相关法规条例，如《白川村传统建造物保存地区保存条例》（1976 年）、《白川村文化财保护条例》（1984 年）、《白川村文化旧建筑部对保存库的设置及管理条例》（2001 年）、《白川乡民俗馆设置及管理条例》（2010 年）等近十部法规条例。除了国家国家准则之外，民间协会组织也为当地景观保护做了巨大贡献。"白川村荻町部落自然环境保护会"成立初期便为保护当地景观环境制定了《白川乡荻町集落自然环境保护居民宪章》，并规定了白川村资源"不卖、不借、不毁坏"的三不准则，以此约束世界遗产地的旅游开发。除此之外，协会也制定了《白川乡荻町部落自然环境保护居民会章》《景观保护基准》等多部规范章程，力求以规章制度形式对景观保护行为进行规范。

（二）乡村振兴与景观保护

1. 乡村振兴现状

党的十九大以来，我国实行振兴乡村的战略，自力村依托世界遗产"开平碉楼与村落"的天然优势，大力发展乡村旅游，重构乡村的产业结构与生态空间，拉动乡村人口回流，产生了可观的经济效益、社会效益和文化效益。

为解决城乡差距不断拉大的问题，日本农村于20世纪40年代实行以"一村一品"为主的振兴乡村运动，白川乡通过乡村旅游成功带动当地旅游业发展，乡村的建筑景观得到了修缮，自然景观得到了改善，村民的旅游开发与保护意识不断增强。

2. 村民获益情况

从社区居民获益情况而言，目前"开平碉楼与村落"最主要的经济来源为门票收入，"开平碉楼旅游发展有限公司"将40%左右的门票收入主要用于设立开平碉楼保护专项基金，20%左右交付遗产地村民，30%左右为碉楼的日常开发运营管理成本，剩余的10%留给碉楼所有者做回乡探亲费用。由此可知，门票收入中几乎没有用于村落景观保护的专项资金，村落景观保护主要依靠当地村民自主参与。

白川乡通过乡村旅游成功带动当地旅游业发展，白川乡的乡村振兴过程中主要通过三种途径改善居民获益情况：一是白川村将当地农业产业与旅游产业紧密结合，发展农副产业观光游览项目，并将其绿色生态的农副产品销售给游客，促进了当地农业的发展，保护了当地生态景观环境。二是白川村规划建设了配套的商业街，街上的每家店均用植物花草进行装饰，以手工艺品、特色咖啡馆及茶馆为主要卖点，各个店铺与周围环境结合形成了一个具有极高美学价值的乡村景观。三是为适应当地旅游业的发展，当地居民开始发展民宿业，虽民宿内部为现代化的设施，但民宿业主仍旧用传统的植物花卉进行装饰美化，具有日本园林的特色，极大地增加景观的美学价值。

（三）社区参与与景观保护

由于社区居民参与渠道受阻、参与意识薄弱、参与能力有限等原因，自力村的社区参与水平较低，对景观保护的支持力度严重不足。而白川村当地村民将景观保护观念内化于心，在日常的生产生活中积极维护生态景观环境，在乡村旅游开发中平衡旅游开发与景观保护的关系，为当地乡村景观的美化贡献自己的力量，白川村的景观保护是以当地社区居民为主导力量的内生驱动型保护模式。

随着庄川发电站和水库的建立及当地企业财团资本的进入，白川村合掌造的数量不断衰减，为保护合掌造建筑及其周边生态景观环境，白川村居民全体加入当地民间组织——"白川村获町部落自然环境保护会"，该协会负责景观、建筑保护的实践，协调村民之间的利益冲突，对村民进行宣传教育等工作。"白川村获町部落自然环境保护会"通过以下举措致力于遗产地的景观保护工作：（1）制定《白川乡获町集落自然环境保护居民宪章》《景观保护基准》等多部景观保护规章制度，以制度规范的形式约束村民行为。（2）与村民共同努力，并于1995年以"白川乡与五箇山的合掌造聚落"之名登录世界文化遗产。（3）通过网站建设、村史编写和宣传材料发放等多种方式积极对白川村和合掌造进行宣传。（4）每月举行自然环境保护会议，为村落发展献计献策，共同协商制定村落发展决策。（5）邀请专家考察，征询保护和建设意见，合理制定村落规划方案。总而言之，该协会在指导、推动村民参与村落保护方面起到至关重要的作用。

四、结论

本文以中国自力村和日本白川村的世界文化遗产为调查对象，通过梳理其旅游开发、乡村振兴与社区参与中的景观保护策略，分析中日景观保护的理念与现状，得出以下结论：总的来看，日本高度重视世界文化遗产的保护，并通过制定法律法规与进行资金补助来维护遗产地的景观，同时日本民间团体组织、社会财团也积极参与遗产景观保护活动。相比较而言，中国遗产旅游仍处于起步阶段，普遍存在"重开发、轻保护"的观念，国家及社会公众对遗产地景观保护的关注也有待加强。

结合以上对中日世界文化遗产景观保护策略的对比分析，为保障自力村村民生活及维护当地自然文化景观，实现以旅游促发展，以旅游带动乡村振兴的目标，在制定自力村碉楼群景观保护策略时可以考虑采用"政府主导与社区参与相结合"的模式。具体而言应注意以下两个方面：一方面，自上而下政府主导。地方政府应在国家《中华人民共和国文化遗产保护法》《非物质文化遗产保护法》的基础上，有针对性地制定遗产地景观保护的地方性法规和管理条例，以法律的手段约束公共行为。另外，地方政府应加大对世界文化遗产地的经济补助，如所需资金数额巨大，可以成立相应的文化遗产景观保护基金会，鼓励社会公众、企业及社会团体进行资金支持。另一方面，自下而上社区参与。公众参与被公认为是乡村景观保护的重要的渠道之一，尤其遗产所在地社区居民是乡村景观保护与发展的主体力量，在景观保护的过程中，要扭转社区居民的观念，变"要我参与"为"我要参与"，尊重居民的话语权，保障居民的利益分配诉求，在乡村景观开发、保护的过程中提高居民的参与意识。另外，发展民间组织和社会团体的作用，以第三方力量弥补政府在景观保护方面力量的缺失，增强社区居民凝聚力，使其获得与强势主体平等对话的权力。通过分析中日世界文化遗产景观保护策略，重新思考如何通过当地政府协同居民一起来保护世界遗产的价值，探讨环境保护、景观维持等问题。只有通过自下而上与自上而下相结合的方式，合理保护旅游资源，同时考虑构建具体的村民权益保障制度，充分唤起村民对建设美丽家乡的意欲，才能有效地促进世界文化遗产地的可持续发展。

参考文献

［1］Anne Drost. Developing sustainable tourism for world heritage sites ［J］. Annals of Tourism Research，1996，23（2）：479 – 484.

［2］Coggins Chris et al. Village Fengshui Forests of Southern China：Culture，History，and Conservation Status. ASIA Network Exchange，2012，19（2）：52 – 67.

［3］Ihab Mohamed Shaalan. Sustainable tourism development in the Red Sea of Egypt threats and opportunities ［J］. Journal of Cleaner Production，2005，13（2）：83 – 87.

［4］Kayt Raymond. The long – term future of the great barrier reef ［J］. Futures，1996，28（10）：947 – 970.

［5］陈向红. 中国世界遗产地旅游可持续发展的经济学探悉 ［J］. 资源与人居环境，2004（5）：21 – 24.

［6］郎玉屏. 民族社区参与世界遗产保护机制研究 ［J］. 生态经济（学术版），2011（2）：421 – 424.

[7] 联合国教育、科学及文化组织. 保护世界文化和自然遗产公约 [A]. 国家文物局法制处. 国际保护文化遗产法律文件选编 [C]. 北京：紫禁城出版社，1993.

[8] 卢松，陈思屹，潘蕙. 古村落旅游可持续性评估的初步研究——以世界文化遗产地宏村为例 [J]. 旅游学刊，2010，25（1）：17-25.

[9] 杨效忠，张捷. 基于生态自然观的中国世界遗产地保护和旅游开发模式 [J]. 资源开发与市场，2007（3）：263-265.

[10] 张辉，杨云仙. 基于资源评价的庐山生态旅游可持续发展对策研究 [J]. 生态经济，2010（7）：99-101+129.

[11] 张薇，黄黎敏. 世界文化遗产保护与生态型旅游产品培育的和谐 [J]. 经济管理，2009，31（12）：109-113.

[12] 朱沁夫. 遗产经济学与文化产业发展 [J]. 生产力研究，2004（8）：130-133.

广东省温泉旅游的 SWOT 分析和
促进乡村振兴的模式研究*

▶陆万俭　王晓阳

广东财经大学岭南旅游研究院

一、引言

习近平在党的十九大报告中提出实施乡村振兴战略，这是我们党在深刻分析当前国际国内形势、全面把握我国经济社会发展阶段性特征的基础上，从党和国家事业发展全局出发确立的一项重大历史任务，是加快推进城乡融合发展、确保"两个一百年"奋斗目标顺利实现的一项重大战略举措。党的十九大提出实施乡村振兴战略的 20 字总要求，即"产业兴旺、生态宜居、乡风文明、治理有效、生活富裕"。这一总要求，既是实施乡村振兴战略的主要内容和抓手，也是中国特色农业农村现代化的努力方向（廖彩荣和陈美球，2017；王亚华和苏毅清，2017；张强等，2018）。

中国是世界上最大的发展中国家，贫困问题长期困扰着国家经济社会的发展。中国旅游行业在较早时候就关注到旅游扶贫。2006 年，中国国家旅游局做出了"旅游业向农村挺进"的科学决策，把 2006 年定为"中国乡村旅游年"。乡村旅游是以具有乡村性的自然和人文客体为旅游吸引物，

---

　* 基金来源：国家社科基金一般项目"精准扶贫战略下旅游体验型农村社区营造及效应研究"（16BJY138）阶段性成果。

依托农村区域的优美景观、自然环境、建筑和文化等资源，在传统农村观光游和回家度假游的基础上，拓展开发农业体验游、绿色度假、休闲娱乐、会务康体等项目的新兴旅游方式（赵承华，2007）。

二、乡村温泉旅游开发的意义

我国温泉资源分布很广，从丘陵起伏的东南沿海，到西北内陆的天山山麓；从东北的大兴安岭、长白山区，到西南雄伟挺拔的青藏高原，几乎全国各省区都有为数不同的温泉出露。其中，以云南、西藏、广东、福建和台湾最多。温泉的形成通常与区域构造、岩浆活动、断裂活动、含水层岩性和地下水的深循环等密切相关，温泉多出现于地形垂直分异强烈的山区，以及山与盆地或高原湖泊毗连的山前地带，即大多分布在农村，涵盖了许多贫困地区。广东地处欧亚板块东南边缘，长期受到印度洋板块、太平洋板块和菲律宾海板块的俯冲影响，中、新生带以来，境内深大断裂带发育，伴随地壳上隆和多期次的强烈岩浆活动，为地热资源赋存创造了十分有利的条件（Guo，2012；Huang et al.，2013；Yuan et al.，2013）。广东温泉资源类型多样，分布广泛，资源含量丰富，质量也很高，更是全国温泉旅游业发展最快、最成熟的省份之一，因此大力发展广东省乡村温泉旅游产业对构建粤港澳大湾区宜居宜业宜游的优质生活圈具有重要的意义。

乡村温泉旅游是以乡村温泉资源开发为依托与现代旅游业相结合的新型高效产业，它以充分开发具有观光、旅游价值的温泉资源为前提，把农业和旅游业、温泉开发和游客体验等融为一体给游客提供其他风景名胜地体验不到的独特感受。与此同时它对于加强农村基础设施建设、改善农业生态环境、发展农业产业化经营和加快城乡融合方面都有一定的推动作用。乡村温泉旅游业在发展过程中取得的经济效益、社会效益和生态效益也和乡村振兴战略的最终目标是一致的。我国乡村温泉资源极其丰富，因此，乡村温泉旅游的开发和建设是乡村振兴战略的重要途径之一，它对于创造农村就业机会、增加农民收入，优化产业结构、给乡村经济社会发展注入新的活力，统筹城乡发展、促进社会主义新农村建设，推动着欠发达、开发不足的乡村地区经济、社会、环境和文化的可持续发展等方面都有积极意义（马肖冰，2013；陆林和韩娅，2014）。

三、广东省温泉旅游开发研究现状

广东堪称"温泉大省",温泉资源丰富。据国土资源部门统计,2000年底广东全省已发现地热资源311处,其中温泉点294处,隐伏地热区17处(王立民和安克士,1993),约为我国探明温泉资源总量的10%,数量仅次台湾和云南,可采水量达107万立方米/日。截至2008年,广东已有温泉旅游企业200多家,全省21个地级市均已对区域内的温泉资源进行旅游开发利用。目前,广东省内温泉,北部主要分布在清远等地;东部分布在河源、惠州;广州周边的从化、江门、龙门都有分布,而且品质都很好(张欣欣,2010;李春生,2012)。

清远、江门、惠州、广州等地是广东当前温泉旅游企业数量较多的城市,其中,恩平市(江门市的县级市)被国土资源部公布为我国首个地热国家地质公园,是我国目前唯一一个以地热水为主题的国家地质公园,对我国地热资源的保护有突出贡献。恩平市、清远市和阳江市凭借其独特的资源优势、对温泉资源保护的突出贡献和温泉旅游综合开发成果先后获得了"中国温泉之乡"的美誉。

广东温泉旅游企业星罗棋布,温泉旅游开发足迹遍布全省。从地理分布位置来看,全省主要有四大温泉旅游开发密集区,以广州从化、清远佛冈、惠州龙门三地的交界地带为广东温泉旅游开发最为密集的地区,列为第一密集区;以江门、中山、珠海为主的小珠三角地段和粤西云浮新兴为广东省温泉旅游开发的第二密集区;粤北和粤东区域的温泉开发密集度相对较低。可见,地区经济发达程度和温泉资源丰富程度共同构成了影响温泉旅游开发程度的重要因素。对于经济相对落后的粤东和粤西的温泉旅游企业数量相对较少,造成了城乡发展的不协调。

广东省温泉开发利用历史悠久,从化温泉、惠州汤温泉、潮州东山湖温泉在唐宋时期就已闻名于世。自20世纪50年代,温泉作为计划经济时期一种重要的医疗保健资源被开发为各种温泉疗养院,其中以从化温泉疗养院和中山温泉疗养院为代表。改革开放后,随着广东经济发展和港澳资本的大量投入,温泉作为旅游资源开发,面向富贵群体、室内化、别墅化的温泉旅馆集合体相继出现,如深圳石沿湖温泉、清远银盏温泉等。90年代末期,温泉旅游开发面向大众群体,向集合多种娱乐项目的大型综合性温泉旅游度假区发展，以高投资、高消费为特点的新兴温泉相继出现，如金山温泉、御温泉和清新温泉等（王华和吴立瀚，2005）。

四、广东省温泉旅游的 SWOT 分析

（一）广东省发展温泉旅游的优势

温泉在中国分布广泛，而广东则是我国温泉资源大省。据广东省国土资源部门相关统计，目前广东全省已发现温泉有 317 处。广东省温泉水资源储量丰富，广泛分布在全省 21 个地级以上市中，更为珍贵的是广东省温泉资源类型多样，可利用价值很高。全省温泉的化学成分以碳酸泉、硅酸泉、氡泉、氯化钠泉、硫酸盐泉、小苏打泉为主，具有多种疗养保健价值；同时水温大于 40℃的温泉占全省温泉点的 75%，而且这些温泉以中高温温泉为主，这样的温泉非常适合开展疗养、保健型项目（苏成曼，2010；范智军，2011）。因此，广东省乡村温泉旅游资源很早就得到开发利用，最早的温泉旅游可以追溯到中华人民共和国成立初期省政府在从化建设的温泉酒店，同时它也是最早的国家级冬休疗养基地之一。改革开放以来，广东省整个经济社会发生翻天覆地的改变，旅游业也是日新月异，其乡村温泉旅游产品随着社会需求的增加得到了大力发展，乡村温泉度假村在省内如火如荼的发展，产品不断丰富，服务质量不断提高，"泉在广东"逐渐变成广东旅游的一张新名片。

2018 年 10 月 24 日港珠澳大桥全线通车，香港、珠海、澳门三地间的时空距离将大大缩短——驾车从香港到珠海、澳门，将从 3 小时缩短至 45 分钟，珠三角西部都将被纳入香港 3 小时车程范围。香港、澳门两个特区和台湾的经济都很发达，并有传统的习俗和人际关系。因此，港澳台同胞经常来广东旅游。

（二）广东省发展温泉旅游的劣势

广东省内大部分温泉旅游资源处于乡村经济不发达地区，基础设施薄弱，但是温泉旅游资源开发又对景区自然生态环境、气候环境、交通环境、服务设施环境等依赖性较强，严重制约其开发进程；同时目前中国城镇化发展过程中，没有注意到乡村自然风貌，乡土人情的衰落，使目前乡

村景象千篇一律，毫无特色。在开发过程中，缺乏相应的市场调研以及切实可行的旅游规划，导致广东省内目前所开发的乡村温泉旅游产品体验感不足，可信度不高，质量难以保障，服务水平、产品特色及附加值低；并且没有形成自己的品牌优势和顾客忠诚度，多数旅游者对此望而却步。

此外，广东省属于东亚季风区，从北向南分别为中亚热带、南亚热带和热带气候，是中国光、热和水资源最丰富的地区之一。从北向南，年平均日照时数由不足 1500 小时增加到 2300 小时以上，年太阳总辐射量在 4200～5400 兆焦耳/平方米之间，年平均气温约为 19℃～24℃。因此广东省温泉旅游有明显的季节性，温泉旅游只有在较短秋冬季节生意火爆，这就会出现度假旅游资源季节性闲置问题，还会阻碍广东度假旅游的发展。

（三）广东省发展温泉旅游的机遇

《粤港澳大湾区发展规划纲要》提出的要将大湾区建设成为宜居宜业宜游的优质生活圈。首先，旅游消费在目前中国已经进入大众化时代，城镇居民的旅游观念日趋成熟，旅游消费逐步成为人们日常需求，旅游已经成为广东居民生活的重要组成部分，休闲度假将成为居民旅游消费的主流趋势。并且社会快速发展的同时，也给人们带来渴望休闲的巨大需要，平时忙碌的工作生活亟须要周末的休闲活动来得以放松，显然乡村温泉旅游可以满足城市游客节假日、周末闲暇的休闲需求和休闲方式；在洗浴的同时，也会满足其休闲放松、医疗保健、社交、价值品味自我实现等体验的心理需求，进而刺激开发者对乡村温泉旅游产品不断进行升级换代，以满足旅游者不断变化的消费需求。其次，产业融合发展已经成为未来产业发展大趋势，而旅游产业则与其他产业具有很高的融合性，温泉旅游产业作为旅游产业的重要分支，同样具备这一特性，可以与众多产业融合发展，如医疗、酒店、养老。最后，文化是旅游的灵魂，随着国家文化与旅游部的成立，标志着未来旅游发展将更加注重文化内涵，乡村温泉旅游开发也不例外，游客通过乡村温泉旅游产品体验乡土人情，从而提升自己的休闲旅游品位。

（四）广东省发展温泉旅游的挑战

目前广东省温泉产品同质化现象显著，产品价格竞争激烈，虚假宣传甚嚣尘上，尤其广东温泉行业在进入露天温泉阶段后显得更为严重，不同企业之间产品互相模仿，缺乏根本性的创新。在产品的开发形式、文化内涵、产品定位、市场营销、管理模式以及服务理念等方面都基本相似，使得广东乡村温泉旅游缺乏其独特的魅力，游客感受不到新颖之处。再加上目标客源市场以及营销渠道的雷同，进而产生一系列连锁反应，使广东省乡村温泉旅游行业内耗日益加剧，只能通过价格战来争夺客源，而不是依靠自身品质来取胜。通过调研发现，温泉旅游者除了关注乡村温泉景区设施的安全性、清洁性还对温泉水的质量十分关注。但随着对温泉资源的大力开发，温泉水资源过度开采、供应不足等问题也开始出现，加上一些负面新闻的报道，致使部分游客对于温泉水的真实性产生了怀疑。由于缺乏行业标准，即使一些温泉企业特别邀请有关单位对温泉水进行检测，但其可信度较弱，不被市场广泛接受。

五、温泉旅游促进乡村振兴模式

（一）完善乡村温泉产品，进行产业升级

温泉旅游产品的功能主要包括主导功能、支撑功能、辅助功能。其中温泉旅游产品的主导功能是保健、休闲、疗养；支撑功能主要为健身、度假；辅助功能为观赏、观光、娱乐。在开发乡村温泉旅游产品时，应当结合乡村自身情况做到突出重点，层次分明。乡村温泉旅游的游客不仅追求身体的疗养，更重要的是追求恬静宜人的精神享受，因此乡村温泉旅游产品的开发要强化保健和享受功能。这种温泉开发模式以度假功能为主，观光功能为辅，将温泉资源与周边的资源充分结合，以主题休闲游乐设计为核心，融观光、度假、休闲、娱乐、保健于一体（黄向和徐文雄，2005；洪启颖和李强，2017）。由于温泉对于服务的要求比较高，广东省开发温泉旅游产业的同时也是提高温泉旅游服务水平的一大契机。

（二）改善乡村环境，营造舒适田园

温泉基本上都集中于田园山区，因而为游客提供景色宜人的风景，使游客享受一份远离尘嚣、亲近大自然的悠闲惬意，这是今后温泉旅游地开发必须追求的目标，也是温泉旅游地的魅力所在（王艳平和王捷，2011）。温泉地的开发必须在避免城市化倾向的前提下，改善温泉区的生态环境和

提高景观质量。温泉开发中要加强温泉环境卫生整治和配套设施的提供，温泉从业人员要树立服务意识，培养敬业精神，加强外语知识与服务技能的学习，为旅游者提供亲切、细腻、温馨的服务。广东省的温泉泉水富含多种矿物质，有很好的医疗效果，因此广东省可以学习日本实施温泉治疗医师认证制度，使温泉医疗服务更加专业化、规范化。广东省今后还应当继续加强旅游职业教育培训机构的建设和健全旅游产业从业人员的岗位培训机制，采用岗前培训、岗位培训、外派培训等方式提高温泉旅游经营管理人员的素质和服务人员的服务技能。广东省还应采取优惠政策引进一批中高级管理人才和技术骨干，提高各温泉景区的开发与经营管理水平（毕豆豆，2003）。

（三）打造乡村温泉旅游文化，吸引游客

广东省温泉消费今后开发客源市场的定位应当是：以粤港澳大湾区为基础，面向国内外的旅游客源市场。粤港澳大湾区经济实力雄厚，居民生活水平高、旅游需求量大，有较强的旅游休闲动机和可自由支配收入，市场潜力巨大，是温泉旅游需要重点培育的核心市场。但是这也制约着广东省乡村温泉旅游发展，因此，在粤港澳大湾区的国家战略下，广东省将会更加开放，吸引更多来自世界各地的游客来体验温泉旅游。广东省的温泉产业要取得深层次的发展，就不能仅注重设施建设，而应当注重推行文化经营，大力营造文化氛围，充分挖掘乡土历史文化，丰富产品的精神内涵，用文化品位吸引国内外游客。如从化温泉现存的民居交融了广府文化和客家文化，还有一些宋代遗风的建筑和晚清建筑、祠堂、书舍；梅州围龙屋为代表的客家文化，宣扬团结和奋进的客家精神；江门市的碉楼文化，发展温泉旅游吸引更多的侨胞回归故里（任健强，2011）。温泉的开发应当结合温泉景区的民风民情，融农耕乡村文化、民俗风情、历史文化、自然景观于一体，努力体现它的文化性、地方性、娱乐性的特色。

（四）资源开发与环境保护并重发展

温泉水作为一种稀缺的自然资源，也有着脆弱的一面，因此在规划的初期就要秉着有序开发，可持续发展的理念（张欣欣，2008）。因此，在乡村开发温泉资源是要做到：（1）对本区的温泉资源开张详细的普查工作，确定每年的开采上限，由此制定各景区的年度配置总量，给地下水

"休养生息"的机会，严格按照开采量确定规模大小，确定开发规模。温泉水作为一种特殊的地下水资源，虽然属于可再生资源，但过度和盲目地开发同样会导致水资源枯竭的恶果。无序的开发已经导致了部分景区的地下水位严重下降，宜春市曾有口古井温泉因此被迫关闭（刘慧婷，2016）。

（2）确定乡村温泉景区规模及做好功能区划并且完善好温泉污水处理功能。如果大量的污染物直排到景区，不仅破坏环境、污染地下水源，还会有损当地的旅游形象。因此，在规划时要建立相应的污水和固体废弃物处理设施，做到达标排放和合理处置，利用温泉排放水中污染物成分简单、有益元素含量丰富的特点，建设相应的污水处理设施。一方面，可利用处理水做景区的冲厕、绿化和景观用水，减少对地下水的开采；另一方面，要探索处理水达到一定的处理标准后是否还可以进行浴场回用的可行性研究，实现水资源的多重利用。

（五）城乡融合，推动乡村经济发展

当前，我国社会主要矛盾已经转化为人民日益增长的美好生活需要和不平衡不充分的发展之间的矛盾。可以说，城乡发展不平衡、农村发展不充分是我国经济社会发展中最为突出的结构性矛盾，也是我们面临的许多问题的总病根。这一问题不仅严重制约农业农村发展，也制约城镇化发展水平和质量的提升，是现代化进程中无法回避、亟待解决的挑战。国家旅游局把2007年的旅游主题定为"中国和谐城乡游"，旨在宣传魅力乡村、活力城市、和谐中国，推动城市和农村实现旅游资源共享、客源互动、优势互补、共同繁荣，促进城乡交流和协调发展。加强城乡旅游合作，有助于方方面面加大对农村的投入和政策支持，促进各种资源、资本和要素向农村、农民和农业倾斜，推动农村经济社会的全面发展。乡村旅游景区与其他景区相比一个不足就是知名度普遍不高，乡村旅游景区可以与城市著名旅游景区联合构建旅游线路，加入区域旅游整体推进、推广的大环境中，实现城乡旅游景区之间的合作和双赢。在城乡合作的过程中，要找到新景区或龙头景区来带动其他景区形成横向旅游产业链，还要协调好各景区之间的利益关系，建立公平科学的合作机制和利益分配机制。乡村旅游企业应该做好市场需求前景的预测，在动态中追求与旅游产业链上其他环节的平衡，并在市场环境发生变化时有效地进入和退出。另外，还要凭借城市旅游的优势构建城乡旅游统一的宣传营销渠道，帮助加快乡村旅游的信息化建设，提高其知名度，培育乡村旅游品牌，扩大乡村旅游市场，逐步实现城乡区域旅游一体化进程。在这个过程中，要发挥各级政府的组织协调作用，真正实现城乡资源共享，客源互动，加快乡村旅游发展步伐，提高乡村旅游发展质量，从而振兴农业经济，促进新农村建设。

参考文献

［1］Guo Q. Hydrogeochemistry of high – temperature geothermal systems in China：A review［J］. Applied Geochemistry，2012，27（10）：1887 – 1898.

［2］Huang HQ，Li XH，Li ZX，Li WX. Intraplate crustal remelting as the genesis of Jurassic high – K granites in the coastal region of the Guangdong Province，SE China［J］. Journal of Asian Earth Sciences，2013，74：280 – 302.

［3］Yuan JF，Mao XM，Wang YX. Hydrogeochemical characteristics of low to medium temperature groundwater in the Pearl River Delta region，China［J］. Procedia Earth and Planetary Science，2013，7：928 – 931.

［4］毕斗斗. 温泉与广东省温泉旅游产业发展研究［J］. 广州大学学报（社会科学版），2003（10）：87 – 92.

［5］范智军. 广东温泉旅游业发展研究［J］. 河北旅游职业学院学报，2011，16（1）：32 – 36.

［6］洪启颖，李强. 基于 ASEB 分析法的乡村温泉体验式旅游开发研究——以福州乡村温泉为例［J］. 福建师大福清分校学报，2017（1）：71 – 76.

［7］黄向，徐文雄. 我国温泉开发模式的过去、现在和未来［J］. 规划师，2005（4）：72 – 75.

［8］李春生. 广东省温泉地质特征与温泉休闲旅游开发［A］. 中国地质学会旅游地学与地质公园研究分会第 27 届年会论文集，2012：5.

［9］廖彩荣，陈美球. 乡村振兴战略的理论逻辑、科学内涵与实现路径［J］. 农林经济管理学报，2017，16（6）：795 – 802.

［10］刘慧婷. 宜春温汤富硒温泉水资源与环境保护研究［J］. 能源与环境，2016（5）：48 – 48.

［11］陆林，韩娅. 文献综述视角下的国内温泉旅游研究［J］. 安徽师范大学学报（自然科学版），2014，37（1）：74 – 78.

[12] 马肖冰. 大别山区温泉镇乡村旅游规划研究 [J]. 安庆师范学院学报（自然科学版），2013，19（3）：103－106.

[13] 任健强. 华侨作用下的江门侨乡建设研究 [D]. 广州：华南理工大学，2011.

[14] 苏成曼. 广东省地热地质勘查和开发利用现状. 国土资源部地质环境司. 中国地热能：成就与展望——李四光倡导中国地热能开发利用40周年纪念大会暨中国地热发展研讨会论文集. 国土资源部地质环境司：中国能源研究会地热专业委员会，2010，7.

[15] 王华，吴立瀚. 广东省温泉旅游开发模式分析 [J]. 地理与地理信息科学，2005（2）：109－112.

[16] 王立民，安克士. 中国矿泉 [M]. 天津：天津科学出版社，1993.

[17] 王亚华，苏毅清. 乡村振兴——中国农村发展新战略 [J]. 中央社会主义学院学报，2017（6）：49－55.

[18] 王艳平，王捷. 旅游地理与温泉度假 [M]. 武汉：武汉大学出版社，2011：124－125.

[19] 习近平. 决胜全面建成小康社会夺取新时代中国特色社会主义伟大胜利——在中国共产党第十九次全国代表大会上的报告 [M]. 北京：人民出版社，2017.

[20] 张强，张怀超，刘占芳. 乡村振兴：从衰落走向复兴的战略选择 [J]. 经济与管理，2018，32（1）：6－11.

[21] 张欣欣. 广东温泉旅游资源开发与保护约束机制研究 [D]. 广州：暨南大学，2008.

[22] 赵承华. 发展乡村旅游与振兴农业经济的若干思考 [J]. 农业经济，2007（3）：28－29.

政策工具视角下的我国乡村振兴政策的分析

▶王一夫　白芙蓉

华中师范大学信息管理学院

一、引言

农业作为我国国民经济发展的基础，历来都被我国政府所重视，从2004～2018年的中央一号文件都是关于促进我国农业健康发展的。习近平在党的十九大报告中提出："从现在至2020年，要坚定实施乡村振兴战略，从根本上解决'三农'问题。"我国乡村振兴被提高到了国家战略的高度，我国政府也相应出台了各种关于乡村发展与振兴的政策。然而，已出台的乡村振兴政策的搭配是否科学合理、是否充分有效将直接影响到我国乡村振兴战略的实施。为了更好地使我国乡村振兴战略得以实现，我们将进一步思考如何合理搭配这些已出台的政策，如何更好地服务我国乡村地区等。

国内关于我国乡村振兴政策的学术研究理论成果较多。朱泽（2017）研究指出，"实施乡村振兴战略"充分体现了以习近平同志为核心的党中央推动"三农"工作的理论创新、实践创新和制度创新；贺雪峰（2018）指出，实施乡村振兴战略显然不是要对已经得到较好发展的乡村和具备较好发展资源条件的乡村进行锦上添花式的建设，而是要着力为占中国农村和农民大多数的中西部一般农业型农村地区雪中送炭；张丙宣等（2018）

提出，新时代的乡村振兴虽然有时空差异，但是，应该从外生性发展向内生性发展转变，从经济发展向全面的可持续发展转变，需要依赖乡村内生能力的提升和乡村资源禀赋结构的升级；姜长云（2018）研究表明，实施乡村振兴战略，要着力提升实施乡村振兴战略的质量、效益和可持续性，努力规避战略问题战术化倾向，加强实施乡村振兴战略的顶层设计；谭诗赞（2018）指出，破解乡村治理场域中的分利秩序，乡村振兴通过专项治理和制度建设的协调、公民参与与社会建设的协同，营造出乡村振兴所需的新政治社会生态，从而加快乡村振兴的进程；叶敬忠（2018）研究提出，乡村振兴战略重视城乡融合基础上的农业农村优先发展，乡村振兴战略也以"升级版"的内容要求对"三农"各子系统作出总体部署。

从政策工具的视角来分析能够系统地反映出我国乡村振兴政策整体结构。内容分析法非常适合应用于政策文本和政策工具的分析之中，得到了较为广泛的应用。笔者采用内容分析法，以定量分析方式，对我国政府所颁布的有代表性的乡村振兴政策文本进行定量研究，构建符合我国国情的乡村振兴的政策体系。

二、政策工具视角下我国乡村振兴政策计量分析理论框架

（一）X 维度：基本政策工具类型维度

目前比较公认的是由 Rothwell 和 Zegveld 提出来的政策工具分类方法。Rothwell 和 Zegveld 将基本政策工具分为供给型、环境型和需求型三种类型。笔者借鉴基本政策工具理论，根据我国乡村振兴政策的实际情况，确定我国乡村振兴的政策工具，如表 1 所示。

表1　　　　　　　　　我国乡村振兴基本政策工具的分类及解释

类别	政策工具	定义及举例
供给型	基础设施	政府利用经济手段进行我国乡村地区基础设施建设的投入，如对乡村地区进行水利工程建设，促进乡村地区发展，推动乡村地区振兴
	信息支持	政府利用经济手段加强乡村地区信息资源的建设投入以及推动乡村地区数字信息化体系建设，如政府建立"12316"农业信息化网站，积极推动我国乡村地区信息化发展，落实乡村振兴政策

续表

类别	政策工具	定义及举例
基础设施	资金投入	政府利用货币投入来完善乡村地区的市场供给，保障乡村地区市场的正常运作，如政府对乡村地区农产品进行资金投入与补贴，保障乡村地区农业健康发展，推动乡村振兴政策落实
	人才培养	政府综合利用经济手段和行政手段来培养乡村振兴现代化人才，如政府出台"三支一扶"计划，组织大学生下基层，落实我国乡村振兴政策
需求型	贸易管制	政府利用行政手段对乡村地区市场的商品交易等行为进行管理，如政府监督乡村地区产品质量，完善农产品溯源体系，推动乡村振兴政策落实
	政府采购	政府利用经济手段和行政手段购买乡村地区市场的产品以及相关服务，如政府积极购买信息科研企业开发的电子商务信息服务系统，进行乡村地区电子商务活动进行管理，落实乡村振兴政策
	海外机构	政府利用经济手段联系海外科研机构进行合作，如政府积极引导信息服务公司开发乡村地区信息资源管理系统，建设乡村地区电子政务服务体系，推进我国乡村振兴政策的落实
	服务外包	政府将业务外包给外部其他专业服务提供商来完成的经济活动，如政府对乡村地区电子政务系统性服务进行招标，引导第三方专业公司来进行电子政务服务活动，完善我国乡村振兴政策体系
环境型	目标规划	政府利用行政手段制定乡村地区市场发展的实施计划，如政府制定"十三五"规划，引导乡村地区经济建设的健康发展，推动我国乡村振兴政策的落实
	法制管制	政府利用行政手段保证乡村地区经济建设活动的有序进行，如政府出台电子商务数字签名法，保证乡村地区电子商务活动的正常进行，保障乡村地区经济平稳发展，落实乡村振兴政策
	策略性措施	政府提供行政手段影响市场其他成员来达到预期效果，如政府对乡村地区农民从事农业活动进行补贴，农业生产产量策略进行规划，推进我国乡村振兴政策的实施
	税收优惠	政府利用税收制度，在税收方面相应采取的激励措施，以减轻某些纳税人应履行的纳税义务，如政府引导工业品下乡，电子商务进农村，对农产品减免税收，落实我国乡村振兴政策
	金融支持	政府利用经济手段来激发金融市场发展活力，保证乡村地区市场秩序稳定，如政府给予乡村地区农民贷款和财政支持来购买农业信息生产工具，提高农业种植产量，促进乡村地区经济可持续发展，推动我国乡村振兴政策的落实

乡村振兴基本政策工具中的供给型政策工具是指政府通过对我国乡村地区在技术、人才、信息、资金等方面的各种支持，改善乡村地区发展的基础性要素，推动我国乡村振兴政策的落实。供给型政策工具可细分成乡村地区基础设施建设、乡村地区电子信息支持、乡村地区建设资金投入以

及乡村地区管理人才培养等，其中主要是以政府为主导。政府对我国乡村地区直接进行大规模的投入，此类工具的优点是效果比较明显，但存在投入成本大的缺点。

乡村振兴基本政策工具中的需求型政策工具是指政府对乡村地区的市场采购行为各个方面进行政策支持和引导，推动我国乡村振兴政策在市场环境下得以有效实施。需求型政策工具可细分成政府对乡村地区市场活动进行贸易管制、乡村地区市场采购活动进行管理、乡村地区与海外机构交流与合作、乡村地区市场服务外包等方面。此类政策工具主要利用市场需求关系，其优点是保证我国乡村地区进行市场采购过程的健康稳定，但存在弹性较大的缺点。

乡村振兴基本政策工具中的环境型政策工具是指政府为我国乡村振兴政策体系的建设与发展提供有利的政策环境，间接性对我国乡村振兴产生相应的促进作用。环境型政策工具可细分为乡村地区发展目标规划、乡村地区市场活动法规管制、乡村地区市场活动的策略性、乡村地区市场活动税收优惠、乡村地区市场活动金融支持等五个方面措施。此类政策工具用来调整各类市场主体基于环境资源利益的行为，其优点是有效降低政府的支出成本，但也存在约束力不强的缺点。

供给型、环境型、需求型政策工具对我国乡村振兴的作用如图1所示，供给型政策工具主要表现为对我国乡村振兴向前性的推动力，需求型政策工具主要表现为对我国乡村振兴引导性的拉动力，环境型政策工具主要表现为对我国乡村振兴发展性的影响力。

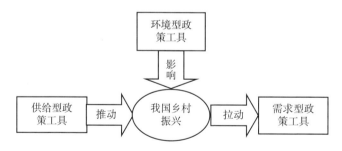

图1　政策工具对我国乡村振兴的作用方式

（二）Y维度：乡村振兴维度

基本政策工具维度可以描述出我国乡村振兴政策的一般特征，只能简单地描绘出我国乡村振兴政策的横向发展，但对政策分析还不够全面，特别是难以显示政策目的。为了深入研究我国乡村振兴的纵向发展，在考虑我国乡村振兴政策需要同时考虑乡村振兴的总体要求与合理内涵。按照我国目前乡村振兴政策的实际情况，这里将乡村振兴具体分为五个部分，即产业兴旺、生态宜居、乡风文明、治理有效、生活富裕，作为我国乡村振兴政策分析框架的 Y 维度，能够进一步了解我国乡村振兴的纵向发展。

产业兴旺就是要紧紧围绕促进产业发展，引导和推动更多资本、技术、人才等要素向农业农村流动，调动广大农民的积极性、创造性，形成现代农业产业体系，促进农村第一、第二、第三产业融合发展，保持农业农村经济发展旺盛活力；生态宜居就是要加强农村资源环境保护，大力改善水电路气房讯等基础设施，统筹山水林田湖草保护建设，保护好绿水青山和清新清净的田园风光；乡风文明就是要促进农村文化教育、医疗卫生等事业发展，推动移风易俗、文明进步，弘扬农耕文明和优良传统，使农民综合素质进一步提升、农村文明程度进一步提高；治理有效就是要加强和创新农村社会治理，加强基层民和法治建设，弘扬社会正气、惩治违法行为，使农村更加和谐安定有序；生活富裕就是要让农民有持续稳定的收入来源，经济宽裕，生活便利，最终实现共同富裕。

（三） 二维分析框架的构建

通过对政策工具和我国乡村振兴的理论研究和深入分析，综合上述 X 维度和 Y 维度，形成我国乡村振兴政策文本分析二维框架，如图 2 所示。

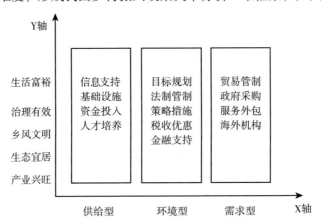

图2 我国乡村振兴政策文本分析二维框架

三、政策文本选择与统计分析

（一）政策文本的选择

2018 年 3 月，根据第十三届全国人民代表大会第一次会议批准的国务院机构改革方案，设立中华人民共和国农业农村部，不再保留农业部。政策文本的数据主要来源于"北大法宝"（http：//www. pkulaw. cn/），笔者以"乡村振兴"为内容关键词在"北大法宝数据库"进行全文检索，检索时间为 2018 年 6 月 5 日，共检索出与"乡村振兴"相关的中央法规、各部级条例以及司法解释共 221 篇；由于收集到的政策文本数量众多，内容繁杂，为保证政策文本具有代表性、全面性和科学性，因而，选取标准如下：（1）国家层面的政策文本；（2）政策文本中"乡村振兴""乡村振兴政策"等字眼出现频次较多的政策文本；（3）法律、法规、办法、规划、意见等类型的政策文本。（4）已失效的法律条文不作为研究对象。最终整理出与我国乡村振兴相关性最强的政策文本 31 篇（如表 2 所示），作为研究我国我国乡村振兴政策的代表样本。

表 2　　　　　　　　关于我国乡村振兴的相关政策文本

序号	政策名称	发布单位	年份
1	中共中央国务院关于实施乡村振兴战略的意见	中共中央、国务院	2018
2	国务院关于构建现代农业体系深化农业供给侧结构性改革工作情况的报告	国务院	2018
3	农业农村部、中国邮政储蓄银行关于加强农业产业化领域金融合作助推实施乡村振兴战略的意见	农业农村部 中国邮政储蓄银行	2018
4	商务部关于推进农商互联助力乡村振兴的通知	商务部	2018
5	国家乡村振兴战略规划（2018～2022 年）	中央农村工作领导小组办公室	2018
6	全国科技助力精准扶贫工程领导小组办公室关于印发 2018 年全国科技助力精准扶贫工作要点的通知	中华人民共和国科技部	2018
7	农业农村部、财政部关于开展 2018 年国家现代农业产业园创建工作的通知	农业农村部　财政部	2018
8	中华全国供销合作总社关于加快推进再生资源行业转型升级的指导意见	全国供销合作总社	2018
9	农业农村部关于开展休闲农业和乡村旅游升级行动的通知	农业农村部	2018
10	商务部关于加快城乡便民消费服务中心建设的指导意见	商务部	2018

续表

序号	政策名称	发布单位	年份
11	商务部办公厅、中华全国供销合作总社办公厅关于深化战略合作推进农村流通现代化的通知	商务部 全国供销合作总社	2018
12	文化和旅游部办公厅关于印发国家旅游人才培训基地2018年度培训计划的通知	文化和旅游部	2018
13	农业农村部、财政部发布2018年财政重点强农惠农政策	农业农村部 财政部	2018
14	教育部关于举办第四届中国"互联网+"大学生创新创业大赛的通知	教育部	2018
15	农村农业部关于实施农产品加工业提升行动的通知	农业农村部	2018
16	国家发展改革委关于扎实推进农村人居环境整治行动的通知	国家发展和改革委员会	2018
17	水利部关于印发《深化农田水利改革的指导意见》的通知	水利部	2018
18	新闻出版广电总局办公厅关于推荐2018年农家书屋重点出版物的通知	国家广播电视总局	2018
19	自然资源部关于全面实行永久基本农田特殊保护的通知	自然资源部	2018
20	中国银保监会办公厅关于做好2018年银行业三农和扶贫金融服务工作的通知	中国银行保险监督管理委员会	2018
21	水利部办公厅关于印发《2018年农村水利工作要点》的通知	水利部	2018
22	农业农村部办公厅、财政部办公厅关于印发《2018～2020年农业机械购置补贴实施指导意见》的通知	农业农村部、财政部	2018
23	国家标准委关于印发《2018年全国标准化工作要点》的通知	国家标准化管理委员会	2018
24	国家土地总督察办公室关于印发《2018年国家土地督察工作要点》的通知	国家土地总督察办公室	2018
25	中华全国供销合作总社印发关于深入贯彻落实中央一号文件大力推动乡村振兴的实施意见的通知	全国供销合作总社	2018
26	农业部办公厅关于印发《2018年农村经营管理工作要点》的通知	农业农村部	2018
27	农业农村部办公厅关于印发《2018年农业科教环能工作要点》的通知	农业农村部	2018
28	农业农村部关于大力实施乡村振兴战略加快推进农业转型升级的意见	农业农村部	2018
29	科技部、农业农村部、水利部等关于印发《国家农业科技园区发展规划（2018～2025年）》的通知	科学技术部　农业农村部、水利部	2018
30	农业农村部、国家体育总局关于进一步加强农民体育工作的指导意见	农业农村部　国家体育总局	2017
31	农业农村部办公厅关于支持创建农村一二三产业融合发展先导区的意见	农业农村部	2017

（二）政策文本内容编码

Nvivo 11 是实现质性分析与研究的最佳可视化工具，能够直接表明政策文本的内部结构。结合我国乡村振兴政策的实际情况，笔者将 31 份政策文本导入 Nvivo 11 软件，对所有涉及"乡村振兴"相关的条款进行检索，共获得 373 个参考点，然后对检索到的条款进行编码（如表 3 所示），共获得 79 个编码点。

表 3　　　　　　　　　　　　　　编码示例

政策工具	文本内容描述	来源
策略性措施	构建长期稳定产销衔接机制。引导农产品产销衔接机制从松散、短期、易变向紧密、长期、稳定转变。支持农产品流通企业与新型农业经营主体签订长期采购协议，发展订单农业。支持农产品流通企业或新型农业经营主体向生产或销售环节延伸产业链条，实现产加销全产业链一体化经营。支持农产品流通企业和新型农业经营主体通过参股控股、兼并收购等多种方式进行股权投资合作，实现产销优势互补、风险利益共担共享的产销衔接	《关于推进农商互联助力乡村振兴的通知》
目标规划	到 2035 年，乡村振兴取得决定性进展，农业农村现代化基本实现。农业结构得到根本性改善，农民就业质量显著提高，相对贫困进一步缓解，共同富裕迈出坚实步伐；城乡基本公共服务均等化基本实现，城乡融合发展体制机制更加完善；乡风文明达到新高度，乡村治理体系更加完善；农村生态环境根本好转，美丽宜居乡村基本实现。到 2050 年，乡村全面振兴，农业强、农村美、农民富全面实现	《中共中央、国务院关于实施乡村振兴战略的意见》
基础设施	确保完成新增 2000 万亩高效节水灌溉面积建设任务。进一步细化省级"十三五"总体方案，分解落实年度建设任务，扎实做好项目建设前期工作，多方筹集建设资金，制定序时进度计划，挂图作战、节点控制，按期保质完成 2000 万亩高效节水灌溉面积建设任务。有条件的地区整体设计、集中投入，建设一批重大高效节水灌溉工程。继续开展灌区水效领跑者行动和高效节水灌溉示范县创建活动	《2018 年农村水利工作要点》
政府采购	政府采购范围为 2018 年 2 月底前已经出版，且在市场上继续销售的音像制品和电子出版物。平均每家出版单位报送品种数量不超过 5 种（每个品种光盘数量一般控制在 5 张以内），各省（区、市）新闻出版广电局可根据本地区出版单位实际情况进行统筹调配	《新闻出版广电总局办公厅关于推荐 2018 年农家书屋重点出版物的通知》

（三）政策工具的归类

对 Nvivo 11 分析出的 79 个编码点，先由软件进行自动聚类，再以内容分析法具体条款进行分析；根据政策文本实际具体特征和要素，经过分类，上述图书馆读者权益政策文本中使用的政策工具一共可划分为 11 项、3 大类型，如表 4 所示。

表 4　　　　　　　我国图书馆读者权益政策的政策工具分类

供给型	环境型	需求型
基础设施	目标规划	政府采购
资金投入	法制管制	贸易管制
科技信息	策略性措施	
人才培养	税收优惠	
	金融支持	

从表 4 可知，在选取的 31 份我国乡村振兴政策文本中，供给型政策工具涉及 4 个具体政策工具，分别是基础设施、资金投入、科技信息、人才培养。政府通过供给型政策工具来促进我国乡村地区的建设与发展，加强科技创新和人才培养，有利于降低政府成本；环境型政策工具则使用了法制管制、目标规划、策略性措施和金融支持这四个具体政策工具，主要是政府通过对乡村地区市场规划、建设、运行和使用这些过程中不规范的行为进行管理，目的是保证乡村地区市场运行持续正常；需求型政策工具中的工具分别有政府采购、贸易管制这两个具体政策工具，主要是我国乡村振兴政策实施的基础和保证，能够确保政府目标的完成。

（四）政策文本的统计分析

1. 政策文本的部门分布

从表 5 来看，收集的 31 份政策文本分别是由 19 个部门完成的。这些部门中，农业农村部、财政部、商务部、全国供销总社和水利部出台的政策最多，这五个部门出台的政策数量能够在政策总数中占到 58.9%。这表明政府各个政府部门积极响应国家战略，推动国乡村振兴发展目标与发展规划进行了详细地制定，农业农村部作为主管我国农业、农村、农民发展的政府部门，出台了许多关于推动我国乡村振兴发展的政策，财务部也积极配合，设立专项资金，用于乡村振兴建设。

表5　　　　　　　　　　　政策文本发布部门分布

出台部门	出台总数（份）	联合出台（份）	联合出台（%）
中共中央	1	1	100
国务院	2	1	50
农业农村部	11	6	54.5
国家发展和改革委员会	1	0	0
国家体育局	1	1	100
财政部	3	3	100
中国邮政储蓄银行	1	1	100
文化旅游部	1	0	0
教育部	1	0	0
国家广播电视总局	1	0	0
自然资源部	1	0	0
商务部	3	1	33.3
全国供销总社	3	1	33.3
水利部	3	1	33.3
中央农村工作领导小组办公室	1	0	0
中华人民共和国科技部	2	1	50
国家土地总督察办公室	1	0	0
国家标准化管理委员会	1	0	0
中国银行保险监督管理委员会	1	0	0

2. 政策文本的两维交叉分布

根据政策文本在 X 维度与 Y 维度的对应关系，归类形成了我国乡村振兴政策的二维分布表，如表 6 所示。

表6　　　　　　　　我国乡村振兴政策工具二维分布统计

Y ＼ X 编码点	基础设施	资金投入	科技信息	人才培养	目标规划	法制管制	策略性措施	税收优惠	金融支持	贸易管制	政府采购	总计	比例（%）
生活富裕	2	2	1	0	2	2	2	1	1	0	0	13	16.5
治理有效	2	1	2	0	2	3	0	1	0	1	0	12	15.2
乡风文明	3	1	1	2	3	1	0	1	1	1	0	14	17.7
生态宜居	2	1	1	1	3	1	2	1	1	1	0	14	17.7
产业兴旺	5	4	3	1	3	2	2	1	2	1	2	26	32.9
总计	14	9	8	4	13	9	6	5	5	4	2	79	
比例（%）	17.7	11.3	10.1	5.1	16.5	11.3	7.6	6.3	6.3	5.1	2.7		

从表6可以得出，目标规划这一环境型政策工具，在我国乡村振兴维度中应用范围较广，且政策应用比重最大，比重为34.2%，表明政府部门很重视利用行政手段和相关措施来促进我国乡村地区的振兴与发展。我国乡村振兴政策事关全局，理应由我国政府进行规划和指导。另外，我国乡村振兴的生活富裕只涉及供给型与环境型两大类基本政策工具，计8项具体的政策工具、13个编码点，可以看出政府部门对我国乡村地区在基础设施和资金投入较大。

四、问题与政策建议

（一）存在的问题

1. 乡村振兴政策工具的搭配不科学，使用比例失衡

从现有政策文本的归类统计来看，供给型政策工具使用比重为44.3%，按照三大类型均等化的思维，这个比例比较失衡，出现较高的现象。这表明供给型政策工具在推动我国乡村地区建设与发展中发挥较大的作用。从供给型政策工具的内部工具来看，各政策工具的占比也存在不均衡，使用不合理。其中，基础设施和资金投入这两类政策工具的使用更为频繁，分别占整个供给型政策工具的40.0%和25.7%。我国乡村地区既需要基础设施，也需要在现代信息技术，因此，政府在推动我国乡村地区建设与发展进程中，需要正视我国乡村地区的信息基础设施差、信息内容不丰富、信息建设难度大等问题，通过信息支持与基础设施这两个政策工具的不断使用，来强化我国乡村地区的实地硬件基础和信息软件基础。不过，由于供给型政策工具中的人才培养使用比例不高（11.4%），降低了加强基础设施建设的可操作性，我国乡村地区的发展离不开专业人才，加强人才培养特别是现代化综合性高素质人才的培养是加快我国乡村地区建设与发展的强有力手段。因此，人才培养这一工具在我国乡村振兴政策工具中有待进一步提升。

2. 乡村振兴政策工具的整体架构不完备，缺乏弹性

就整体来说，目前的乡村振兴政策更偏重于供给型政策工具和环境型政策工具的使用，两者所占比重之和高达92.2%，需求型政策工具应用非常少，仅为7.8%，存在较大的不足与缺失。我国乡村地区的振兴主要依靠我国政府出台相关政策来指导，缺乏海外机构等工具，就使需求型政策工具的"拉动"效应难以显现。例如，服务外包政策工具能够充分调动我国"龙头"公司进入乡村地区的市场贸易体系，引入市场竞争机制，积极调动乡村地区各项合理因素，有助于提升我国政府工作人员的服务意识，加快建立和完善乡村地区市场竞争机制，有利于推动我国乡村振兴政策的落实；海外机构政策工具有利于我国乡村地区加强对外合作，引进和学习发达国家先进的经济发展模式，减轻政府在财政、技术、人员等方面的压力，有利于我国乡村振兴政策体系的完善。

3. 乡村振兴政策工具外部配套措施不合理，政出多门

从政策文本部门分析来看，政策文本涉及的政府部门较多，多达十几个部门，政出多门，缺乏统一管理。而且国务院和农业农村部门联合出台政策的比例为50%和54.5%，这些政策在后续的法律法规制定中真正实现的数量较少。从政策工具二维分布统计表来看，环境型政策工具中的目标规划占据了34.2%，说明政府重视我国乡村地区基础设施的发展。而需求型政策工具中，贸易管制和政府采购仅占5.1%和2.7%，这说明我国乡村地区贸易市场的发展缺乏当地政府的政策指导与行为管制；而我国乡村振兴政策的治理有效所占比重最小，仅占15.2%，说明我国乡村地区在政策引导与治理方面，缺乏相应的配套设施和相应配套的保障机制。总而言之，我国在乡村振兴政策的具体实施细节方面，相关法律法规建设依然欠缺，政府部门相互配合、协调，联合实施机制有待进一步加强。

（二）政策建议

1. 科学搭配、合理使用乡村振兴政策工具，扬长避短

我国全面建成小康社会离不开乡村振兴战略的支撑，乡村地区的发展离不开乡村振兴政策的实施。乡村振兴政策的落实离不开供给型、环境型和需求型政策工具的协调使用。应当综合考虑各项政策工具在乡村振兴政策中的作用与功能、优势与劣势，在兼顾环境型政策工具的前提下，协调好供给型和需求型政策工具所占比重，以切实促进我国乡村振兴政策的贯彻与落实。一是要适当降低供给型政策工具的使用频率并优化其内部结构。政府在制定未来的乡村地区发展政策时，更应重视人才培养、信息支持等工具的使用；应积极鼓励海外机构和各类"龙头"企业进入我国乡村地区，拓宽融资渠道，为我国乡村地区建设和发展提供尽可能的支持；应推动我国乡村振兴战略的立法工作，将成熟有效的政策工具上升到法律层面，提高政策工具执行力和实施效力。二是有效加大供给型政策工具的实施力度。特别是要从中央、地方两方面入手加大资金投入，构建多元系统的投入体系，建立多元化投入渠道。政府应积极引导海外机构参与我国乡村振兴政策体系建设，为我国广大乡村地区的健康发展创造良好环境。

2. 注重优化协调政策工具整体结构，齐头并进

从乡村振兴政策体系的整体来看，我国政策工具在产业兴旺比例过大（占32.94%）而在治理有效（占15.2%）和生活富裕（占16.5%）所占比例不足，乡村地区居民收入不高，获得感较低，不利于我国乡村振兴政策体系的完善。我国乡村振兴政策的落实需要各个方面共同发展，如果乡村地区仅仅只有产业兴旺，而没有生活富裕或者不能很好地治理有效来保障，将会阻碍整个乡村振兴政策体系的发展与完善。因此，在我国乡村振兴政策体系的发展过程中，政府通过对资金投入、人才培养、海外机构、服务外包等政策工具的平衡使用，有利于优化我国乡村振兴政策的结构体系，促进我国乡村地区管理制度科学化、现代化和信息化的健康发展。

3. 构建各级部门配合的协同机制和长效机制，优势互补

加强对我国乡村地区建设与发展的统一管理，离不开部门之间的协同与配合。目前我国乡村振兴政策文本的制定主体有中共中央、国务院等宏观管理部门，也有农业农村部、财政部等行业主管部门，对于政策工具的科学选择和综合使用会产生不利的影响。"政出多门"将增加协调成本，政策效果也有可能受到限制；部门独自发文有可能影响政策质量，使政策易趋向片面性，政策合力难以形成。另外，不同的政策工具对于保障乡村振兴政策的实现具有不同的价值、功能与依存条件。总之，一方面应进一步明确国家农业农村部作为我国乡村地区发展和建设的主要管理部门，正确认识自身定位，加强相关职能，切实履行好牵头部门作用；另一方面要建立各个发展的部门间协同机制，消除专业本位，充分协调、持续优化部门间的关系，针对不同领域的政策内容，联合相应部门合作制定，提高政策工具选择使用的系统性、合理性，构筑功能互补、浑然一体的政策工具网络体系。

参考文献

［1］郭翔宇. 实施乡村振兴战略 加快推进农业农村现代化［J］. 农

业经济与管理，2017（5）：22 – 24.

［2］朱泽. 大力实施乡村振兴战略［J］. 中国党政干部论坛，2017（12）：32 – 36.

［3］贺雪峰. 关于实施乡村振兴战略的几个问题［J］. 南京农业大学学报（社会科学版），2018，18（3）：19 – 26.

［4］张丙宣，华逸婕. 激励结构、内生能力与乡村振兴［J］. 浙江社会科学，2018（5）：56 – 63.

［5］姜长云. 实施乡村振兴战略需努力规避几种倾向［J］. 农业经济问题，2018（1）：8 – 13.

［6］谭诗赞. 乡村振兴进程中的分利秩序挑战与治理路径［J］. 探索，2018（3）：155 – 162.

［7］叶敬忠. 乡村振兴战略：历史沿循、总体布局与路径省思［J］. 华南师范大学学报（社会科学版），2018（2）：64 – 69.

［8］张韵君. 政策工具视角的中小企业技术创新政策分析［J］. 中国行政管理，2012（4）：43 – 47.

［9］R. Rothwell，W. Zegveld. Reindusdalization and Technology［M］. London：Logman Group Limited，1985：83 – 104.

［10］韩长赋. 认真学习宣传贯彻党的十九大精神大力实施乡村振兴战略［J］. 中国农业会计，2017（12）：54 – 55.

［11］国务院机构改革方案 第十三届全国人民代表大会第一次会议关于国务院机构改革方案的决定（2018 年 3 月 17 日第十三届全国人民代表大会第一次会议通过）［J］. 中国民政，2018（6）：17 – 19.

新时代中国农业转型与
乡村振兴的关系研究

▶ 彭 高

同济大学人文学院

党的十九大报告提出了乡村振兴的总体要求，那就是产业兴旺、生态宜居、乡风文明、治理有效、生活富裕。其中产业兴旺是首要要求。而农业是中国乡村的基础性产业，而当前中国大多数乡村的农业发展相对比较落后。因此，在新时代中国，要实现乡村的产业振兴，就必须实现农业转型，推进农业现代化发展。由此可见，农业转型与乡村振兴之间具有密切的关系。该文主要对围绕农业转型与乡村振兴的关系进行了研究和思考，得出了关于这一问题的几点认识，从而为更加全面深入地研究和分析这一问题提供一点理论思考。

一、乡村振兴的题中之义包括农业转型

党的十九大报告明确提出了乡村振兴的总体要求，那就是产业兴旺、生态宜居、乡风文明、治理有效、生活富裕。其中产业兴旺是首要要求。而对于当前中国乡村而言，农业是其基础性产业。而对于当今中国大多数乡村而言，农业的经营方式还是小农户的家庭联产承包经营为主，由于小农户抵御市场风险和自然灾害的能力较弱。因此，由于农产品市场行情波动以及自然灾害的影响，当今中国大部分乡村的农业整体发展状况依然相对比较薄弱。因此，要实现乡村的产业兴旺，首先就必须实现农业转型，

推进农业现代化发展。也就是说，乡村振兴的首要要求是产业兴旺，而产业兴旺的题中之义就包括农业转型。因此，乡村振兴的题中之义包括农业转型。

二、农业转型是乡村振兴的物质基础

对于当前中国大多数乡村而言，农业还是其最基础性的产业和经济发展的基础。然而，在当今中国大多数乡村，农业的主要经营方式还是小农户的家庭联产承包经营，由于小农户抵御市场风险和自然灾害的能力较弱。因此，由于农产品市场行情波动以及自然灾害的影响，当今中国大部分乡村的农业整体发展状况依然相对比较薄弱，由此，也导致乡村经济的发展步伐也比较迟滞、发展水平也相对落后。因此，要实现乡村振兴，必须实现农业转型，推进农业现代化发展。只有实现农业转型，推进农业现代化发展，才能为乡村振兴提供坚实的物质基础。

三、农业转型与乡村振兴都需要科技和人才的支撑

在新时代中国，要实现农业转型和乡村振兴，还需要两个重要的条件，那就是科技和人才的支撑。

对于农业转型而言，需要科技和人才的支撑。一方面，要实现农业转型发展，必须依靠科技。要通过农业生产相关的科技创新，不断研发出能够推动农业现代化发展的新型科技成果，并且积极推动成果的转化和应用，将这些新型科技成果推广应用到实际的农业发展过程中，从而推动农业转型，实现农业现代化发展。另一方面，要实现农业转型发展，也需要一批了解现代农业经营、具备相关基础知识或能力的新型农业人才。与此同时，推动农业生产相关的科技创新，也需要一批新型的专业科技人才。

要实现乡村振兴，也需要科技和人才的支撑。一方面，要实现乡村振兴，必须依靠科技。具体而言，其一，要实现乡村振兴总体要求中的"产业兴旺"要求，就必须实现乡村的农业转型和现代化发展，由此就需要有关现代化农业发展的科技创新。只有依靠相关的科技，才能推动农业转型和现代化发展，进而实现乡村的产业兴旺，为乡村振兴奠定坚实的物质基

础。其二，要实现乡村振兴总体要求中的"生态宜居"要求，就必须加强乡村环境治理和保护，由此就需要有关乡村环境治理和保护的科技创新。只有依靠相关的科技，才能有效推进乡村环境治理和保护，进而实现乡村的生态宜居，为乡村振兴提供一个良好的生产生活环境。

另一方面，要实现乡村振兴，也必须依靠人才。乡村振兴的主体在于人，要实现乡村振兴，就必须要充分发挥人的主体性和创造性，人尤其是人才在乡村振兴的进程中起着非常重要的作用。要实现乡村振兴"产业兴旺、生态宜居、乡风文明、治理有效、生活富裕"的总体要求，必须依靠人才。除此之外，科技的发展也要靠人才。要实现乡村振兴所需要的那些农业科技以及乡村环境治理和保护的相关科技的发展，也必须依靠相关的专业科技人才。只有建立和培养专业的科技人才队伍，才能推动这些相关科技的创新和发展，进而依靠科技创新和发展来驱动乡村振兴的进程。总之，在新时代中国，农业转型与乡村振兴都需要科技和人才的支撑。

四、农业转型与乡村振兴都需要提高乡村社会的文明程度

对于一个国家或地区而言，经济的发展也需要一个良好的社会风尚和社会文明环境。对于新时代中国乡村而言，其经济的发展也是如此。因此，要实现农业转型，也需要一个良好的社会风尚与社会环境。然而，当前中国社会的文明程度还有待进一步提高，这一点也表现在中国的乡村地区。因此，要实现农业转型，就必须提高乡村社会的文明程度，从而为农业转型提供一个良好的社会风尚与社会文明环境。另外，乡村振兴也需要提高乡村社会的文明程度。其一，乡村振兴也需要一个良好的社会风尚与社会文明环境。然而，当前中国乡村社会的文明程度还有待进一步提高。因此，要实现乡村振兴，就必须提高乡村社会的文明程度，从而为农业转型提供一个良好的社会风尚与社会文明环境。其二，"乡风文明"是乡村振兴总体要求中的一个题中之义。与此同时，"乡风文明"也能为实现乡村振兴总体要求中的"产业兴旺、生态宜居、治理有效"提供一个良好的社会风尚和社会环境。因此，面对当前中国乡村社会的文明程度还有待进一步提高的现实状况，要实现乡村振兴，必须提高乡村社会的文明程度。

总之，在新时代中国，农业转型与乡村振兴都需要提高乡村社会的文明程度。

五、农业转型与乡村振兴都需要推进乡村治理体系现代化

在新时代中国，要实现农业转型与乡村振兴，还必须推进乡村治理体系现代化。首先，面对当前中国乡村社会的治理体系还不够健全和完善的现实状况，只有推进乡村治理体系现代化，才能对乡村社会实施有效的治理，保持乡村社会良好的治安状况，实现乡村地区的社会稳定与长治久安，从而为农业转型提供一个和谐安定的社会治理环境，进而有力地推动农业转型和现代化发展。其次，乡村振兴也需要推进乡村治理体系现代化。其一，面对当前中国乡村社会的治理体系还不够健全和完善的现实状况，只有推进乡村治理体系现代化，才能对乡村社会实施有效的治理，保持乡村社会良好的治安状况，实现乡村地区的社会稳定与长治久安，从而为乡村振兴提供一个和谐安定的社会治理环境，进而有力地推动乡村振兴。其二，"治理有效"是乡村振兴总体要求中的一个题中之义。与此同时，"治理有效"也能为实现乡村振兴总体要求中的"产业兴旺、生态宜居、乡风文明"提供要一个良好的社会治理环境。因此，要实现乡村振兴，必须推进乡村治理体系现代化。总之，在新时代中国，农业转型与乡村振兴都需要推进乡村治理体系现代化。乡村治理体系现代化的主要举措就是健全自治、法治、德治相结合的乡村治理体系。

六、农业转型与乡村振兴都需要加强乡村环境治理与保护

首先，要实现农业转型，需要加强乡村环境治理与保护。习近平曾指出，绿水青山就是金山银山。保护环境就是保护生产力，改善环境就是发展生产力。也就是说，环境的治理和保护也能推动社会生产力和经济的发展。此外，习近平还曾指出，生态环境是人类生存最为基础的条件，是我国持续发展最为重要的基础。同样，对于当前中国的乡村地区

而言，生态环境也是乡村居民生存最为基础的条件，也是乡村地区经济社会持续发展的最为重要的基础。而在当前中国，不少乡村生态环境污染和破坏的状况比较严重。因此，鉴于这一严重的现实状况，要实现农业转型，就必须加强乡村环境治理与保护。只有加强乡村环境治理与保护，才能推动乡村生态环境的恢复与生态环境质量的改善，进而才能推动农业转型的顺利开启和持续健康发展。农业转型就是要实现农业现代化。农业现代化的方向就是提高农业发展的效益和质量，推动农业的持续健康发展。因此，要推动农业转型和农业现代化的持续健康发展，就必须加强乡村环境治理与保护。只有加强乡村环境治理与保护，才能为农业转型和农业现代化的持续健康发展提供一个良好的生态环境基础。与此同时，加强乡村环境治理与保护本身也能作为一个绿色化的"引擎"推动社会生产力和经济的发展，进而也能推动农业转型和农业现代化的持续健康发展。

其次，要实现乡村振兴，也需要加强乡村环境治理与保护。一方面，乡村环境治理与保护能够推动乡村社会生产力、经济、农业转型和农业现代化的持续健康发展，从而为乡村振兴提供坚实的物质基础。另一方面，"生态宜居"是乡村振兴总体要求中的一个题中之义。与此同时，"生态宜居"也能为实现乡村振兴总体要求中的"产业兴旺、乡风文明、治理有效"提供一个良好的乡村生产生活环境。因此，要实现乡村振兴，必须加强乡村环境治理与保护。总之，在新时代中国，农业转型与乡村振兴都需要加强乡村环境治理与保护。

七、农业转型与乡村振兴都需要推进城乡融合发展

在新时代中国，要实现农业转型与乡村振兴，还需要统筹城乡的协调平衡发展。具体而言，就是需要推进城乡融合发展。首先，只有推进城乡融合发展，才能使城市为农业转型提供巨大的消费市场，另外，城市也能在科技和人才方面为农业转型提供支持。其次，只有推进城乡融合发展，才能为乡村振兴提供一个良好的外部环境。与此同时，只有推进城乡融合发展，才能使城市为乡村振兴提供巨大的消费市场，另外，城市也能在科技和人才方面为乡村振兴提供支持。总之，农业转型与乡村振兴都需要推进城乡融合发展。

八、农业转型与乡村振兴的根本政治保证在于党的领导

在新时代中国，党是中国特色社会主义伟大事业的坚强领导核心，必须坚持党对其一切工作的领导，中国特色社会主义事业大局的一切工作都必须在党的集中统一领导下进行。而农业转型与乡村振兴都属于中国特色社会主义事业大局中的重要组成部分。因此，要实现农业转型与乡村振兴，其根本政治保证还是在于党的领导。首先，要实现农业转型，其根本政治保证还是在于党的领导。要实现乡村的农业转型，必须加强和改善党的领导。具体而言，要在党中央的集中统一领导下，加强乡村基层党组织的建设工作，增强乡村基层党组织的凝聚力和战斗力，从而更好地引领乡村的农业转型和现代化发展。其次，要实现乡村振兴，其根本保证还是在于党的领导。要实现乡村振兴，必须加强和改善党的领导。具体而言，要在党中央的集中统一领导下，加强乡村基层党组织的建设工作，增强乡村基层党组织的凝聚力和战斗力，从而更好地引领乡村振兴。

九、农业转型与乡村振兴的最终目的都在于实现乡村居民生活富裕

在新时代中国，实现农业转型与乡村振兴的最终目的都在于实现乡村居民生活富裕。首先，对于农业转型来说，农业转型的最终目的在于实现乡村居民生活富裕。一方面，农业转型的直接目的是为了推动农业现代化发展，从而振兴农业，实现乡村产业兴旺，进而推动乡村经济发展，提高乡村居民收入，进而实现乡村居民生活富裕。也就是说，农业转型的最终目的在于实现乡村居民生活富裕。另一方面，党的十九大报告也强调必须坚持以人民为中心的发展思想。这一思想的核心要义就是坚持发展为了人民，发展依靠人民，发展成果由人民共享。这一思想是新时代我国经济社会发展必须坚持和贯彻的思想。因此，在推进农业转型和现代化发展的过程中，也必须坚持以人民为中心，让农业转型和现代化发展的成果由人民共享。具体而言，也就是要在农业转型和现代化发展积累的物质基础上，不断保障和改善乡村居民的生活水平，实现乡村居民生活富裕。

其次，乡村振兴的最终目的也在于实现乡村居民生活富裕。一方面，乡村振兴的总体要求的最后一条是"生活富裕"，由此可见，乡村振兴的落脚点在于实现乡村居民生活富裕。换言之，乡村振兴的最终目的在于实现乡村居民生活富裕。另一方面，党的十九大报告也强调必须坚持以人民为中心的发展思想。这一思想的核心要义就是坚持发展为了人民，发展依靠人民，发展成果由人民共享。这一思想是新时代我国经济社会发展必须坚持和贯彻的思想。因此，在推进乡村振兴的过程中，也必须坚持以人民为中心，让乡村振兴的成果由人民共享。具体而言，也就是要在乡村振兴积累的物质基础上，不断保障和改善乡村居民的生活水平，实现乡村居民生活富裕。

此外，邓小平曾指出，社会主义的本质，是解放生产力，发展生产力，消灭剥削，消除两极分化，最终达到共同富裕。由此可见，社会主义的本质，其落脚点在于最终实现全体人民的共同富裕。而实现乡村居民生活富裕正是全体人民共同富裕的一个重要的题中之义、发展阶段和实现条件。因此，农业转型与乡村振兴的最终目的都在于实现乡村居民生活富裕，这也是由我国社会主义的本质决定的。

十、农业转型与乡村振兴统一于新时代中国特色社会主义伟大实践

在新时代中国，农业转型与乡村振兴都属于中国特色社会主义事业的重要组成部分。具体而言，二者都属于中国特色社会主义事业"五位一体"总体布局的重要环节。而要推动中国特色社会主义事业的持续健康发展，就必须诉诸于新时代中国特色社会主义伟大实践。由此，也只有在新时代中国特色社会主义伟大实践的进程中，才能有效地推进农业转型与乡村振兴。反过来，农业转型与乡村振兴也能推动新时代中国特色社会主义事业的发展与中国特色社会主义伟大实践的进程。总之，农业转型与乡村振兴统一于新时代中国特色社会主义伟大实践。

参考文献

[1] 习近平. 决胜全面建成小康社会，夺取新时代中国特色社会主义伟大胜利 [M]. 北京：人民出版社，2017：32.

［2］习近平关于生态文明建设的论述摘编［M］．北京：中央文献出版社，2017：12．

［3］习近平关于生态文明建设的论述摘编［M］．北京：中央文献出版社，2017：13．

［4］习近平．决胜全面建成小康社会，夺取新时代中国特色社会主义伟大胜利［M］．北京：人民出版社，2017：19．

［5］邓小平．邓小平文选第3卷［M］．北京：人民出版社，1994：373．

以"文化＋旅游"促进乡村振兴的几点思考

▶王华彪

河北建筑工程学院

一、发展乡村"文化＋旅游"的重要意义

党的十九大提出乡村振兴战略，大力加强乡村文化生态建设作为一项任重而道远的系统性工程，利在当代、泽惠后世。在乡村振兴战略的发展中，现代文化旅游产业作为现代新型朝阳产业形态，而且文化是旅游的灵魂，旅游是文化的载体；文化提升旅游内涵，旅游实现文化价值。坚持以习近平新时代中国特色社会主义文化思想为指引，对大力实施乡村振兴战略，不断增强和提升乡村文化自信，促进第一、第二、第三产业融合发展，推进新时代乡村"文化＋旅游"振兴具有重要的理论意义和现实意义。

（一）乡村"文化＋旅游"符合经济发展的一般规律

马克思主义哲学基本原理认为，生产力决定生产关系，生产关系对生产力具有能动的反作用。"文化＋旅游"符合马克思主义的基本原理，符合经济发展的一般规律。从旅游实践的发展历程来看，旅游总是与人们的精神文化生活相联系。第二次世界大战后，旅游开始走向大众化，并具有精神享受和文化体验的基本属性，实现了经济性与文化性相统一。从马克思主义需要层次理论来看，旅游总是与社会的高层次精神文化需要相契合。马克思主义需要层次理论把人的需要分为三个层次，即生存需要、享受需要、发展需要。旅游作为享受和发展的需要，已经超越了生理或本能

的欲望，上升到社会文化层次，具有明显的社会文化意义。从国际社会的一般惯例来看，旅游总是与先进的社会生产力水平相适应。按照国际惯例，当人均GDP达到1000美元，旅游需求开始产生；突破2000美元，大众旅游消费开始形成；达到3000美元以上，旅游需求将会出现"井喷"现象，文化消费在旅游消费中的比例也随之大幅提高。有数据显示，2016年我国全年人均国内生产总值53980元人民币，更加注重旅游品质、文化内涵的"文化＋旅游"渐成主流。

（二）乡村"文化＋旅游"促进第一、第二、第三产业融合发展

只有产业的蓬勃发展才能带来农村经济的繁荣，党中央明确提出"要推动文化产业与旅游、体育、信息、物流、建筑等产业融合发展"。作为我国大力扶持发展的第三产业新模式，文化旅游产业是以旅游经营者创造的观赏对象和休闲娱乐方式为消费内容，使旅游者获得富有文化内涵和深度参与旅游体验的旅游活动的集合，具有较高的文化性、创意性、体验性和衍生性，其特征决定了"文化＋旅游"项目可以达到第一产业农业提质升级，第二产业文化衍生品制造研发，第三产业"文化＋旅游"全面植入的产业融合目的，真正将乡村地区以第一产业传统农业为主导、第二产业低端制造业为主导的产业现状转化为以新型创意农业、文化衍生品研发制造、文化旅游产业为主导的新型产业结构，实现乡村产业结构升级、产业集群化、产业绿色化及区域协调分工。

（三）乡村"文化＋旅游"符合区域文化共兴发展需要

当前，京津冀三地区域文化发展正处于实现"两个一百年"奋斗目标的重要节点。推动"文化＋旅游"，实现深度融合、跨越发展，既迎来前所未有的大好机遇，也承担着引领推动经济结构优化、产业转型升级的现实任务。一方面，京津冀协同发展第一次把河北全域纳入国家战略，京津冀地区成为带动全国发展的主要空间载体，这为扩大区域开放、加快"文化＋旅游"融合发展提供了更高更大的平台。环渤海地区合作发展、北京—张家口共同举办冬奥会等重大举措，也为培育壮大文化旅游产业提供了重要机遇。另一方面，改革开放以来，京津冀三地区经济高速增长，同时也积累了产业结构不合理、经济增长动力不足等问题。为突破发展"瓶

颈",当前"文化＋旅游"突破了产业分立的"条条框框",有利于扩张文化产业边界、提升旅游产业的文化附加值,有利于带动产业结构优化升级,增强可持续发展动力。

(四)乡村"文化＋旅游"符合文化强省建设要求

河北省是文化资源大省也是农业大省更是具有美丽乡村的大省,加快把文化资源优势转化为产业优势、发展优势,是河北省文化建设的核心任务,也是大力实施乡村振兴战略,实现由文化大省向文化强省发展的必然要求。文化与旅游之间具有天然的耦合性。推动"文化＋旅游"融合发展,既是一个以文化带旅游、以旅游促文化的过程,也是一个优势互补、互惠共赢的过程,也是一个把社会效益放在首位、实现社会效益与经济效益相统一的过程,更是最大程度释放文化资源服务社会、推动发展的基本作用,在融合发展中达到互促共赢,产生叠加放大效应,助推文化产业升级、文化强省建设。

二、实施乡村"文化＋旅游"的基本方略

建立责任体系的目的,就是在进行合理分工的基础上,明确任务和要求,把千头万绪的工作同成千上万的人对应地联系起来,解决好谁来干的问题,从而在实干中体现担当尽责,以实干换实效,以实干出实绩。

(一)科学规划,创意驱动

让文化生态建设搭上互联网的"顺风车",实现传统文化和文化遗产"活"起来。文化成为现代旅游产业中的核心,从深层次挖掘、保护、传承及传播根植于乡村的优秀文化资源,使其具备文化旅游产业吸引效应,实现全面的文化振兴,"文化＋旅游"不是文化和旅游的简单叠加、硬性捆绑,需要顶层设计,科学规划。正确处理政府与市场的关系,积极用好政府宏观调控这只"有形的手"和市场调节这只"无形的手",重点突破文化旅游在投融资、项目建设等方面的约束限制,让"两只手"各司其职、优势互补。要按照"大文化、大旅游、大产业"的要求,科学编制文化旅游发展战略规划、产业规划、项目规划,建立健全文化旅游规划体系。

1. 坚持"文化＋""＋文化"，加强创意驱动，扩大"乘法效应"

文化与旅游的连结点在于创意，要通过"资源＋创意"，提升旅游品质，实现文化价值。要坚持衍生发展、包容开放，加强整体营销，做大做强市场。广义上说，文化旅游市场也属于文化市场。文化与旅游之间具有天然的耦合性，推动"文化＋旅游"融合发展，既是一个以文化带旅游、以旅游促文化的过程，也是一个优势互补、互惠共赢的过程，更是一个把社会效益放在首位、实现社会效益与经济效益相统一的过程。要尊重市场规律。要积极培育新的文化旅游消费热点，推出更多个性化、特色化的文化旅游产品和服务，不断满足多层次的文化旅游消费需求；要更加突出文化性、创意性和市场性，鼓励文化旅游产品创新创意开发，带动剪纸、宫灯、年画、内画、皮影、石雕、陶瓷等传统工艺创新发展。

2. 坚持"文化＋""＋文化"，加强供给侧结构性改革，找准着力点

重点在政府引导、创意开发、品牌培育、市场拓展四个方面着手，全力推动"文化＋旅游"，促进文化旅游深度融合。党的十八大以来，伴随着"经济新常态""供给侧结构性改革"的深入发展，文化的地位和作用日益凸显，文化建设进入了"文化＋""＋文化"的新阶段。文化是旅游的灵魂，旅游是文化的载体；文化提升旅游内涵，旅游实现文化价值。要延伸产业链条，推动文化旅游产业向价值链高端发展，推动文化与旅游核心层、外围层、相关层和上中下游产业链有机结合，积极适应"互联网＋"时代传媒发展的新特点，借助现代网络技术，探索利用知名文化旅游网络平台、手机 App、网络视频、电视专题片等多种形式，积极从不同侧面、不同层次宣传展示文化旅游产品，使杭州文化旅游形象更加深入人心。

3. 坚持"文化搭台、文化唱戏"，着力打造特色，培育重点品牌

要坚持文化主线、市场导向，挖掘特色文化资源，打造一批特色文化旅游品牌。要用好盘活文物、古迹、名胜、民俗、节庆、地方传说、特色文艺等文化资源，敏锐捕捉其中具有较高文化价值、人们喜闻乐见的元素，将其融入旅游产品的开发设计中，形成文化旅游产品和服务的鲜明特色，做到"人无我有，人有我优，人优我特"。坚持"内容为王"，打造精品。要树立精品意识，从历史、现代、民俗、道德伦理等多个层面、多个维度，精心策划、精心设计、精心建设、精心服务、精心管理，打造一批内容丰富、特色鲜明的文化旅游精品。

（二）开发挖掘，完善提炼

实现文化资源精品化、品牌化，需要对乡村文化中的历史文化、革命文化、社会主义先进文化进行深入挖掘，才能实现核心吸引，创造产业化效益。

1. 开发历史文化景点

历史文化旅游是河北省文化旅游的优势。开发打造历史文化景点，重点要在三个方面下功夫：首先，依托"三大文化名片"、四项世界文化遗产等历史文化资源，积极开发文化寻踪、文化体验等特色文化旅游产品；其次，要结合地方历史文化资源实际，从小处着眼，从"深"处着手，以历史故事、动人传说等为切入，深入阐发中华优秀传统文化"讲仁爱、重民本、守诚信、崇正义、尚和合、求大同"的时代价值；最后，广泛利用舞台艺术、音乐、美术等不同媒介形态，积极运用文字、声音、影像、动画等多种表现手段，让历史文化资源"活起来"。

2. 建设革命文化景点

革命文化旅游是河北省文化旅游的亮点。河北省的西柏坡红色旅游系列景区、华北军区烈士陵园等 14 家单位入选了全国红色旅游经典景区名录。一要大力推动红色旅游和革命文化精品创作结合。围绕西柏坡"最后一个农村指挥所""狼牙山五壮山"等革命历史、英烈故事、红色足迹，打造一批传承优秀革命传统、弘扬革命精神的舞台艺术、实景演出等文艺精品，充实红色旅游的文化内容。二要大力推动革命文化景点与"美丽乡村"、特色小镇旅游产品组合。以西柏坡红色圣地、129 师司令部旧址、冀东大钊故里等为依托，促进红色旅游与研学旅游、乡村旅游、生态旅游融合发展，既让游客"望得见山、看得见水、记得住乡愁"，又潜移默化地接受革命传统教育。三要大力推动革命文化资源与现代科技手段融合。适应"互联网＋"和信息技术快速发展的新特点，将革命文化资源开发与现代网络、舞台、声光电等技术融合起来，增强革命文化旅游产品的感染力、影响力。

3. 维护先进文化景点

现代公共文化服务体系是发展先进文化旅游的重要支撑。要大力推动公共文化服务体系建设供给侧结构性改革，加大公共文化服务设施融合发展力度，进一步完善博物馆、图书馆、美术馆等公共文化服务设施网络，以弘扬爱国主义为核心的民族精神和以改革创新为核心的时代精神、弘扬社会主义核心价值观为重点，丰富公共文化服务的内容和形式，提高免费开放服务水平，把优秀文化内容渗透其中，以符合现代需求的形式去表现和塑造。

（三）勇于担当，干事创业

习近平指出，当代中国共产党人和中国人民应该而且一定能够担负起新的文化使命，在实践创造中进行文化创造，在历史进步中实现文化进步。这一新文化使命的核心内容，一方面，要求我们不能脱离实践。面对波澜壮阔的新时代中国特色社会主义伟大实践，只有坚持扎根人民，深入实践，才能创造出符合实际情况、满足人民需要的文化创造。另一方面，要求我们不能脱离时代。新时代中国特色社会主义是中国特色社会主义实践进入的新阶段。在中华优秀传统文化中，"士不可以不弘毅，任重而道远""天下兴亡，匹夫有责"所体现的担当、尽责精神是传承千年的民族美德。乡村"文化＋旅游"关乎历史、现实与未来，关乎实现中国梦想、实现民族复兴，完成这一任务目标，重在知行合一，重在担当作为。

1. 在"爱"上下功夫

要树立现代管理理念，扑下身子，搞好服务，搞好培训，促进村民员工化，建立稳定收入机制，全面提高了整体镇域农民生活收入、综合素养。文化旅游项目，主要有主题游乐型、景点依托型、"文化＋旅游"小镇型、特色度假型四种主体形态，均可以为当地提供大量工作岗位，使村民都需要接受承包企业的正规员工培训并持证上岗；以市场机制促进人才振兴和脱贫攻坚，以企业管理促进农村人、财、物的转型升级，从而实现提升农民综合素质，补齐农村教育短板；形成农村人才市场化优胜劣汰规则，摒弃固有"靠天收"心态，提高乡村社会文明程度。同时，有助于解决因为外出打工而导致的留守儿童教育、留守夫妻交流、留守老人养老等深层次社会问题，让农民在家门口拥有更加充实、更有保障、更可持续的获得感、幸福感、安全感。

2. 在"引"上下功夫

要结合地方历史文化资源实际，从小处着眼，从"引"处着手，文化旅游产品具有竞争激烈、更新周期短、易模仿复制、易受流行趋势影响等特征，所以文化旅游产业发展的核心是人，在文化旅游资源转化中，人才让资本转化的效率最高、技术手段的运用最恰当、文化元素的展现最充分，并最终实现文化旅游产品的价值最大化；大批"文化＋旅游"人才进入乡村，能够有效地拉动和带动乡村人才发展速度与水平，并实现更多企业"文化＋旅游"智力资源的导入，助力乡村振兴发展。

3. 在"活"上下功夫

坚持"在发展中传承，在开放中保护，在创新中培育，在包容中涵养，在传播中弘扬"，关于以历史故事、动人传说等为切入，深入阐发中华优秀传统文化"讲仁爱、重民本、守诚信、崇正义、尚和合、求大同"的时代价值。善于统筹协调、多措并举，达到效率与质量、数量与速度的双平衡；广泛利用舞台艺术、音乐、美术等不同媒介形态，积极运用文字、声音、影像、动画等多种表现手段，让历史文化资源"活起来"。

4. 在"创"上下功夫

脚踏实地的同时，又讲究创新方法，坚持统筹兼顾，做到突出重点、突破难点、打造亮点。大力发展乡村旅游创客基地，形成外来人才吸引机制，提供本地人才发展平台。发起设立河北文化旅游智库等专门研究机构，搭建"文化＋旅游"智库平台，制定和完善"文化＋旅游"智库运行办法；共同组织开展文化旅游创客活动，通过培训、培育、培养的方式，引导、鼓励和支持返乡农民工、大学毕业生、专业技术人员等投身乡村创客活动；共同组织开展文化旅游智力服务，全面提升河北省"文化＋旅游"智力服务水平，引领河北文化旅游产业发展。大力培育国家、省、市三级乡村文化旅游创客基地；大力扶持乡村以众创、孵化为核心服务平台的第三方服务机构，为科技企业、乡村创客提供学习平台、交流平台、出台激励乡村创客的政策，举办如中国乡村文化创新大赛等主体赛事、节庆活动。

5. 在"苦"下功夫

俗话说，人无远虑，必有近忧，落实如何推进，如何高效推进，需要认真规划，找准关键，提前布置。面对形形色色的"绊脚石""拦路虎"，只能用"不驰于空想，不骛于虚声，而惟以求实的态度作踏实的功夫"这种"钉钉子"的精神，用苦干扛起时代的担当，逢山开路、遇水搭桥，才能把美好的规划蓝图一步步变为现实。

三、乡村"文化＋旅游"振兴需要把握的几个问题

"文化＋旅游"是新的产业形态，强调的是围绕社会和经济"两个

效益",发挥市场和创新"两个作用",优化配置资源和创意"两个要素",形成文化与旅游业态的"双向融合"。融合的程度深不深、效果好不好,一个重要的基本前提就在于我们对当前形势和发展趋势的认识和把握。

(一)在国际层面上,要主动融入"一带一路"倡议

无论是"丝绸之路经济带",还是"21世纪海上丝绸之路",都蕴含着以开放包容为理念、以经济合作为基础、以人文交流为支撑的重要内容。乡村"文化+旅游"是扩大区域开放的重要形式。"文化+旅游"兼具文化交流、人员往来两大内容,是激活国际国内"两个市场""两种资源"的"催化剂",是扩大"一带一路"区域开放的"金钥匙"。乡村"文化+旅游"是"中华文化走出去"的重要载体。"文化+旅游"作为文化与经济双核战略结合的重要载体,将在"一带一路"的国家战略中赢得更大的发展空间,也将在推动"中华文化走出去"中发挥突出作用。乡村"文化+旅游"是展示河北形象的重要媒介。河北省地处"一带"和"一路"在渤海湾衔接的节点地区,要加强国际、省际文化旅游合作,在"走出去"与"引进来"中,彰显河北特色,树立河北形象。

(二)在国内层面上,要积极适应京津冀协同发展

在京津冀协同发展的各领域中,文化资源是河北省最大的比较优势,旅游市场是极具潜力的消费市场。2016年12月,国务院印发了《"十三五"旅游业发展规划》,强调要"推进京津冀旅游一体化进程,打造世界一流旅游目的地",为京津冀文化旅游协同发展指明了方向。在资源整合上,北京是国家历史文化名城,文物古迹遗存丰富,天津的民俗文化、地域文化特色鲜明,推进"文化+旅游",有利于三地连通文脉,打造区域文化旅游集群,实现"1+1+1>3"的综合效应。在市场分享上,单从入境游来看,2016年,河北省入境游客数量分别只是京、津的1/3和2/5,存在着很大的提升空间。随着京津冀"1小时交通圈""四纵四横一环"城际铁路网络的建设完善,依托京津成熟的旅游消费市场和对"周边游"、生态游的庞大需求,将河北文化旅游打造成为京津冀旅游一体化的"第三极"。在借力发展上,京津两地的科技、人才、资金优势明显,通过"文化+旅游",进一步承接两地在文化旅游开发运作方面的"溢出效应",推动河北省文化旅游转型升级、提质增效。

（三）在生态环境保护层面，要注意发展保护与综合利用

通过大力发展乡村文化旅游产业，可以有效治理农村脏乱差的环境，实现村容整洁，使"千村一面""空心化"问题得到有效缓解。但是在规划建设中，生态保护是严守的红线，应当以符合农民增收、保证乡村生态环境为首要原则；在制度上必须严格把控，除必要基础设施用房、公共服务配套用房外，其余征收土地必须用于旅游项目开发，不允许配套住宅出售。因为良好生态环境是农村最大优势和宝贵财富，绿水青山就是金山银山，杜绝文化旅游产业项目房地产化，才能推动乡村自然资本加快增值与协同创新产业发展，走一条百姓富、生态美的高质量精准脱贫、可持续发展之路。

（四）在创意发展层面，注意文化旅游产业差异化效应

创造符合乡村地域文化资源特色鲜明的旅游形态，避免"开倒车"和"千镇一面"。文化是旅游的灵魂，旅游是文化发展的重要途径，二者缺一不可，应当注重乡村文化资源的原生性和差异性保持，通过乡村风貌提升、休闲度假设施建设以及休闲"产业链"延伸等手段，加强规划引导，规范乡村旅游开发建设，保持乡村生态环境和传统特色文化风貌；发展区别于传统文化旅游项目缺乏体验性和深度游览性的现代文化旅游产业业态，强化文化旅游项目的竞争力需将文化与世界级品牌、科技和资本的高效对接，引进、采用情境体验、动漫形象、创意体验、数字游戏、虚拟场景、文创衍生品及丰富演艺等现代将文化资源活化，强调深度现代化的乡村文化旅游体验与互动。

参考文献

［1］习近平. 决胜全面建成小康社会，夺取新时代中国特色社会主义伟大胜利［M］. 北京：人民出版社，2017.

［2］亚伯拉罕·马斯洛，马斯洛需求层次理论，人类激励理论［M］. 北京：中国人民大学出版社，1943.

［3］奋进新时代！习近平引领中国迎春再出发，央视网，2018 - 02 - 24.

试论承包地"三权分置"权利结构

▶ 胡 凤

中国证券监督管理委员会 吉林监管局

农村承包地"三权分置"改革政策提出以来，法学界就"三权分置"下土地承包权和土地经营权的权利性质及相互关系展开了广泛而激烈的争论。政策提出之初，有许多学者坚持认为应当在完善现有农地权利体系的基础上将土地经营权定位为债权，随着中央改革政策的不断推进和经济学界、管理学界的大力倡导，不少学者开始试图按照政策意旨将土地经营权设计为用益物权，但在"三权"的权利结构设计上依旧无法达成一致。本文拟从农地权利体系的原权利集体土地所有权入手，逐步廓清土地承包经营权、土地承包权和土地经营权的权利性质及相互关系，构建起既符合我国农村社会生活实际又契合物权法基本原理的承包地"三权分置"权利结构。

一、"三权分置"理论争议的实质

关于承包地"三权分置"权利结构，目前学界主要有两种观点，即"物权说"和"成员权说"，分歧的实质在于是否承认土地承包经营权包含土地承包权，也即土地承包权是否为土地承包经营权的固有内容。这是"三权分置"理论一切争议的根源所在。

如果承认土地承包经营权包含土地承包权，土地承包权是土地承包经营权的固有内容，按照"物权说"的观点，土地承包经营权的流转将导致土地承包权随同流转，农村集体成员承包土地的权利将随之丧失，为了同时实现稳定农户承包权和放活土地经营权的改革目标，就有进行"三权分置"的必要，将土地承包经营权分置为土地承包权和土地经营权，由农户保留土地承包权，将分置出的土地经营权塑造为权能完备的用益物权，使其不受限制地自由流转，实现农地规模经营，释放农地融资功能。

如果不承认土地承包经营权包含土地承包权，土地承包权不是土地承包经营权的固有内容，按照"成员权说"的观点，土地承包权是农村集体成员的成员权，其取得是当然的、无偿的，只要农村集体成员的成员身份不发生变动，集体成员承包土地的权利就一直存在，不会随着土地承包经营权的流转发生变动。因此，只要赋予土地承包经营权完备的用益物权权能，就能放活农村承包地，达到"三权分置"改革所欲达到的目的。

笔者认为，无论"物权说"还是"成员权说"，都是直接从土地承包经营权入手探讨土地承包权和土地经营权的性质，缺少对作为农地权利体系原权利——集体土地所有权的关注和审视，在很大程度上忽视了由集体土地所有权特殊性所决定的整个农地权利体系的特殊性，分析结论均存在不尽周全之处。对于土地承包经营权是否包含土地承包权这一争议焦点，应当以集体土地所有权为逻辑起点展开分析。

二、我国农村集体土地所有权的性质及其特点

大陆法系民法上的所有权是指所有权人对所有物永久、全面、整体支配的物权，《中华人民共和国物权法》（以下简称《特权法》）将其定义为"所有权人对自己的不动产或者动产，依法享有占有、使用、收益和处分的权利"，并将这一定义安置在所有权编的一般规定里。这一概念也是学界的共识。但实际上所有权的性质有两种：一种是社会团体本位的所有权；另一种是私有个人本位的所有权，前者强调团体内部的全体人共有所有物，共享所有物的利益，但是团体内的任何私人不对所有物享有所有权，不仅排除团体外的主体对所有物的干涉，也排除团体内的任何私人对所有权进行处分，后者强调个人是所有物的绝对主体，所有权人可对所有物自由处分，独享其利益，并排除其他任何主体的干涉。社会团体本位的所有权以我国物权法下的"集体土地所有权"为其典型，私有个人本位的所有权即"私人所有权"，也就是一般意义上的所有权。我国物权法规定

的所有权概念显然也只是对私人所有权的界定。作为近代大陆法系民法所确立的所有权制度，私人所有权建立在自由主义和个人主义的基础之上，它被明确地表达为一种抽象的主观权利，旨在保障个人对其所有的财产独占地、完全地、自由地支配，以实现其作为物之所有人的利益，它强调的是主体的主观意志，作为主体人格的外部映射和延伸，是一种"归属所有权"。而集体所有权是为特定财产设立的，旨在实现集体范围内的财产的社会经济功能，关注的重点并非某个人或某些人对土地的支配地位，其强调的是客体的功能和目的，被视为一种"功能所有权"。

我国农村集体土地所有权属于社会团体本位的所有权，其与私人所有权的价值目标大异其趣。农村土地集体公有制的本质是由农村集体成员对农村土地这一生产资料共同、平等地进行占有，其目的是将集体土地固定在集体内部并不断实现集体土地的经济价值，并最终实现全部集体成员的共同利益。质言之，农村土地集体公有制实际上就是以集体内部全体成员对集体土地共同占有为前提，不断实现集体每个成员的利益。在这个意义上，农村土地集体公有制也可以看成是集体内部每个成员的个人所有制。作为一种"功能所有权"，农村集体每个成员的成员权的实现即意味着集体土地所有权的实现，集体土地所有权功能的实现须由集体成员共同参与完成。为实现集体成员的成员权，在我国社会主义公有制的现实背景下，集体土地所有权的"功能"至少包括两项内容：一是由国家公权力主导的、由集体全体成员参与的对集体土地的公共管理功能；二是集体土地的经济利用功能。显然，第一项功能使集体土地所有权主要体现"公权力"的特点，而第二项功能则使其主要呈现"私权利"的面相。形成这一权利结构的根本原因是农村集体公有制的形成是国家公权力运作的结果，农地权利体系在形成之初就被打上了浓厚的意识形态和公权力的烙印，集体土地所有权从未离开国家权力的视野独立为一项完全的私权。诚如有学者指出的那样，集体公有制既不是一种"共有的、合作的私有产权"，也不是一种纯粹的国家所有权，它是由国家控制但由集体来承受其控制结果的一种农村社会主义制度安排。

因此，就权利性质而言，集体土地所有权无法被私人所有权的概念所涵盖，其并不是纯粹私法意义上的所有权，而是一个具有二元结构的权利，既包含公共管理性质的公权力，又包含财产权性质的私权利。这两个层面的权利在集体土地所有权内部此消彼长，相互抗衡。

三、土地承包权的性质及其与土地承包经营权的关系

　　按照用益物权的一般生成逻辑，用益物权是由所有权人在其所有物之上设定的由他人对其所有物予以占有、使用、收益的定限物权。但是，由集体土地所有权包含的公权力所决定，尽管我国物权法下的土地承包经营权被定性为用益物权，集体土地所有权之上设立土地承包经营权的过程不可能完全按照私人所有权之上设立用益物权的逻辑进行。具体而言，我国物权法下的土地承包经营权并不是一个纯粹私法上的用益物权，其用益物权权能被严格限制。这些限制正是集体土地所有权包含的公共管理功能作用的结果，反过来说，也就是土地承包经营权接受集体土地所有权管理的结果。土地承包经营权接受管理导致的一个结果，呈现在土地承包经营权的权利内容上就是土地承包经营权包含了集体成员身份属性的土地承包权，正是由于土地承包权的胶着，土地承包经营权的用益物权权能无法被自由的行使。集体土地所有权的公私二元权利结构最终使土地承包经营权内部权能相互之间也出现了抗衡对峙、相互牵扯的局面。

　　通过审视整部《中华人民共和国农村土地承包法》（以下简称《农村土地承包法》），我们也不难看出，土地承包经营权既包含成员身份属性、承包土地的权利（权能），也包含一般用益物权的占有、使用、收益权能。例如，该法第三十三条规定，在同等条件下，本集体成员对流转的土地承包经营权享有优先权。法律规定这种优先权必然导致土地承包经营权的流转主要发生在本集体内部，体现了土地承包经营权的公共管理功能和成员身份属性。该法第三十七条规定，通过转让方式流转土地承包经营权的，应当经作为发包方的农村集体同意。所谓的"发包方同意"即是农村集体对本集体所有的土地予以管理，反映了集体土地所有权包含的公共管理功能。该法第四十一条规定，承包农户转让土地承包经营权必须以其有稳定的非农职业或者有稳定的经济来源为前提，显然这是考虑到土地承包经营权的转让将导致土地承包经营权的灭失，也即意味着根据集体成员身份而享有的基本生活保障的丧失，农村集体为避免发生这种事情故对土地承包经营权进行管理，提前设置转让限制。总之，法律对土地承包经营权流转设置诸多或隐或显的障碍，实际上均反映了农村集体将土地承包经营权固定在本集体内部进行保护的愿望，深刻体现了土地承包经营权包含公共管

理功能和成员身份属性。此外，《中华人民共和国农村土地承包法修正案（草案）》（一次审议稿）第六条设定，"以家庭承包方式取得的土地承包经营权在流转中分为土地承包权和土地经营权。土地承包权是指农村集体成员依法享有的承包土地的权利。"《中华人民共和国农村土地承包法修正案（草案）》（二次审议稿）第九条设定，"农村集体成员承包土地后，享有土地承包经营权，可以自己经营，也可以保留土地承包权，流转其承包地的土地经营权，由他人经营。"从这两次审议稿可以看出立法者一贯认为并且依旧承认土地承包经营权包含土地承包权，因为"分出""保留"以"包含""拥有"为前提。因此，无论从我国社会主义公有制的制度现实分析，还是从立法者一贯的立法思路来看，土地承包经营权始终是包含土地承包权的，土地承包经营权不仅具有一般民法概念下用益物权的占有、使用、收益权能，也具有承包土地的权能（土地承包权），并且这两方面的权能浑然一体，一同构成土地承包经营权权能内容。只是，由于这两方面权能在土地承包经营权内部抗衡对峙，相互牵扯，使得土地承包经营权无法呈现为权能完备、外观完整的用益物权。

"成员权说"认为土地承包权不包含于土地承包经营权，而是一个独立的权利，属于集体成员权的概念范畴，是土地承包经营权据以取得的基础权利，只有当集体成员组成的农户凭借土地承包权向本集体请求发包，集体同意发包之后，农户才最终获得了土地承包经营权，成为土地承包经营权人。这种分析并不符合我国农村社会生活实际。因为基于集体土地所有权的公共管理功能，无论农村集体成员是否请求发包，农村集体都会主动地、无条件地、公平地分配土地，赋予本集体成员土地承包经营权。"成员权说"还认为土地承包权只是一种可期待利益，并不当然转化为现实利益，也就是说土地承包权人最终是否取得土地承包经营权不是一定的。但实际上，集体成员身份的出现必然导致土地承包经营权的取得，这种取得是自动的、当然的、无偿的，并不存在拥有集体成员身份却没有取得土地承包经营权的情况。此外，"成员权说"认为从土地承包经营权的权利主体来看，实践中的土地承包经营权人，既有本集体成员，也有是本集体成员之外的农业企业和农业合作社等，所以土地承包经营权不应包含成员身份属性。这种说法也值得商榷。因为就权利的原始取得而言，土地承包经营权的原始取得主体只能是具有集体成员身份的农户，土地承包经营权因为流转而发生权利主体的变动并不能说明其不具有成员身份属性。

总之，将土地承包权包含于土地承包经营权是立法者一贯的立法思路，这一思路根源于我国农村社会主义公有制，根源于由公有制决定的集体土地所有权地二元权利结构。"成员权说"怀有将集体土地所有权当成私人所有权来看待的浪漫情怀，其试图按照私人所有权之上设立用益物权的思路来完善土地承包经营权的处分权能是不可行的。

四、用益物权的生成逻辑与土地经营权的性质

（一）用益物权的生成逻辑

"物权说"能够认识到土地承包经营权具有成员身份属性，符合我国农村社会生活实际和立法者一贯的立法思路。但是，"物权说"认为"三权分置"下的土地承包权是土地承包经营权分离出土地经营权后剩余的权利状态，这种观点颇值商榷。这种观点将土地承包权和土地经营权看成是土地承包经营权"权能分离"的结果，没有合理解释用益物权的生成逻辑，也没有正确认识土地承包权和土地经营权的性质，成为反对"三权分置"理论的学者发难的焦点。

关于用益物权的生成逻辑，有诸多学者认为是由于所有权"权能分离"。具体说来，这些学者认为，一项权利一般由多项权能组成，这些权能可以聚合在权利内部，也可以从权利中分离出，并且分离出的权能又能够聚合成新的权利，当所有权的部分权能从所有权分离出去又归于一处进行聚合之后可以形成定限物权。这种观点很有市场但有欠妥当。其一，某项权利包含的权能是这项权利呈现于外的形式，是权利主体在外部世界实施某种或多种行为的可能性，权利主体依其意志实施的某种或多种行为就是该项权利包含的权能。权能作为主体实施具体行为的可能性，在静态上归隐潜伏于权利内部，在动态上则表现为权利主体于外界实施某种具体行为。因此，不存在没有权能的权利，也不存在离开权利的权能，将权能分离再归聚不是权利产生的方式。其二，就所有权的属性而言，一般认为所有权具有整体性。例如，王泽鉴先生指出，基于所有权的整体性，所有权并非占有、使用、收益、处分等权能在量上的总合，而是一个浑然一体的权利，它无法在内容或时间上进行分割。在所有权之上设立用益物权，不是让与所有权的某一部分权能，而是设立一个新的、独立的权利。谢在全

先生也指出，所有权之上设立用益物权后，所有权仍然具有整体性，其权能并未就此分离，只不过其权能的行使在所设立的用益物权权能范围内被限制，一旦用益物权消灭，所有权就回复到当初的完满状态。因此，所有权与所有权所包含的权能是不能分离的，也是无法分离的。如果认为用益物权的权能是由所有权分离出的，就是否认用益物权具有独立的权能，即否认了用益物权是一项独立的物权，这不符合物的一般理论。因此，"权能分离"理论无法正确阐释用益物权的生成逻辑。

如果用益物权不是所有权"权能分离"的结果，那么它是如何生成的？由于用益物权一般由所有权人设立在所有物之上，我们的分析可以回溯到所有权。所有权是所有权人对其所有物的完全的、绝对的支配权。所有权人对其所有物的支配行使一般有两种情形：一种是由所有权人自己行使所有权。这种情形包括所有权人积极地行使所有权，如居住其所有的房屋，使用其所有的车辆；也包括所有权人消极地行使所有权，即不行使所有权，如将其所有的房屋或车辆闲置。另一种是由非所有权人行使所有权，也即由所有权人之外的其他人行使所有权。所有权人在所有物之上设立用益物权就是非所有权人行使所有权的一种方式，是所有权人为更好地发挥所有权的作用而使非所有人行使所有权。所有权的第二种行使方式会产生两种法律上的后果：一是创设用益物权，使非所有权人行使所有权的占有、使用和收益权能；二是本属所有权的占有、使用、收益权能被限制，用益物权人在所有权被限制的权能范围内行使所有权的权能。总而言之，用益物权不是所有权权能分离的结果，而是所有权人授权用益物权人行使所有权权能的一种方式，是对所有权的一种限制。我国现行物权法下的用益物权类型均对此有所体现。例如，在设立土地承包经营权的场合，农村集体土地所有权人（发包人）与集体成员（承包户）签订承包合同，由承包户对承包地（集体土地）予以占有、使用和收益，发包人对承包地的占有、使用和收益权能被限制；在设立建设用地使用权的场合（以国有建设用地使用权为例），国家以国有土地所有权人的身份将土地出让或者划拨给土地使用人，由土地使用人对国有土地予以占有、使用和收益，国家对国有土地的占有、使用和收益权能被限制；在宅基地使用权设立的场合，由集体成员（农户）对宅基地（集体土地）予以占有、使用和收益，集体对宅基地（集体土地）的占有、使用、收益权能被限制。地役权的设立具有一定的特殊性，但依然是非所有权人行使所有权的一种方式。地役权的设立有两种情形：一种是供役地所有权人为他人在其所有的土地上设立地役权，另一种是供役地使用权人（即土地承包经营权人、建设用地使用权人、宅基地使用权人等）为他人在其使用的土地上设立地役权。第一种情形自不待言；第二种情形，以土地承包经营权为例，在土地承包经营权人为他人在其承包的土地上设立地役权的场合，土地承包经营权人对自己的土地承包经营权进行处分，将本由自己行使的承包土地的所有权的使用权能交由他人行使，使他人行使承包土地的所有权的使用权能。① 此时，集体土地所有权的使用权能落脚于地役权，土地承包经营权人行使集体土地所有权使用权能的权利被限制，地役权人由此获得了得同时对抗集体土地所有权人和土地承包经营权人而优先行使集体土地所有权使用权能的权利。

（二）土地经营权的性质

循设立地役权的逻辑，土地承包经营权人当然可以对自己的土地承包经营权进行处分，为他人设立一个"土地经营权"，由他人行使土地承包经营权，将本由自己行使的集体土地所有权的占有、使用、收益权能交由他人行使。基于物权法定原则，法律所要做的就是承认这个"土地经营权"为用益物权。法律之所以应当承认土地经营权的用益物权性质，主要有以下几点原因：首先，从政治的角度来看，从中央及相关部门先后发布的政策文本及其后采取的一系列落实措施看来，在法律上将"三权分置"下的土地经营权定性为用益物权应该是基本的改革方向；其次，当前农村承包地主要以转包、出租进行的债权型流转，由此形成的债权性土地经营权法律效力相对较弱，不适合进行长期稳定的经营投资，也不能通过抵押等方式进行担保融资，很大程度上制约了扩大再生产。从最大程度优化土地经营权人的法律地位、将土地经营权作为更有效的融资手段等方面考虑，把土地经营权定位为用益物权也是必要的。此外，从中央政策文本"可转让、可抵押"，并应纳入"登记"的要求出发，这个"土地经营权"也应该是一项物权。

对于将土地经营权设计为用益物权的观点，有学者认为，根据一物一

---

① 土地承包经营权人之所以能使集体土地所有权的权能由地役权人分享，是因为土地承包经营权设立时法律已将处分权直接授予土地承包经营权人了。崔建远. 母权——子权理论的结构及其价值 [J]. 河南财经政法大学学报，2012（2）：17.

权原则，同一物上不能并存两个以上内容相近的用益物权，对用益物权之上再设性质相近用益物权的安排是人为地将法律性质复杂化。但事实上，一物一权原则仅指一独立物之上只能而且必须设定一项所有权，一物一权原则所要解决的只是权利冲突问题，同一物之上设立多项物权只要不发生权利冲突就不违背一物一权原则。在不发生权利冲突的情况下，多个用益物权可以并存于同一宗土地上，我国现行物权法下土地使用权人为他人设立地役权即是直接的例证。此外，我国台湾地区"民法"将典权规定为一种用益物权，还允许典权人在典期内将典物转典，甚至允许再转典甚至三转典，这样同一典物上就会并存两个以上典权。因此，只要通过妥适的法律安排，同一宗承包地上是可以并存同为用益物权性质的土地经营权和土地承包经营权的。

有学者为规避一物一权原则的诘难，将在土地承包经营权之上设立的土地经营权看成是以土地承包经营权为客体的"权利用益物权"，这一思路实际上没有正确理解一物一权原则的内涵，也没有正确认识用益物权的性质。如同土地承包经营权是非土地所有权人行使土地所有权的一种方式，土地承包经营权人为他人设立土地经营权是将土地承包经营权交由他人行使，也就是将土地承包经营权行使的土地所有权对土地的占有、使用、收益权能交由他人行使。① 尽管土地经营权是设立在土地承包经营权之上的用益物权，但其行使的依旧是集体土地所有权的权能，其客体依旧是集体土地。无论是集体土地所有权，还是设立在集体土地所有权之上的土地承包经营权，抑或是设立在土地承包经营权之上的土地经营权，它们权能作用的客体都是集体土地，在"之上"的权利限制"之下"的权利的情况下，尽管三者矗立于同一宗承包土地，但相互之间不会发生权利冲突，也就不违反一物一权原则。

五、结论

现行物权法下的土地承包经营权既包含成员身份属性的土地承包权，也具有一般用益物权的占有、使用、收益权能，未来立法应当将土地经营

---

① 土地承包经营权人之所以能使集体土地所有权的权能由土地经营权人分享，是因为土地承包经营权设立时法律已经将处分权直接授予土地承包经营权人了。崔建远. 民法分则物权编立法研究 [J]. 中国法学，2017（2）：55.

权设计为设立在土地承包经营权之上的用益物权。在土地承包经营权之上未设立土地经营权的情形，土地承包权隐藏在土地承包经营权内部，土地承包经营权的占有、使用、收益权能彰显于外，主要地代表着土地承包经营权，使土地承包经营权基本呈现用益物权的外观，这是集体土地所有权——土地承包经营权的"两权分离"权利结构。在土地承包经营权之上设立了土地经营权的情形，由用益物权的性质所决定，土地经营权权能的实现以土地承包经营权的权能在一定程度上被限制为前提，土地经营权人得行使对土地的占有、使用、收益权能，这个时候土地承包权从内隐到外现，主要地支撑起土地承包经营权，使土地承包经营权仅呈现为土地承包权，形成集体土地所有权——土地承包经营权（土地承包权）——土地经营权的"三权分置"权利结构。《中华人民共和国农村土地承包法修正案（草案）》（一次审议稿）第六条"以家庭承包方式取得的土地承包经营权在流转中分为土地承包权和土地经营权"的表述以及《中华人民共和国农村土地承包法修正案（草案）》（二次审议稿）第九条"农村集体经济组织成员承包土地后，享有土地承包经营权，可以自己经营，也可以保留土地承包权，流转其承包地的土地经营权，由他人经营"的表述容易使人误以为土地承包权和土地经营权是土地承包经营权"权能分离"的结果，建议将其修改为"农村集体成员承包土地后，享有土地承包经营权，可以自己经营，也可以设立土地经营权，由他人经营"。

参考文献

[1] 张旭鹏，卢新海，韩璟. 农地"三权分置"改革的制度背景、政策解读、理论争鸣和体系构建：一个文献评述 [J]. 中国土地科学，2017（8）：92.

[2] 李国强. 论农地流转中"三权分置"的法律关系 [J]. 法律科学（西北政法大学学报），2015（6）：184.

[3] 蔡立东，姜楠. 农地三权分置的法实现 [J]. 中国社会科学，2017（5）：115-116.

[4] 方婷婷，吴次芳，周翼虎. 农村土地"三权分置"的法律制度构造 [J]. 农村经济，2017（10）：32-33.

[5] 陈胜祥. 农地"三权"分置的路径选择 [J]. 中国土地科学，2017（2）：25-28.

［6］吴义龙．"三权分置"论的法律逻辑、政策阐释及制度替代［J］．法学家，2016（4）：38－41.

［7］谢在全．民法物权论（上册）［M］．北京：中国政法大学出版社，2011：108.

［8］崔建远．物权法［M］．北京：中国人民大学出版社，2011：164.

［9］韩松．农民集体土地所有权的权能［J］．法学研究，2014（6）：64.

［10］陈晓敏．论大陆法上的集体所有权［J］．法商研究，2014（1）：131.

［11］韩松．论成员集体与集体成员——集体所有权的主体［J］．法学，2005（8）：43.

［12］韩松．论集体所有权与集体所有制实现的经营形式［J］．甘肃政法学院学报，2006（1）：31.

［13］韩松．坚持农村土地集体所有权［J］．法学家，2014（2）：37.

［14］周其仁．产权与制度变迁［M］．北京：社会科学文献出版社，2002：6.

［15］马俊驹，丁晓强．农村集体土地所有权的分解与保留——论农地"三权分置"的法律结构［J］．法律科学，2017（3）：144.

［16］丁文．论土地承包权与土地承包经营权的分离［J］．中国法学，2015（3）：161－162.

［17］崔建远．物权法［M］．北京：中国人民大学出版社，2011：260.

［18］朱继胜．论"三权分置"下的土地承包权［J］．河北法学，2016（3）：40.

［19］单平基．"三权分置"理论反思与土地承包经营权困境的解决路径［J］．法学，2016（9）：56.

［20］韩松．论农民集体土地所有权的管理权能［J］．中国法学，2016（2）：124.

［21］房绍坤．用益物权与所有权关系辨析［J］．法学论坛，2013（4）：25.

［22］王泽鉴．民法物权［M］．北京：北京大学出版社，2010：110.

［23］谢在全．民法物权论［M］．北京：中国政法大学出版社，2011：110.

［24］房绍坤．用益物权基本问题研究［M］．北京：北京大学出版

社，2006：44.

　　［25］房绍坤．用益物权与所有权关系辨析［J］．法学论坛，2013（4）：25.

　　［26］房绍坤．民法典物权编用益物权的立法建议［J］．清华法学，2018（2）：66.

　　［27］耿卓．农地三权分置改革中土地经营权的法理反思与制度回应［J］．法学家，2017（5）：14.

　　［28］崔建远．民法分则物权编立法研究［J］．中国法学，2017（2）：54.

　　［29］孙宪忠．《中华人民共和国农村土地承包法修正案（草案）》修改建议［EB/OL］．http：//ex. cssn. cn/fx/201803/t20180309_3870806. shtml.

　　［30］陈小君．我国农村土地法律制度变革的思路与框架［J］．法学研究，2014（4）：11 – 12.

　　［31］尹田．论一物一权原则及其与"双重所有权"的理论冲突［J］．中国法学，2002（3）：73.

　　［32］房绍坤．民法典物权编用益物权的立法建议［J］．清华法学，2018（2）：66.

　　［33］刘保玉．论物权之间的相斥和相容关系［J］．法学论坛，2001（2）：66.

　　［34］蔡立东，姜楠．承包权与经营权分置的法构造［J］．法学研究，2015（3）：35 – 36.

非物质文化遗产视阈下的乡村振兴

——以乡村旅游发展为例

▶ 马　勇

西藏民族大学

一、乡村振兴战略

（一）乡村

中国是传统的农业文明国家，农业种植在中国已经有几千年的发展历史，也可以说中国社会本就是乡土社会。现代社会中，中国农业、农村、农民依然占有一定的比重及比例。近年来，随着工业化、城镇化进程的加速，农村、农业的发展受到了一定程度的冲击及"制约"。最为明显的就是随着越来越多的农村人"背井离乡"选择到大城市及城镇工作、生活，农村人口越来越少，乡村或者说自然村，在近年来数量较少以及消亡的速度在激增。除此之外，农村青壮年人口也在大量的"消失"，在中国的农村"留守儿童""留守妇女""留守老人"数量在不断递增。乡村数量、面积的缩小，以及乡村大量劳动力的"丧失"，必然导致乡村农业的减产以及衰落。乡村经济的不景气，迫使更多的民众离开乡村，到大城市寻找更好的工作，谋取更好的经济收入。乡村人口以及人才的大量流失，更使得乡村农业、经济更加不景气，这就使得乡村的发展进一步陷入了恶性循环中。城乡差距或者城乡两元结构，近年来虽然有减弱的趋势，但依然存在，且制约着乡村的进一步发展。农村基础设施以及保障制度的不完善，使得很多的乡村民众离开乡村，到大城市去追求更加美好的生活。从整体上来看，中国的乡村发展处于衰落阶段。

村落是中国社会经济、政治、文化的发展产物。中国自给自足的封建小农经济贯彻了整个封建社会的发展过程中，正是小农经济促成了村落的形成与发展。传统中国社会的基本元素就是村落，正是由千千万万个这样的村落而"构成"了今天中国的社会基础结构。中国历史上的城市虽然在工商业发展到一定的程度上兴起来的，但是，这与农业发展有着密切的关系。只有在农业发展到一定程度，有了充分的剩余产品，之后才兴起物物交换，逐渐发展成为商品交易，乃至商业才产生。可以说，中国的农村、农业，就是中国经济、社会发展的根本。然而，乡村及乡村文化在现今发展过程中，都面临着现代社会以及现代文化的冲击，正是基于这样的现状以及乡村在中华民族历史发展中的重要作用，党和国家提出了乡村振兴的发展战略。

（二）乡村振兴

实施乡村振兴战略，是在党的十九大报告中，在贯彻新发展理念，建设现代化经济体系中提出的具有时代气息的战略之一。实施乡村振兴，是党和国家对"三农"问题关心、关注的延续，基于发展农业、农村，推进农业、农村的现代化。乡村振兴不能仅仅局限于乡村的经济物质层面，还应扩展到文化层面。乡村振兴战略，必须以维护广大民众的根本利益为出发点。社会主义新时期，我们国家的社会主要矛盾已经由人民日益增长的物质文化需要同落后的社会生产之间的矛盾，转化为人民日益增长的美好生活需要和不平衡不充分的发展之间的矛盾。目前，中国发展存在着严重的城乡差距以及区域发展差异，乡村作为中国社会中的重要组成部分，以及发展相对滞后的部分，中国社会的发展必然离不开乡村的发展，只有乡村的振兴发展，中国的发展才能够取得全面、充分、平衡的发展。

在《中共中央、国务院关于实施乡村振兴战略的意见》第五点，繁荣兴盛农村文化，焕发乡风文明新气象中的第二条——传承发展提升农村优秀传统文化中有这样的内容："划定乡村建设的历史文化保护线，保护好文物古迹、传统村落、民族村寨、传统建筑、农业遗迹、灌溉工程遗产。支持农村地区优秀戏曲曲艺、少数民族文化、民间文化等传承发展"。这体现了在乡村振兴中，传统文化的地位及体现。在中国有数以万计之上的乡村，而传统村落作为中国乡村中具有特色文化的典型、代表性村落。以发展传统村落为先导，然后推广到全国的广大乡村地区是目前推行乡村振兴战略的路径之一。"传统村落复兴的核心就是文化的传承与保护，而互联网技术奖为传统村落文化传承与保护带来巨大的变革"。① 意识对物质具有一定的反作用，要充分利用好传统文化在解决"三农"问题工作中的积极作用，充分发挥文化的积极作用，让乡村文化助力乡村的振兴发展。"乡村文化的兴衰与乡村的发展紧密相随，在充分审视历史经验和认清现实情境的基础上，对乡村文化进行深度挖掘，可以为乡村振兴提供坚实的文化基础，也为缩小城乡差距、促进城乡融合创造有利条件。"② 乡村振兴必须要做到文化先行，文化不仅能够发挥其经济价值的作用，更能够改变乡村民众的思想观念，只要从思想观念方面改变民众对乡村的认识，才能够真正从内心深处接受乡村振兴战略，做到全力配合。

二、"乡村非物质文化遗产"

（一）村落文化

村落文化是物质与非物质相结合的文化，既有形又务实，不光指传统的建筑，还应包含这里的生活习俗、民风民俗以及民众创造的民间音乐、民间舞蹈、曲艺等非物质文化遗产。村落是基础、载体，文化是内容、内涵。"在文化因素多样的传统村落中，文化结构是一个很值得重视的方面，它是一个村寨文化特质的体现。"③ 传统村落如果没有丰富的文化底蕴作为支撑，与文化遗迹或遗址就没有什么区别，传统村落所承载的文化才是其存在的核心和重点。"中国传统乡村聚落是孕育农耕文明的母体环境，也是对由农耕文明衍生出的文化、观念、习俗、生活方式与建房习惯从物质到精神层面完整的表达。"④ 中国传统乡村聚落是中华民族文化的孕育母体，也是文化的承载地。文化、习俗，必须依附于一定的物质载体，才能

---

① 余侃华等."互联网＋"引领的传统村落复兴路径探究——以陕西省礼泉县官厅村为例 [J]. 规划师，2017（4）.

② 赵淑清. 再造乡村文化，助力乡村振兴 [J]. 人民论坛，2018（5）.

③ 孙华. 传统村落保护规划与行动——中国乡村文化景观保护与利用刍议之三 [J]. 中国文化遗产，2015（6）.

④ 杨豪中，李媛，杨思然. 保护文化传承的新农村建设 [M]. 北京：中国建筑工业出版社，2015：57.

够在现实生活中具体展现出来。随着现代化的发展，乡村发展的逐渐衰落，其所承载的乡村文化也逐渐走向消亡。"青少年因为离开村里外出读书，与土地、与自然、与村落长期疏离，他们对因土而生的乡土文化缺乏他们父辈的难舍难分，对乡土文化的记忆是碎片式的、表象化的，缺乏他们的父辈对乡土文化的与生命相连的完整的集体记忆与生命体验，更不具备他们父辈对山水林地田园系统的地方性知识。他们很难也不可能从乡土文化与乡土社会、乡土文化与生态文明建设，乡土文化与绿色生活方式，乡土文化与城乡融合发展等高度去进行文化的判断。"① 青少年作为祖国的未来、民族的希望、社会主义事业的接班人，必须要做好中华民族传统文化的接力者。承载传统文化的村落都面临着生存危机，传统文化的生存现状必然不乐观。"当前受到保护的传统村落呈零星的点状形态，多数传统村落处于自然变迁之中；实践中尚没有出现有效的可以推广的传统村落保护方案，对传统村落的保护处于摸索阶段；政府已经开始着手对传统村落保护给予重视，但所采取的措施和政策显得较为粗疏。"② 这一方面与中国广阔的地域有关系，在中国 960 万平方公里的国土面积上，传统村落数量众多，分布相对不是太集中，国家和政府在传统村落的保护措施实施中存在一定的缺陷，在所难免。相对于传统村落来说，中国的乡村数量就更庞大了。而一般的自然村其相对于传统村落来说，其文化内涵也较相对要弱一些，故受到的重视程度也相对较弱，其衰落的步伐也很快。要遏制村落衰落的步伐及进程，必须要充分发挥村落文化在乡村发展中"提纲挈领"的作用。而在村落文化中，非物质文化遗产作为具有地域性、代表性、典型性的文化，相对于物质文化来说，更具有发展潜力及前途。

（二）非物质文化遗产

非物质文化遗产的概念诞生于 21 世纪之初，但是其内涵于 20 世纪中叶就开始萌生、发展了。最早起源于 1950 年日本政府颁布的《文化财保护法》，在《文化财保护法》中第一次提出了"无形文化财"的概念，指的是具有较高历史价值与艺术价值的传统戏剧、音乐、工艺技术及其他无形文化载体，而且，也把表演艺术家、工艺美术家等这些无形文化财的传

---

① 索晓霞. 乡村振兴战略下的乡土文化价值再认识 [J]. 贵州社会科学，2018 (1).

② 徐春成，万志琴. 传统村落保护基本思路论辩 [J]. 华中农业大学学报（社会科学版），2015 (6).

承人一并指定。经过对"无形文化财"概念、内涵的不断深化，"非物质文化遗产"的概念经过了一个不断演化的过程，例如，非物质遗产、口头与无形遗产、无形文化遗产、口传与非物质遗产、口述与无形遗产、口头和非物质遗产、非物质文化遗产。而在 2003 年联合国教科文组织颁布的《保护非物质文化遗产公约》中，正式对"非物质文化遗产"进行了规范化的概念定义，非物质文化遗产指："被各社区、群体，有时为个人，视为其文化遗产组成部分的各种社会实践、观念表述、表现形式、知识、技能及相关的工具、实物、手工艺和文化场所。"为了更好地把"非物质文化遗产"的概念与我们国家国情相结合，更好地适应我们国家的现状。在我们国家国务院 2005 年颁布的《关于加强我国非物质文化遗产保护工作的意见》的附件《国家级非物质文化遗产代表作申报评定暂行办法》中，是这样定义非物质文化遗产的："指各族人民世代相承的、与群众生活密切相关的各种传统文化表现形式（如民俗活动、表演艺术、传统知识和技能，以及与之相关的器具、实物、手工制品等）和文化空间。"由于我们国家是多民族统一的国家，非物质文化遗产的创造主体必然包括各族人民。在中国，乡村作为广大人民群众生产、生活的场所，也是非物质文化遗产创造及传承、发展的最广阔的场域之一。

非物质文化遗产具有独特性、活态性、地域性、民族性、社会性等特征。非物质文化遗产的独特性是指，其是在特定的区域之内，由某一民族或者群体，结合其地域的自然生态环境、人文历史创造的文化。中国"山河相间"的地形造成了乡村"支离破碎"的分布局面，而这样的乡村格局也形成了"十里不同风，百里不同俗"的民俗文化及非物质文化遗产。"非物质文化遗产承载着丰富的、独特的民族记忆，而记忆却又是容易被忽视和遗忘的，极容易在不知不觉中消失。因而，保护非物质文化遗产也就是保护了独特的文化基因、文化传统和民族记忆。"[①] 非物质文化遗产的活态性取决于非物质文化遗产的概念内涵，因为非物质文化遗产的传承方式主要以口传心授为主，其主要承载物（者）也以传承人及传承群体为主，同时其呈现形式也主要以民间文学、音乐、舞蹈、戏剧、曲艺、传统体育游艺等活态性的表演艺术形式展现出来。非物质文化遗产的地域性，是因为"十里不同风，百里不同俗"，一定的文化，非物质文化遗产必然

① 王文章. 非物质文化遗产概论（修订版）[M]. 北京：教育科学出版社，2013：53.

产生于一定的地域之内，与该特定地域之内的自然地理环境、人文历史、生产方式、生活习惯息息相关。非物质文化遗产的民族性，是因为任何非物质文化遗产的创造必然是由人类的生产、生活方式所产生的，而由于各民族所处的地理环境不同，每一民族所创造的文化，就会深深地打上各民族的烙印。非物质文化遗产是人类社会实践活动的产物，必然与当时社会所处的环境、文化存在着千丝万缕的联系。非物质文化遗产具有丰富的文化、精神、历史、经济、社会等价值。非物质文化遗产本身作为文化的一种具体表现形式，其就具有丰富的文化价值。非物质文化遗产承载着丰富的民族精神，这些民族精神是以非物质文化遗产为载体承载传承下来的。非物质文化遗产是特定历史时期的产物，其必然反映着特定历史时期的经济发展水平、政治格局、社会发展状况等。因为非物质文化遗产具有文化、精神、历史、经济以上的价值，使其必然有了社会价值。存在于乡村的非物质文化遗产，在民众的生活中实用性极强，不仅解决了乡民的生产、生活问题，也丰富了乡村的休闲娱乐活动。

传统村落作为非物质文化遗产中的"文化空间"类非遗项目，以及中国村落的典型代表，在其中有数量众多，"质量"极好的非物质文化遗产项目存在。对中国乡村或者传统村落非物质文化遗产的保护及开发，不仅是非物质文化遗产保护工作，同时也有助于改善农村的整体面貌，以及提高农民的生活水平。"非遗的保护传承、产业发展、旅游体验，还有线上掌上宣传，都能大力助推乡村振兴，但除此之外，非遗还有一个重要功能，或者说最本质的特点，是为乡村振兴提供思想保证、舆论支持、精神动力、文化条件。"[①] 要想让农民的口袋富裕起来，必然要先充实起农民的脑袋来。非物质文化遗产可以为传统村落的发展与振兴，提供文化底蕴，扩充其内涵。非物质文化遗产的生产性保护，主要指商品化以及产业化，而非物质文化遗产的商品化及产业化正好与现代社会中发展"势头"正旺的旅游相契合。

三、非遗视阈下的乡村旅游

非物质文化遗产中的民间舞蹈、民间音乐、传统戏剧、曲艺等表演类

---

① 王淼. 实施乡村振兴战略，非遗该做什么 [N]. 中国文化报，2018 - 4 - 16.

项目，可以在经过彩排、练习之后，登上"乡村大舞台"，为村落以及乡民创造一定的经济收入。同样地，非物质文化遗产中的传统手工技艺，可以开发制作成精致小巧的文化旅游纪念品，出售给前来的旅游者。非物质文化遗产中的节庆、民俗活动，也可以参与到乡村文化旅游之中来。正所谓，振兴乡村，非遗先行。非物质文化遗产中的价值观念、伦理道德、情感表达、审美情趣等都能够为传统村落提供文化底蕴、内涵。把传统村落作为一个整体，打造成为一个"文化空间"，让村落中的各项文化事业以及自然生态得到整体性的发展。把当下流行的民族民俗乡村旅游项目引入到乡村中，充分利用乡村山清水秀的自然环境，以及特色醇厚的地域文化，为乡村的旅游经济发展助力。

（一）民俗生态理念"建构"旅游发展

"百里不同风，千里不同俗"这是地域辽阔及民族众多的中国最真实的写照之一，风俗之所以不同就是因为其在地理空间上跨越了一定的距离。"由于社会发展的不平衡，各地区必定在政治、经济、文化上有所差异，这些差异也必然对他们的思想、行为、生活习惯产生一定的影响，而民众的生活理念，他们奉为人生哲学的固有模式，也会对政治经济政策的制定，主流文化的导向有所左右。"① 而在这些影响民众思想、行为、生活习惯形成的因素中，自然环境因素是最基本的因素之一。不同的自然地域环境，使人们选择了不同的生产、生活方式，而不同的生产生活方式又衍生了各具特色的风俗。在非物质文化遗产中的生态习俗及理念主要集中在民俗信仰中，而现今随着科学技术及经济的发展，民俗信仰文化也只是在中国的农村中相对保存下来了。"原始社会的人们没有现代人那么强烈的优越感，他们甚至无法将自己与自然万物区分开来，以为自然与人类一样具有灵性。要想生活下去，一方面人类不得不想方设法去征服自然，另一方面在征服自然感觉无望之时，人类又不得不取媚自然，自然崇拜及其相关仪式就这样产生了，需要说明的是，人们崇拜的自然神并不是自然的本身，而是自然物后面那个隐藏着的精灵。"② 中国社会的自然崇拜虽然存在一定的迷信色彩，但是其在保护生态环境的功用方面具有一定的积极作

---

① 叶春生. 区域民俗学 ［M］. 哈尔滨：黑龙江人民出版社，2004：1－2.
② 苑利，顾军. 非物质文化遗产学 ［M］. 北京：高等教育出版社，2009：190.

用。"因此，生计方式是特定的文化事实，而文化不只是一种传承，它还是一种生存方案，也是一套生存机制，更是指导人类生存延续发展的一套人为信息体系。在这一信息体系的指导下，在应对其特定的自然与社会环境中产生（创造）出不同的文化事实来。"① 乡村中民众的生计方式之间的联系主要体现在两方面：一方面，乡村非物质文化遗产中的伦理观念、思想价值等对乡村民众的生计方式具有一定制约或促进的作用或影响；另一方面，乡村非物质文化遗产中的传统手工技艺、民间音乐、民间舞蹈、传统戏剧、曲艺、节庆民俗活动等为乡村民众直接或者间接性的经济收入，甚至形成产业，改变着乡村民众的生计方式。

更多的民众选择乡村作为其旅游目的地，其也与乡村美丽的景色以及生态环境有关。乡村作为非物质文化遗产的"文化空间"而存在，对乡村的生态环境保护，不仅是维护非物质文化遗产赖以生存、发展的空间，也是提高乡村旅游地的建设。中国的农民是与自然最"亲近"的人群之一，其在生产、生活等实践过程中为了更好地维护其生存的空间，对其赖以生存的自然环境充满了崇敬以及感激之情，而这种崇敬、感激之情，主要以民俗文化、传统技艺等非物质文化遗产表现出来。

（二）表演艺术类非遗项目丰富旅游节目

在非物质文化遗产中有几类项目，都是通过唱腔、行为动作、台词语言等艺术形式展现出来，例如，民间说唱、传统戏剧、民间音乐、民间舞蹈、曲艺、传统体育竞技等。这几类非物质文化遗产都具有很强的艺术性以及欣赏性，不仅能够丰富旅游活动的内容，同时也能增加旅游活动的乐趣性，在乡村旅游中往往作为节目来吸引和招揽游客。

近年来，随着社会的发展，民众的生活压力越来越大，更多的人在休闲及假期的时间选择了远离大都市的乡村作为其旅游的目的地；同时，由于社会经济的发展，乡村的基础设施建设也不断得到完善，乡村承接城市的旅游人口也具有了一定的基础及能力。而在乡村旅游中，乡村的民间文化又为其旅游项目的开发增添了不少色彩。乡村旅游中受到广大城市群众所欢迎的项目之一就是"农家乐"，在众多的"农家乐"活动中，往往为

---

① 罗康智，罗康隆. 传统文化中的生计策略：以侗族为例案 [M]. 北京：民族出版社，2009：243.

了吸引人，都要加入当地的民间音乐、民间舞蹈、曲艺、戏剧表演等来"助兴"。非物质文化遗产中的表演艺术类项目，因为具有浓郁的地域性以及民族性，在乡村旅游节目中所占的比重越来越大。因为少数民族非物质文化遗产更具有民族特色以及独特性，故在中国的少数民族聚居地区乡村及村寨旅游，相对于汉族地区的乡村旅游更盛。表演艺术类非物质文化遗产具有一定的富集性，更有利于游客沉浸到当地乡村的民族民间文化中进行深入体验。

（三）传统技艺类非遗助力旅游活动

非物质文化遗产的生产性保护或者说经济价值开发是有目共睹的。"除了政府和社区的作用外，还必须发挥好市场机制在生态系统约束下的决定性作用。市场化、全球化势不可当，与其被动应付，不如主动适应。通过适当引入经济激励机制，让人们从生态保护中获得好处，最终才能实现生态保护、绿色发展和民生改善的'多赢'。现象地说，要学会给市场机制这只'看不见的手'装上一个绿色的'大拇指'，使之变得更加善于保护环境。"[①] 非物质文化遗产的保护与开发也同样应该贯彻这样的价值理念，在保护非物质文化遗产的本真性的前提之下，非物质文化遗产的开发还要注意与生态环境相适应。非物质文化遗产的生产性保护主要基于商品化和产业化两大方面。而非物质文化遗产的商品化，则主要指在传统手工技艺类的非物质文化遗产项目中，因为传统手工技艺其产品本就是商品，完全可以直接进入市场进行流通。

由于自然以及历史原因，我们国家的传统技艺更多的保留在广大的乡村地区中。乡村旅游的发展，同时也带动了民间传统手工技艺的发展；同样的，民间传统手工技艺也助力了乡村旅游业的发展，为乡村旅游发展带来了"实质性"的产品。民众在乡村旅游之后，普遍都要选择一定的旅游纪念品，乡村传统手工技艺工艺品，便成了其独一无二的选择。甚至在一些民族村寨，传统手工技艺不再是简单的参观以及购买了，非遗传承人让游客参与到手工技艺的制作中，让游客充分体验传统手工技艺制作过程中的"乐趣"，最后让游客把其亲手制作的手工艺品带走。

---

① 马洪波. 探索三江源生态保护与发展的新路径——UNDP—GEF 三江源生物多样性保护项目的启示 [J]. 青海社会科学, 2017 (1).

在非物质文化遗产视阈之下，以乡村旅游为契机探讨乡村振兴发展，不仅具有很强的实操性，同时也具有充足的现实依据，以及一定的科学性。在乡村发展旅游不仅可以促进乡村经济的发展，也能在很大程度上改善乡村的基础设施，改变乡村相对封闭落后的现状，更能够使乡村文化及乡村非物质文化遗产得到保护及开发。总之，在乡村以非物质文化遗产为基底，发展乡村旅游对乡村的振兴发展具有重要的作用及意义。但是，在发展乡村旅游的过程中，一定要坚持非物质文化遗产的原真性、整体性、可解读性以及可持续发展性，更不能以迎合旅游者及消费者的需求而肆意"篡改"非物质文化遗产。当然，在发展乡村旅游中，更不能进行简单的复制、粘贴，要找准每一个村落的特色，努力形成"一村一品"的特色。发展乡村旅游更加不能以牺牲乡村的自然生态环境为代价，生态环境是乡村的基础，也是发展乡村旅游的基底，正所谓"青山绿水就是金山银山"。乡村是一个整体，不管是发展乡村旅游，还是实行乡村振兴战略，都必须要让全民积极参与进来。

参考文献

［1］叶春生. 区域民俗学［M］. 哈尔滨：黑龙江人民出版社，2004.

［2］苑利，顾军. 非物质文化遗产学［M］. 北京：高等教育出版社，2009.

［3］罗康智，罗康隆. 传统文化中的生计策略：以侗族为例案［M］. 北京：民族出版社，2009.

［4］王文章. 非物质文化遗产概论（修订版）［M］. 北京：教育科学出版社，2013.

［5］杨豪中，李媛，杨思然. 保护文化传承的新农村建设［M］. 北京：中国建筑工业出版社，2015.

［6］孙华. 传统村落保护规划与行动——中国乡村文化景观保护与利用刍议之三［J］. 中国文化遗产，2015（6）.

［7］徐春成，万志琴. 传统村落保护基本思路论辩［J］. 华中农业大学学报（社会科学版），2015（6）.

［8］马洪波. 探索三江源生态保护与发展的新路径——UNDP—GEF三江源生物多样性保护项目的启示［J］. 青海社会科学，2017（1）.

［9］余侃华等. "互联网＋"引领的传统村落复兴路径探究——以陕

西省礼泉县官厅村为例 ［J］. 规划师，2017 （4）.

　　［10］索晓霞. 乡村振兴战略下的乡土文化价值再认识 ［J］. 贵州社会科学，2018 （1）.

　　［11］赵淑清. 再造乡村文化，助力乡村振兴 ［J］. 人民论坛，2018 （5）.

　　［12］王淼. 实施乡村振兴战略，非遗该做什么 ［N］. 中国文化报，2018 - 4 - 16.

农地确权改革对农村金融市场供需的影响

——基于甘肃试点县（区）调研

▶ 郑周胜

中国人民银行兰州中心支行

一、问题的提出

在 20 世纪 70 年代，中国在农村地区开始轰轰烈烈的家庭联产承包制改革，开启中国经济增长的奇迹。2013 年，党的十八届三中全会首次明确提出，赋予农民对承包地占有、使用、收益、流转及承包经营权抵押、担保权能。2014 年，中央"一号文件"提出，允许承包土地的经营权向金融机构抵押融资，稳步推进土地经营权抵押、担保试点。2015 年，甘肃省被列为农村土地确权登记颁证整省推进试点省份之一，6 个县（区）被列为农村承包土地的经营权抵押贷款试点地区。显然，在中央政策引导与地方农地抵押融资创新的背景下，厘清农地确权改革对农村金融市场供求的作用机理及影响，具有重要的理论与现实指导意义。

目前，学界越来越关注农地确权改革及其对金融市场影响等问题。许多研究表明，农地确权是通过产权证书形式明确农户对土地所拥有的权利，能够吸引金融机构对农户的信贷支持，并且能够降低贷款利率。Lopez（1997）通多对洪都拉斯土地确权研究，发现土地确权能够显著增加金融机构对农户的贷款，并且提升农地产出。张龙耀、王梦珺等（2015）对武汉、枣庄地区农地承包经营权抵押融资改革分析，得出农地确权改革促进农村信贷供给增加，提升经营规模较大的新兴经营主体信贷获取能力。刘俊杰、张龙耀（2015）选取湖北、江苏、吉林三省进行调查，研究得出试点地区农村产权制度改革已对农村金融市场产生一定影响，主要表现为农村金融机构供给增加、农业经营主体信贷获取能力提高以及融资成本降低，但是这种效应在不同地区存在明显差异。在当前我国农地产权制度下，金融机构对农地抵押的授信规模还受到农地经营规模、流转处置顺畅程度、农地抵押贷款的其他担保情况等因素影响。戴海国、黄慧春等（2015）认为，农地抵押贷款的授信条件明显优于同等条件其他贷款，尽管如此，农地抵押贷款的风险分担机制仍有待进一步完善，需要建立农地抵押贷款长效发展机制。杨奇才、谢璐等（2015）基于对四川农地抵押贷款案例分析，得出农地经营权抵押贷款面临的主要风险是经营风险、信用风险、担保风险，需要完善农地产权制度、健全经营权流转平台、形成复合型的抵押担保机制和风险补偿机制，从而降低农地经营权抵押贷款风险。

为深入了解农地确权对农村金融市场的影响，本文对甘肃省农地确权改革的 3 个试点县（区）开展现场调研，从农村金融市场中金融机构的农地抵押贷款供给与农户的农地抵押贷款需求两个角度，即信贷供给效应和信贷需求效应，分析农地确权改革对农村金融市场信贷供求的影响，并考虑农户个人财产、担保以及农村金融市场发展情况等因素，对农地抵押贷款供需影响。本文的创新之处体现在：第一，从农地抵押贷款供给与需求两个方面，全面检验当前农地确权对农村金融市场的影响，避免出现"顾此失彼"问题；第二，通过对甘肃试点地区调研，运用 Probit 模型对调研样本进行实证分析，评估农地确权改革对农村金融市场供给、需求的影响，从而填补现有文献研究不足；第三，立足甘肃省发展实际，有针对性提出推进农地确权改革、促进农村金融市场发展的政策建议，为甘肃省乃至全国推进新一轮的农村土地改革提供决策参考。

二、理论分析

（一）农地确权政策嬗变

改革开放以后，我国始终强化对农民土地承包经营权的保护，农地承包经营权政策大体经历三个阶段。

一是农地确权启动阶段（1980～1996年）。在这个阶段我国实行统分结合、双层经营的家庭联产承包责任制，农地按照人口分到各家各户，土地承包关系15年不变。此时，尽管集体与农户签订承包合同，但是承包合同标的、要约和承诺以及违约责任都比较模糊，合同随意性较大。此时，由于人口增减，农户占有土地数量不均衡，存在不公平之争。随着集体灌溉体系逐步解体，农户为了方便生产，对分散承包土地开展集中连片经营的呼声日盛。

二是农地确权颁证阶段（1997～2007年）。为调动农民农业生产积极性，国家开展新一轮土地延包政策，颁布了《关于进一步稳定和完善农村土地承包关系的通知》，要求乡镇一级政府向农户颁发土地承包经营权证书，并确定农民30年的土地使用权。该政策明确了土地发包和承包方的权利与义务、延长土地承包期限，强化农地使用权的排他性与政策稳定性，最大限度地保障农户利益的可预见性，为土地承包经营权流转奠定基础。

三是农地确权登记流转阶段（2008年至今）。2007年以来，国家先后出台文件提出，加强农村土地承包规范管理，全面落实承包地块、面积、合同、证书到户，扩大土地承包经营权登记试点范围。随着城市化快速发展，人地分离更加普遍，农地自发流不断发酵，农地适度规模化经营势在必行。2014年，国家颁布《关于引导农村土地经营权有序流转 发展农业适度规模经营的意见》，强调健全农地承包权登记制度，赋予农户对承包地占有、使用、收益、流转以及抵押担保权能。

改革开放至今，我国农地政策不断明确农民的承包经营权，赋予农户更多土地物权属性和财产权能的方向演进，化解农民在土地承包经营、流转过程中的各种忧虑。一是保障产权安全。当前农地确权登记颁证后，农民拥有确权证书，可以抵制村集体的土地调整。一旦出现任何纠纷，就可能通过法律途径解决争端，维护自身基本权益。二是降低农地流转成本。清晰产权能够有效节省农地空间面积确认、权属信息不明等问题，降低农地流转中的合约成本。三是提升土地价值。土地集约化经营是未来农业现代化建设的必然趋势，农地确权能够有效提升农地价值，在增加农户收入的同时，促进土地流转与集约化经营。

总而言之，农村土地确权颁证是农户的承包经营权得到更加清晰地确认，进一步稳定农户的利益预期，有助于促进农地承包经营权最大限度的利用，促进土地流转与抵押担保。这在客观上激活农村沉睡的生产要素，促进农村金融市场发展。

（二）农地确权改革对农村金融供需的影响机制

农地确权改革通过明确农村农地产权、构建农地产权交易市场以及农地抵押配套制度等途径对农村金融市场造成影响（具体见图1）。农地确权改革对农村金融市场的影响体现在供需两个方面，即信贷供给效应和信贷需求效应。

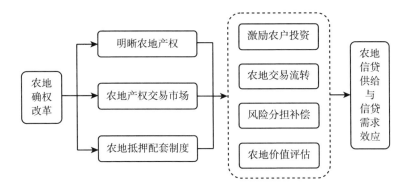

图1　农地确权改革对农村金融市场供需的影响机制

1. 农地产权明晰与农地信贷供需效应

制度经济学认为，产权明晰有助于降低交易成本，进而提升资源利用效率。农地确权改革对农地权属、农地地界与面积做了详细规定，有利于提升农村地权的稳定性，增强农地抵押的权能。地权稳定意味着未来投资收益的稳定，能够有效激励农户增大对土地投资力度，获取更多的投资回报。此外，农地确权为抵押品提供产权明晰的条件，为金融机构提供有效抵押品，降低金融机构信贷风险与成本，从而提高金融机构授信的积极性。因此，农地确权不仅提高农户的信贷需求，而且激励金融机构增加信贷供给。

2. 农村产权交易与农地信贷供需效应

在农地确权颁证之后，建立农村产权交易市场无疑促进农地承包经营权流转、出租，促进农村沉没要素转化为资本，缓解农户信贷需求的抵押约束，满足农户对农地长期投资的融资需求。不能忽略的是，农村产权交易市场具有信息汇集优势，缩短农户与金融机构之间信息收集、谈判与签约成本，提高农地抵押融资效率。此外，产权交易市场通过发布流转、拍卖、进价等方式，发布农地抵押处理信息，培育形成抵押品处置市场，降低金融机构处置农地抵押品成本，进而提升金融机构开展农地抵押贷款的积极性。2014年，陇西县建立全省首家农村土地流转交易市场服务大厅，开展农村产权交易信息发布、产权交易鉴证服务，为金融机构与农户、企业开展农地抵押贷款创造条件，有效促进农村资源整合利用。

3. 农地抵押配套制度和农地信贷供需效应

农地抵押配套制度主要包括农地价值评估、风险分担补偿、司法保障等方面，具体来说，农地价值评估化解农户和金融机构对农地经营权价值认定争议；风险分担补偿能降低金融机构的风险；司法保障能够为试点地区大胆创新、先行先试创造良好的司法环境。显然，农地抵押配套制度有利于保障农地抵押贷款供需双方利益，满足农户的农地抵押融资需求，降低或控制金融机构风险，促使农户的信贷需求转化为真实的贷款供给。

三、样本地区改革情况与模型选择

（一）样本地区改革情况

2018年7月，课题组到武威凉州区、定西陇西县、陇南西和县进行调研，并入户开展问卷调查。对三个试点县（区）发放300份问卷，回收合格问卷284份。这次调查内容涉及农户家庭特征、生产经营活动、土地流转以及金融参与情况。凉州区、陇西县和西和县三地农地改革情况，具体如下。

1. 武威凉州区农地确权改革

2015年12月，凉州区被确定为全省农村土地承包经营权抵押贷款试点县区之一。2016年6月，农地抵押贷款试点工作全面启动，有序推进，创新推出了"农地抵押＋联保""农地抵押＋其他产权组合担保""农地抵押＋地上附着物"等贷款模式。截至2017年末，已累计发放农地抵押贷款6413户6.74亿元，贷款规模在全国试点县区中名列前茅。

2. 定西陇西县农地确权改革

2014 年，陇西县在两个村开展小范围农地确权试点，然后在全县范围启动土地确权登记颁证工作，颁证率达 94.2%。2015 年，陇西县被确定为全国"两权"抵押贷款试点县，推动建立"两权"抵押贷款试点工作推进机制，加强贷款模式创新，同时成立农村产权交易市场，全面开展土地流转备案登记、权证办理和抵押登记。截至 2018 年 6 月末，全县累计办理农村承包土地的经营权抵押贷款登记 44 笔 9544 万元，累计发放贷款 22 笔 8273 万元。

3. 陇南西和县农地确权改革

2015 年，西和县全面开展农地确权登记颁证工作，目前 77 万亩耕地已全部完成土地承包经营权确权，土地经营权颁证 95%。建立了全覆盖的农村产权交易平台，覆盖全县 20 个乡镇及所辖村，同时设立了 200 万元的农地抵押补偿基金，对农地抵押贷款中出现的不良给予风险分担。截至 2018 年 5 月末，西和县流转土地 20 万亩，累计发放农地抵押贷款 499 笔、2.26 亿元。

（二）模型选择

本文实证分析农地确权改革对金融机构信贷供给、农户信贷需求的影响，首先选取农地信贷供给与信贷需求作为被解释变量 Y，选择农地确权、农地流转作为反映农地产权制度改革的核心解释变量，再选取农户与家庭信息等，具体变量统计性描述见表 1。本文拟采取 Probit 模型估计变量对农地确权信贷供需的影响，模型基本形式如下：

$$Pr(Y=1 \mid X) = \Phi(\beta_0 + \beta_1 reform + \beta_2 Z) \tag{1}$$

其中，$Pr(Y=1 \mid X)$ 是农户获得信贷供给、具有信贷需求的概率，X 是一组关于农地确权改革的解释变量，Z 是一系列控制变量。

表 1　　　　　　　　　　变量的描述性统计

变量	变量说明	均值	最大值	最小值
信贷供给	农户获得信贷供给：有 =1；否 =0	0.2847	0	1
信贷需求	农户具有信贷需求：有 =1；否 =0	0.7153	0	1
农地确权	农地确权：是 =1；否 =0	0.9583	0	1
净转入农地规模	单位：亩	4.6944	0	104

续表

变量	变量说明	均值	最大值	最小值
净转出农地规模	单位：亩	2.8146	0	118
户主受教育程度	单位：年	8.9792	6	16
家庭规模	单位：人	4.8958	2	8
劳动力占比	劳动力数/家庭总人口	0.5425	0	1
家庭年收入	单位：万元	9.7993	1.5	100
家庭总资产	单位：万元	25.2167	3.5	300
人情往来	单位：万元	0.7103	0	2
大额支出冲击	最近三年婚丧嫁娶、大病治疗、子女上大学等大额支出：是 =1；否 =0	0.2569	0	1
社会关系	家人亲友是否在政府、银行工作：是 =1；否 =0	0.0556	0	1
距离金融机构	单位：千米	7.3472	0.3	25

四、农地确权改革对农村信贷供需影响的实证分析

（一）农地确权改革的信贷供给效应

运用 stata12.0 得出农地确权改革对农户信贷供给的回归结果，具体见表2。从模型1~模型5来看，农地确权对农户信贷供给具有显著影响，且系数为正，表明农地确权有助于增加农户信贷供给。在农地确权改革试点地区，农户因农地确权赋予农户农地抵押资产，"有恒产者有恒心"，为银行授信提供条件。农地净转入与净转出规模对农地信贷影响各不相同，前者系数在1%、5%显著性水平下显著，后者系数不显著。这表明，农地净转入能够增加农户抵押贷款资产规模，扩大农业再生产，增加农业预期收益，进而有助于从银行获取更多贷款支持。相反，农地净转出规模越大，表明农户对农业扩大再生产的投资意愿不足，不会产生更高农业预期收益，进而不利于获得农地抵押贷款。因此，农地确权改革总体而言是激活农村土地沉睡资产，在政策与市场的双重引导下，激发农村金融机构参与"三农"事业，促进农村金融市场发展。

表2 农地确权改革对农户信贷供给影响的回归结果

变量	模型1	模型2	模型3	模型4	模型5
农地确权	0.3636 * (0.7851)			0.3736 * (0.7951)	0.3906 * (0.7251)
净转入农地规模		0.0784 *** (0.0224)		0.0845 ** (0.0232)	
净转出农地规模			− 0.0088 (0.0157)		− 0.0087 (0.0156)
户主受教育程度	0.2096 ** (0.0862)	0.1394 * (0.0783)	0.2093 *** (0.0756)	0.1297 * (0.0787)	0.2093 *** (0.0755)
家庭规模	− 0.0995 * (0.1124)	− 0.1890 * (0.1180)	− 0.1476 (0.1106)	− 0.2086 * (0.1194)	− 0.1577 * (0.1111)
劳动力占比	− 1.2143 * (0.6771)	− 1.0441 * (0.8988)	− 1.4969 * (0.8675)	− 1.0379 * (0.9010)	− 1.5087 * (0.8650)
家庭年收入	− 0.0071 * (0.0198)	− 0.0329 * (0.0312)	− 0.0038 * (0.0237)	− 0.0359 * (0.0312)	− 0.0044 * (0.0235)
家庭总资产	0.0046 * (0.0068)	0.0045 * (0.0093)	0.0042 * (0.0077)	0.0029 (0.0095)	0.0039 * (0.0076)
人情往来	0.2827 * (0.2523)	0.3800 * (0.3000)	0.3527 (0.2586)	0.3489 * (0.3037)	0.3533 * (0.2600)
大额支出冲击	− 0.0497 * (0.2929)	− 0.2041 * (0.3335)	− 0.0528 * (0.3074)	− 0.2775 (0.3411)	− 0.0449 * (0.3108)
社会关系	− 1.1217 * (0.8032)	− 0.8319 * (0.6205)	− 1.0491 * (0.6346)	− 0.6261 * (0.6536)	− 1.0318 * (0.6400)
距离金融机构	− 0.0432 * (0.0245)	− 0.0697 *** (0.0247)	− 0.0464 ** (0.0218)	− 0.0577 ** (0.0259)	− 0.0387 * (0.0230)
常数项	− 0.8349 (1.0995)	− 0.2596 (0.9107)	− 0.8806 * (0.8783)	− 0.0623 (0.9223)	− 0.8516 (0.8786)
Log pseudo – likelihood	− 78.2374	− 67.4056	− 74.2646	− 66.0377	− 73.6263
Wald chi^2	13.38	37.23	23.51	35.84	20.66
Pseudo R^2	0.1089	0.2164	0.1367	0.2134	0.1231

注：***、**、*分别表示在1%、5%、10%水平上显著，括号是系数的标准误。

从控制变量上看，农户自身及家庭情况也影响着农户的农地抵押贷款获取。农户受教育程度越高，越容易获得农地抵押贷款，因为通常而言农户受教育程度越高，越容易采用规模化组织方式、新兴农业技术进行农业或非农业生产，提升农业产出，进而获得银行的信贷支持。家庭规模、劳动力占比与农户信贷供给成反比，其原因可能是，农业生产的组织方法已经不再依赖家庭人口，可以通过雇佣方式能够解决农业生产与管理中的问题。家庭总资产对农户信贷供给有正向影响，而家庭年收入与农户信贷供给成反比，这是因为农地抵押贷款中往往是以家庭财产作为共同抵押物，以获得农村金融机构贷款支持。此外，人情往来对农户信贷供给有正向影响，大额支出冲击、社会关系对农户信贷供给有负向影响。距离金融机构对农户信贷供给有负向影响，这表明离金融机构越远的农户越不容易获得金融机构信贷支持。

（二）农地确权改革的信贷需求效应

表3反映了农地确权改革对农户信贷需求的影响。从模型1～模型5可以看出，农地确权改革对农户信贷需求有正向影响，这表明农地确权改革有助于激发农户对农地的投资积极性，提升向银行申请农地抵押贷款的意愿。在实地调研过程中证实了这个观点。农净转入规模与农户信贷需求成正比，这表明农地净转入规模越大，农户的农地信贷需求越强烈。相反，农地净转出规模与农户信贷需求成反比，这表明农户继续开展农地经营的意愿不强，向银行获取信贷支持的积极性下降。因此，农地确权改革、农地净转入规模对激发农户信贷需求具有重要影响。

表3　　　　　　农地确权改革对农户信贷需求影响的回归结果

变量	模型1	模型2	模型3	模型4	模型5
农地确权	1.0058 * (0.7335)			1.4435 * (0.8025)	0.6532 * (0.7375)
净转入农地规模		0.0420 * (0.0276)		0.0583 * (0.0315)	
净转出农地规模			-0.1397 *** (0.0352)		-0.1386 *** (0.0356)
户主受教育程度	-0.04754 * (0.08430)	-0.07613 (0.08645)	-0.1196 * (0.0898)	-0.0981 (0.0897)	-0.1221 * (0.0902)
家庭规模	-0.0738 * (0.1181)	-0.0896 * (0.1182)	-0.0320 (0.1243)	-0.0990 * (0.1199)	-0.0326 (0.1250)
劳动力占比	0.7674 * (0.8865)	0.9128 * (0.8839)	0.0280 (0.9741)	0.9233 * (0.8925)	0.0532 * (0.9775)

续表

变量	模型 1	模型 2	模型 3	模型 4	模型 5
家庭年收入	0.1246 *	0.1156 **	0.1793 *	0.0992 **	0.1757 ***
	(0.0507)	(0.0523)	(0.0577)	(0.0539)	(0.0577)
家庭总资产	-0.0148 *	0.0523 *	-0.0226 *	-0.0151 *	-0.0237 **
	(0.0103)	(0.0102)	(0.0116)	(0.0106)	(0.0118)
人情往来	1.1730 *	0.0102 **	0.9898 **	1.2474 ***	0.9603 *
	(0.4653)	(0.4723)	(0.4984)	(0.4769)	(0.4973)
大额支出冲击	-0.7883 **	-0.6497 **	-0.9378 ***	-0.7236	-0.9937 ***
	(0.3272)	(0.3301)	(0.3554)	(0.3411)	(0.3639)
社会关系	0.2699 *	0.0674 *	0.3450	0.2662 **	0.4450 *
	(0.5788)	(0.5397)	(0.6240)	(0.5691)	(0.6522)
距离金融机构	0.0792 ***	0.0486 *	0.0791 ***	0.0720 **	0.0908 ***
	(0.0279)	(0.0251)	(0.0255)	(0.0295)	(0.0293)
常数项	1.2055	-0.3335	0.4964	-1.5214 *	-0.1233
	(1.0995)	(1.0229)	(1.0928)	(1.2144)	(1.2972)
Log pseudo – likelihood	-60.8925	-60.5897	-52.8928	-58.9343	-52.5059
Wald chi^2	50.25	50.86	66.25	54.17	67.03
Pseudo R^2	0.2921	0.2956	0.3851	0.3149	0.3896

注：***、**、*分别表示在1%、5%、10%水平上显著，括号是系数的标准误。

从控制变量来看，农户自身及家庭情况也影响着农户信贷需求。农户受教育程度与贷款需求成反比，但是部分系数不显著，这表明在农村金融市场不够发达的情况下，农户不论受教育程度高低，其信贷意愿都比较强烈。家庭规模与农户信贷需求成反比，劳动力占比与农户信贷需求成正比，这表明农户家庭越精干、劳动力占比越高，其信贷需求越强烈。这或许是因为农户眼中劳动力才是农业生产经营的关键要素。家庭年收入与农户信贷需求成正比，家庭总资产与农户信贷需求成反比，其原因可能是农户往往根据农业或非农业生产的现金流量判断投资必要性，而不是根据资产存量进行判断。这从某种角度上与年景好坏、经济周期有关联，能够直观的影响农户的信贷需求。此外，人情往来、社会关系对农户信贷需求有正向影响，大额支出冲击对农户信贷需求有负向影响。这是因为人情往来、社会关系会在一定程度上增加农户的经济支持，激发农户信贷需求，试图灵活运用银行信贷资金；而大额支出反而会降低农户的信贷意愿，农户担心无法偿还银行贷款。距离金融机构与农户信贷需求有正向影响，这或许是因为农户离金融机构越远，金融压抑越严重，其金融需求越强烈。

五、研究结论与政策建议

本文以农地确权改革为研究切入点，对农地确权改革影响农村金融市场进行理论分析，通过对甘肃省试点地权进行问卷调查，运用 Probit 模型实证检验农地确权改革的信贷供给效应与信贷需求效应，并得出相应的结论。研究结果表明：一是随着农地确权改革的推进，农地抵押贷款的供给规模不断增加。二是农地确权改革激励农户农业投资的积极性，促进农民增加对农地抵押贷款需求。三是农户受教育程度、家庭规模、收入、社会关系等因素对农户信贷供给需求有不同影响。通过研究，本文提出政策建议与启示。

第一，继续深化农地确权改革探索。提升农地经营权抵押贷款规模，引导农户加强农地规模化、集约化经营，提升农业生产效率，通过农地确权改革推动农村"三变"改革，培育农业新型经营主体，形成龙头企业带动、产业扶贫脱贫的发展新模式，增加农户收入水平。第二，完善农地价值评估体系。由政府、金融机构、贷款主体三方共同参与评估农地价值，推动由低价格的成本估算法向高价格的收益估算法转型，提高农地抵押贷款金额，为农地承包经营权抵押提供参考。第三，推进农村土地流转市场建设。建立农地、林地、宅基地产权交易统一市场，引导农民通过市场办理农地交易，进一步规范和强化流转管理，提升农地抵押业务效能，发现沉睡农地经营权资产的抵押价值。第四，建立待处置农地的收储机制。探索成立处置农地的公司或机构，为出现农地抵押贷款不良的金融机构进行收储、托管、处置，帮助金融机构化解抵押物风险，降低与化解金融机构风险，提升金融机构提供农地抵押贷款的积极性。第五，完善农地抵押贷款配套措施。由于农地抵押贷款还在试点探索阶段，需要加强发挥财政、税收、担保等方面作用，尝试建立风险补偿金、贷款贴息，推动银保合作，分散金融机构的贷款风险，提升金融机构授信与农户生产积极性。

参考文献

［1］Lopez. land title and farm productivity in Honduras［R］. Washington D. C. : Word Bank, 1997.

［2］张龙耀，王梦珺等．农民土地承包经营权抵押融资改革分析［J］．农业经济问题，2015（2）：70－78．

［3］刘俊杰、张龙耀．农村产权制度对金融市场的波及：透视鄂苏吉［J］．改革，2015（4）：142－152．

［4］戴国海，黄惠春等．江苏农地经营权抵押贷款及其风险补偿机制研究［J］．上海金融，2015（12）：80－84．

［5］杨奇才，谢璐等．农地经营权抵押贷款的实现与风险：实践与案例评析［J］．农业经济问题，2015（10）：4－11．

［6］张龙耀，王梦珺等．农地产权制度改革对农村金融市场的影响——机制与微观证据［J］．中国农村经济，2015（12）：14－30．

［7］张迎春，吕厚磊等．农村产权确权颁证后融资困境解决了吗——以成都市为例，农村经济，2012（5）：74－77．

乡村振兴视阈下生态旅游
可持续发展问题研究[*]

——以贵州省为例

▶宋山梅　向俊峰　王　运　杨丽莎

贵州大学 管理学院

一、引言

进入 21 世纪之后，我们也走进了绿色经济时代，世界各国开始关注环境的发展。可持续发展更是成了新时期发展的核心内容。与此同时，随着近年来国家乡村振兴理念的提出和有效贯彻落实，加之如今的贵州成了国内首个大数据综合试验区，这为其经济和旅游的发展提供了良好的机遇。"大数据"一词首次出现在 2004 年的国家《政府工作报告》里并在后来被国家定义为基础性战略资源，在预防、调查、审批和决策中发挥重要作用。通常，用"4V"即数据体量大（volume）、类型多（variety）、价值密度低（value）、时效性高（velocity）来概括其特征。在今后贵州经济发展过程中，"绿色贵州""智慧贵州"将成为主要发展思路和目标。贵州生态旅游业的发展应在这一发展背景与大数据的大环境下分析当前发展生态旅

＊ 基金来源：贵州省国内一流学科大数据科学与技术学科群建设项目（编号：GNYL〔2017〕005）；贵州省教育厅高等学校人文社会科学研究项目：投融资模式改革与乡村振兴金融支持研究——以贵州省为例（项目编号：2018jd012）；贵州大学管理学院"大数据管理创新理论方法及其应用"专项课题之大数据视域下贵州农村三产融合发展研究。

游业的优势、劣势，寻找更好的发展对策。

贵州省在以"大扶贫"补短板，以"大数据"抢先机，以"大生态"迎未来的三大战略背景下，其旅游经济发展模式应如何借鉴大数据思维和技术以抢占市场机遇这方面的研究还处于空白阶段。因此本文通过分析贵州省生态旅游的大数据特征，并针对其发展现状和问题提出大数据环境下如何更好地发展贵州省生态旅游的建议，以期为贵州省旅游产业的经济的提高和转型提供参考意见。

二、乡村振兴及生态旅游理论阐释

（一）乡村振兴界定及背景

2017 年，在党的十九大会议中，习近平提出了"乡村振兴"这一发展战略。我国作为农业大国，农业、农村以及农民的发展问题一直以来都得到了重视，而这一发展战略的提出，则是会将"三农"相关问题放在更重要的位置上。

"三农"问题是与国计民生密切相关的根本性问题，应当将这一问题放在全党所有问题当中的重要领域，坚持农村优先发展。对于农村的基本经营制度进行进一步的完善和巩固，确保传统的土地关系稳定且在很长的一段时间内不改变。要确保国家的粮食安全，将中国人的饭碗把握在自己手中，这需要农村经济的发展。

乡村振兴战略可以说为我国当前农村经济的发展起到了指导作用，也成为缩小城乡差距，提升农村发展活力的武器。从我国城市以及农村的发展轨迹看，农村在过去的发展历史当中，有很长的一段时间内都被边缘化，处于停滞不前的状态。而之后城镇化进程的加快，很多边缘的乡村不断没落、消亡。每次谈及和农村相关的问题时，总是会出现很多负面言论，如留守问题、农村空心化、人口流失。我国想要实现可持续发展和区域协调发展，就必须要优先解决农村在发展过程中遇到的问题，实现农村振兴，让农村可以焕发出活力。若农村发展丧失活力，不够繁荣，国家现代化强国的目标也将难以实现。

（二）生态旅游基本内容

1. 生态旅游定义界定

现阶段，我国物质生活水平的提高，使越来越多人开始追求精神和文化方面的需要，这也推动了旅游产业的不断发展。通过旅游，人们可以在精神和体力上得到满足和休息，促进他们健康状况的改善，帮助眼界的开阔，促进知识增长，提高社会生产率，属于对环境破坏比较低，资源消耗也低的产业。我国引入生态旅游是在20世纪80年代，因为提倡对于环境的保护，同时还可以帮助当地发展经济，提高人们的生活水平，也逐渐成了现在很多国家极力倡导的一种旅游活动。关于生态旅游的定义，有研究者认为这是一种对自然环境负责，可以保护一定地区内的自然和人文景观，同时帮助发展当地经济的旅游观光方式。我国学者在研究中对生态旅游应当遵循的八个规则进行总结，认为应当以自然环境为基础，当地受益、具备可持续性发展特点，爱护环境旅游或者提供环境教育以及相关的设施等。不仅需要对当地的自然生态环境进行良好的保护，同时还需要对景区的居民生活常态进行维持，实现可持续发展。

2. 发展生态旅游的积极作用

生态旅游的作用主要表现为以下几个方面：

第一，帮助就业机会的增加。旅游业属于劳动密集型产业，可以帮助就业机会的增加。生态旅游业提倡的是一种新的旅游发展理念，环保趋于严格化，服务更加专业化，团队的规模也更加小型化。当今大数据的发展也可以从客观上创造更多的就业机会，如吸纳社会上的闲散人员、下岗人员和失业人员等。也为当地社会经济的发展提供更好的社会环境，也可以使该地区的知名度得到明显提升，让更多投资者愿意投资，促进生态环境的改善，也提升无形资产，为当地经济发展提供更好的条件。

第二，促进经济收入的增加。区域发展生态旅游和传统的旅游方式相比，可以为景区发展带来更多的直接和间接经济效益。尤其是对于经济发展水平比较落后的地区，如果发展生态旅游，可以帮助推动当地经济更好的发展，帮助其脱离贫困，走向更加富裕的生活阶段。

第三，推动当地经济发展结构的改善。生态旅游的发展可以帮助当地经济转变为开放型发展模式。旅游消费本就是生活质量进入更高阶段的一种消费方式，要求旅游产品更新的速度比传统耐用性产品的更新速度快。旅游企业则是需要采用各种新型的技术手段来帮助找到旅游目标。以此为基础来促进当地经济结构的转型，并做出相应调整，提高当地经济发展活力。

三、大数据特征下贵州省生态旅游可持续发展分析

（一）生态旅游数据体量大

1. 森林绿化率高

贵州省位于我国西南地区，在云贵高原的东部地区，地势整体呈现出西高东低的趋势。著名的地貌喀斯特地貌占到了贵州省土地面积的73%左右。喀斯特地貌当中包含了地下河、瀑布、峰林以及峡谷等，构建出了独具特色的喀斯特旅游资源。在贵州省境内有诸多的美石、奇山秀水，森林的覆盖率更是达到了39.9%。山水景色千姿百态，自然风光秀美。其中国家级的风景名声地区有龙宫、黄果树瀑布等。另外，铜仁市有茂兰喀斯特森林、梵净山；威宁有草海等自然保护区。贵州省处于热带湿润季风性气候，常年处于温暖湿润的状态，加之纬度低，海拔高，气候全年变化幅度小，冬暖夏凉，整体气候宜人。因为和南海地区比较近，是暖空气和冷空气交锋的地带，水资源充沛。诸多良好的自然条件都为贵州省带来了天然发展旅游业的优势。另外，因为其地形复杂，气温的垂直变化显著，也为风景的可观性带来了优势。在"十三五"期间，贵州省的森林覆盖率也将达到60%。森林覆盖率的增加，可以帮助增添很多环境效益，如帮助水资源的净化。在2016年所开展的资源普查当中，新发现的可被利用的旅游资源有60%以上。说明当前贵州省的资源环境能够满足人们对于自然环境的相关需求。到2020年，贵州省森林覆盖率将达到60%，退化草地治理率达到52%，湿地面积保有量达到315万亩，农田实施保护性耕作比例达到20%，国家重点保护物种和典型生态系统类型保护率达到95%以上，绿水青山"底色"更鲜亮。

2. 资源丰富，动植物多

贵州省生物多样化，其多样性表现为遗传和物种以及生态系统的多样性，类型十分复杂，组合也很多样化。贵州省也拥有着丰富的资源和能源，具备了煤、水、电等，煤炭优势和水能优势并存，水火互济。贵州省境内也拥有着丰富的矿产资源，种类多样化，分布范围也广泛，种类齐全，储量十分丰富。贵州省同时也是生物资源的重要宝库，省内的野生动物资源超过了1000种，其中被纳入国家一级保护动物的有华南

虎、黔金丝猴、云豹等，占到了全国同类动物总数的比例为 13% 左右；而纳入国家二级保护动物的有 69 种，在全国同类动物的总量当中所占据的比例也比较高。就植物来看，珍稀植物、森林、野生经济之物以及农作物等不同类型，其中秃杉、银杉等植物被列入国家一级保护植物当中，在全国同类植物当中占比为 50%；二级保护植物，贵州省纳入范围之内的有 27 种，39 种植物被列入三级保护植物。野生植物资源的种类超过了 3800 多种，其中药用植物资源的种类超过了 3700 种，也是我国重要的中药材产区之一。

3. 民族文化风情多样

贵州省是一个多民族聚集的地方，我国的 56 个民族当中，贵州省的民族种类就有 49 个，世代居住在这里的民族有 16 个，包含仡佬族、彝族、侗族、苗族以及土家族等，少数民族人口占据全省总人口数量的 38% 左右。在贵州发展的历程当中，各个民族都创造了灿烂的历史文化，也留下了丰富的文物古迹和文化遗产。贵州省内国家级的历史文化名城有 2 个，著名的有楼上古寨、石阡万寿宫等。不同民族的节日、服饰以及礼仪、音乐、传统工艺等传统文化也都促进了当地文化风情变得更加浓厚多样化，如苗族的姊妹节、很多少数民族都有的蜡染工艺，彝族的火把节等，都丰富了人文旅游资源的丰富。

4. 红色旅游资源丰富

贵州省作为红色旅游资源大省，省内有十分丰富的红色旅游资源。贵州是一块红色的土地，在这里有很多共产党人的足迹，转折点遵义会议的召开地点遵义，还有鸡鸣、赤水娄山关、黎平等多达 80 处著名旧址。在这片土地上也流传下来了不少传奇故事，如娄山大捷、四渡赤水、突破乌江等，每个故事都凝结着热血。对于这些故事，中华儿女更应当熟知。娄山关，也被称为太平关，是黔北第一险要位置，素有一夫当关，万夫莫开的说辞；在桐梓县和遵义市交界处，有天门洞、凤凰山、乌江渡、海龙屯、天门洞、夜郎镇等 8 个景区，是当地著名的红色旅游资源；同时遵义会议会址则是国家 4A 级景区，在这里召开了著名的遵义会议，确定了以毛泽东为代表的新的领导集体等，总之，贵州省红色旅游资源数量众多，在红色文化旅游市场里有着先天的发展优势。

5. 接待游客总量大

随着网络的普及化和生活水平的提高，人们对旅游的需求大大增加。

贵州省作为旅游大省，每年接待的游客数量逐年增加。2017 年旅客运输总量达 91465.86 万人，相比 2016 年增长了 2.7%（如表 1 所示）。

表 1 　　　　　　　　　　2017 年贵州省旅客运输情况

指标名称	绝对数（万人）	比上年增长（%）
旅客运输总量	91465.86	2.7
铁路	5458.93	15.5
公路	83909.00	2.0
水运	2197.93	4.9

（二）生态旅游数据类型多样

这种类型的多样性也让数据被分为结构化数据和非结构化数据。相对于以往便于存储的以文本为主的结构化数据，非结构化数据越来越多，包括网络日志、音频、视频、图片、地理位置信息等。非结构化数据的增加对贵州生态旅游可持续发展起了巨大的推进作用，如抖音、快手等小视频软件里，随着一些有关贵州风景视频的流传，使越来越多的人开始关注贵州，相应地区的游客量也急剧增加。贵阳市花果园的话题视频在小视频软件上高达 847.6 万次，这直接使花果园每日的人流量剧增，带来旅游经济收益。此外，数字时代的到来，人们更多的是采用手机、电脑等客户端在网上进行旅游选择，而越来越多的人特别是年轻人，会在一些网络平台分享旅游日志等，还有一些地方政府专设相应的宣传部门对当地景点进行各种网络端宣传，如贵州铜仁市就采用官方网页展示、网络广告自动推送等各种方式对其境内的梵净山进行宣传，这会对正在选择旅游地的人产生很大的影响。贵州省因较为落后，众多景点的知名度不是太高，但近年来数据类型特别是这些非结构数据类型的多样化使贵州景点的"曝光"途径大大增加，对生态旅游业的发展产生了积极作用。

（三）生态旅游数据低价值性

由于大数据数据量庞大的特点，分析海量的信息成了信息收集到信息实现价值化所必要的一个重要过程，只有通过分析才能实现大数据从数据到价值的转变。但众所周知，大数据虽然拥有海量的信息，但是真正可用的数据可能只有很小一部分，从海量的数据中挑出一小部分数据本身就是个巨大的工作量，所以大数据的分析也常和云计算联系到一起。只有集数十、数百或甚至数千的电脑分析能力于一身的云计算才能完成对海量数据的分析，而目前经营生态旅游业的绝大部分地方政府或企业并不具备这种云计算的能力，但贵州省作为国内首个大数据综合试验区，吸引了众多国内顶级企业将其云计算开发实验中心设在贵州，这必将会给贵州生态旅游业带来先进的大数据云计算技术，并且这种大数据云计算技术已在贵州部分地区所应用。例如，贵州省丹寨县的万达小镇就已经使用大数据技术来记录景区每日观光的游客数量、来源、时间段等，并设有专人负责分析其数据，通过利用大数据分析技术，丹寨万达小镇针对游客来源较少的城市加大宣传力度，对游客来源多的城市进行优惠再吸引等措施以达到其游客"少"变"多""多"加"强"的循环模式。

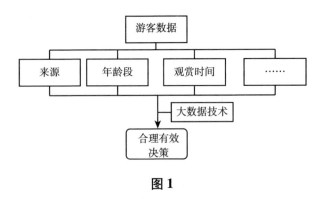

图 1

（四）生态旅游数据的时效性

大数据具有的一个鲜明特点就是高时效性，对于数据分析后的使用更加的直接、时效性则更强。当前我国发展生态旅游大部分地区的地理位置都较为偏僻，相对其他行业，其及时性信息较少，游客很难及时了解到景区的实时动态，自然会降低游客们游玩的期望与满足感。例如，一些游客去某景区游玩实际上只是为了参观该景区里某一具体景点，而当天因天气不好等原因使该景点临时关闭，这就必然使游客游玩的兴致大降。而贵州因大数据较先进的先天优势，可通过大数据分析，应对景区内各种突发性、随机性等问题，能有效预测和收集各种信息，通过及时快速制定合理的处理方案，规划旅游路线、时间等，从而避免游客期望与满足感的下降，让景区达到长久持续发展的目标。

四、贵州省生态旅游可持续发展困境分析

（一）基础设施不完善及经济保障不足

众所周知，贵州在历史上是一个革命老区，又地处西南边陲，其地貌的90%以上都是山地和丘陵，工业落后，农业人口占总人口的85%，人均耕地面积只有0.23亩，大都分散在狭窄的山坡地带。这些因素大大限制了贵州省的基础设施建设，而基础设施建设不完善便会直接导致旅游产业发展困难。如公路、铁路、互联网等建设对生态旅游可持续发展至关重要，若公路、铁路建设落后，哪怕景区优势再好再大，游客无法便捷的前往，其一切发展都将很难进行，互联网建设落后，会使贵州省无法发挥其"大数据"的强力优势。2018年在贵阳召开的中国国际大数据产业博览会中，习近平指出，当前，以互联网、大数据、人工智能为代表的新一代信息技术日新月异，给各国的经济社会发展、国家管理、社会治理、人民生活带来重大而深远的影响。如何更好把握好大数据发展的重要机遇促进贵州省生态旅游可持续发展，其互联网基础设施建设是关键的一步。

与基础设施建设密切相关的是经济水平，2013～2017年，贵州省地区生产总值以及增长速度比较结果。根据表2当中的数据发现，与2016年相比，2017年贵州省的地区生产总值有所增加。虽然从2013～2017年地区生产总值的绝对值处于不断增加状态，但是增加比例却在逐年降低。

表2　　　　2013～2017贵州省地区生产总值

年份	绝对值（亿元）	与2016年相比增加百分比（%）
2013	8115.47	12.5
2014	9299.45	10.8
2015	10539.62	10.7
2016	11776.73	10.5
2017	13540.83	10.2

受精准扶贫政策以及乡村振兴政策的影响，贵州省开展了脱贫攻坚促进经济发展。在2017年也取得了成效，2013年农村贫困人口为745万人，到2017年时，贫困人口为7.75万人，贫困人口的数量明显降低。

　　贵州省采取了很多相关的政策来解决贫困问题，推动当地经济的发展和经济结构的转型。但是因为其仍然处于经济基础薄弱，结构不合理，经济发展欠发达的阶段，财政收入渠道单一，金额有限，导致其无法在生态旅游发展上投入过多的资金。生态旅游业属于全方位。复杂和长期的技术产业，需要多种技术和多个产业提供相应的支持，同时也需要大量的资金提供保障。资金的缺乏以及技术的落后都成为贵州生态旅游发展当中的制约因素。

（二）人才缺乏，理念陈旧

　　在地理位置上，贵州省在我国西南地区，不沿海，不沿边也不沿江，不仅影响到了贵州省整体经济的发展也对当地的人才引进造成了巨大困难。科技创新，以人为本，专业人才对贵州省生态旅游可持续发展至关重要。因缺乏大量专业人才，贵州许多景区存在着决策方式不合理、管理混乱、营销宣传工作不到位、遇到困难难以有效解决等问题。如我国管理者大多在生态旅游决策和执行中，不习惯采用自下而上的决策方式，基本采用科层制的执行方式和自上而下的决策方式，这就容易导致盲目决策和拍脑袋决策。专业人才的紧缺必然使景区的管理决策难以做到"用数据说话，用数据管理，用数据决策，用数据服务"。

　　另外，人才缺乏必然导致其教育水平不高，进而导致贵州省许多景区管理者只重经济而不注重生态的可持续发展，其理念不够先进。因贵州处于云贵高原地区，受到地质条件和气候条件的影响，喀斯特地貌成为独特的景观。但这种地貌难以涵养水土，生态环境极其脆弱，环境的承载力和很低。如果管理者理念陈旧，以传统思维管理景区，一旦生态系统被破坏，就很难在短时间内得到恢复。并且贵州省内的一部分自然保护区环境污染问题已经逐渐显现出来，如威宁地区的国家级自然保护区，因为缺乏专业人才使管理不当，导致浮萍增加迅速，水质被污染等，继而引起环境恶化，生态旅游业难以可持续发展。

（三）对民族文化缺乏深入认识

　　就贵州省现有的旅游产品来看，缺乏特色。即在生态旅游产品上，贵州省在发展的过程中必然会借鉴其他与其相似的省份的生态旅游发展成功经验，甚至在一些产品上为了省事会直接照搬，并不结合当地的具体特色，导致其推出的产品和其他省份相似，缺少本地特色，知名度上又不如其他省份，这就形成恶性循环。也有一部分原因是高层的管理者并没有深刻认识生态旅游的真正内涵，导致贵州在发展生态旅游的过程中缺少明确的方向，或者是生态旅游的相关内容宣传不到位，大众对于这一概念及优越性并未形成全面认识，故而难以接受。

（四）宣传力度不够

贵州省旅游业在发展过程中出现的问题之一是缺乏良好的宣传，即宣传力度不够，宣传的形式老化等，未结合景区的特色形成特殊的品牌优势。导致在国内外的贵州旅游品牌知名度比较低，尽管其拥有着丰富的旅游资源，也无法在旅游业的发展上获得更高的收入。国内功能类似旅游区众多，生态旅游理念的提出，使得国内很多地区都开始重视生态旅游的发展。尤其是对于一些经济基础发展比较好且本身旅游业较为发达的地区，如云南省，四川省等，这些都是在贵州周边，经过一段时间的发展，已经在生态旅游发展上探索出了新的适用性比较强的发展模式，不仅具备地方特色而且知名度比较高，这种生态旅游区当中包含了完善的基础设施，良好的服务水平以及具备地方特色，其竞争力很强大。尤其是对于云南省、广西壮族自治区和贵州省比较接近，在地理位置上以及气候条件上都没有太大的差异，其自然景观，人文景点也都有不小的相似性。其他省份在发展后已经形成了相对成熟的生态旅游模式，而贵州省的生态旅游发展却还缺乏核心竞争力，导致其没有办法与其他省份形成竞争。

五、贵州省生态旅游可持续发展途径分析

贵州省是一个位于西南边陲的山地省份，地貌以丘陵和山地居多，这两种地形占到了总体的90%以上。工业发展相对落后。农业人口占到当地总人口的85%左右，人均耕地面积也比较少。大部分农田都是位于狭窄的山坡地带，农业发展受限，其生产效率比较低。在这种人多地少，工业发展比较落后的情况下，贵州出现了落后和贫穷的现状，同时其经济和教育也受到不良影响，发展一样滞后。尽管贵州的区位条件比较差，经济基础薄弱，但是由于其生态环境良好，位于两江上游，从国家保护环境当前的政策和力度看，加之大数据的"快车"，贵州省生态旅游业未来可期。

贵州省在发展生态旅游的过程中，必须要以当地经济的健康快速发展需要为基础，在确保民族团结和社会稳定的情况下，缩小地区内以及和其他地区之间的经济发展差距，加大发展大数据技术的力度，以期实现科技致富的目的。这也是西部大开发当中十分重要的构成部分。今后贵州省发展生态旅游业的前景良好，潜力也比较大。

旅游业在贵州的发展和建设当中意义重大，而生态旅游的意义和价值则是多方面的。不仅可以创造客观的经济价值，还可以创造更大的社会和生态价值，推动社会和经济的协调发展，人与社会、自然的良好发展。所以可以看出，贵州发展生态旅游对其积极影响巨大，帮助其提升社会、环境以及经济效益。贵州也具有丰富的文化生态和自然资源，可以让其在发展生态旅游的过程中具备更大的优势。同时国家为了推动各地生态旅游的发展给予了政策和资金方面的支持。加之当前互联网大数据技术的飞速发展，为生态旅游的发展提供了新的传播和技术手段，帮助贵州生态旅游业的发展插上腾飞的翅膀，形成一种结合大数据、计算机技术的智慧旅游，以科学高效的发展模式，形成现代旅游发展的新潮流，发展前景广阔。

在对其各方面的条件进行分析之后，应当结合当前发展的实际情况制定可持续发展的对策和落实途径。

（一）完善基础设施和政府投入

贵州省基础设施不完善是生态旅游发展的主要制约因素，所以想要推动其生态旅游业的发展就需要完善基础设施建设。如因为贵州省内不同旅游景点之间的距离比较远，而传统发展当中交通不便，使不少游客丧失了去其他景点的兴趣。在这方面贵州省就可以在交通方面加大资金投入力度，减少交通不便对于旅游发展的不良制约。同时，还需要加强景区的基础设施建设，如公共卫生间，购物地点，除此之外，景区还要强化对大数据技术的利用，通过对收集的海量信息的分析，提前做好游客在旅游全过程可能遇到问题的解决措施，确保游客在旅游的过程中各方面的需求都能够得到有效满足。这样不仅提升了游客在旅游期间的消费，提升景区的营业额，也可以给消费者产生更好的旅游体验。

农业生态旅游发展模式的发展，必须要有充分的物力和财力作为支持，所以生态旅游发展的成本很高。在生态农业具体发展的进程当中，为了解决资金投入量大，收益缓慢的问题，政府部门应当发挥其主体作用。

对于贵州省政府还应当加大政府投资，争取得到国家给予的财政资金支持，积极引入社会资金，拓宽资金的融资范围，完善旅游基础设施建设，使生态旅游业的发展环境得到有效改善。使景区的可享受性、可观赏性，为生态旅游的可持续发展奠定更加坚实的基础。

生态旅游模式的发展，需要政府部门作用的充分发挥。政府部门需要在生态旅游发展的过程中充分发挥自身的职能，促进农业生态旅游的更好发展，政府首先需要在宏观上管理各个旅游项目，再针对不同的项目成立专门的管理部门。政府部门还要树立可持续发展理念，从更长远的角度出发意识到生态环境的重要价值。2018 年 7 月 7 日，生态文明贵阳国际论坛在贵阳召开，习近平指出，生态文明建设关乎人类未来，建设绿色家园是各国的梦想。在生态旅游建设当中，各景区应加强对自然资源和环境的保护力度，防止出现不合理的行为来对综合环境起到破坏作用。同时，政府部门要发挥自身的监督作用，避免出现强买强卖的行为，或者危害社会稳定的现象，使市场价值得到发挥。

（二）引入专业人才和先进理念

1. 引入专业人才

专业人才是农业生态旅游发展过程中必不可少的构成部分。因此当前首先应当使旅游景点当地居民的文化素质和水平得到提高，培养出和市场需求相吻合的专业人才。在农业生态旅游发展当中还需要积极引入各种不同专业的人才，从当地农业生态旅游发展的具体情况入手，针对问题提出应对措施，引进对于当地文化了解比较深刻的人才，推动各项旅游项目的顺利开展。另外，还需要对已有的从业人员进行专门的培训，促进整体人员文化素养的提升。在引进人才的过程中，需要从各个不同的渠道入手，将有能力、有实力的人才留住，同时还需要加强与当地高校之间的联系，让高校在人才培养的过程中，可以结合当地的实际需求，培养高素质、高能力的专业人才。在引进人才之后，还需要完善薪酬管理和晋升模式，让人才自愿留在当地，为贵州省生态旅游业的发展贡献自己的力量。

2. 树立先进理念

想要摆脱和解决当前在生态旅游方面面临的挑战和问题，必须要树立正确的价值观、产业观念以及资源观念等，构建起新的观念体系。在生态旅游主体层、经营管理人员、当地居民以及旅游者之间可以形成与自身身份相符合的观念表现。

第一，应当树立可持续发展思想。可持续理念作为一种新型的发展理念。在发展的过程中需要将持续的环境自愿作为支撑，联系起来环境保护和经济发展，同时还在衡量发展水平、发展程度以及发展质量的过程中，将环境保护作为重要的衡量标准之一。生态旅游的发展可以带来巨大的经济效益，这些对于社会的发展起到了重要的促进和推动作用，也具备一定的生态价值和意义。和其他的旅游产业相比，会受到更多的压力，如环境、资源等，其生命力更加强大。可持续发展理念必须要在生态旅游发展中作为首先考虑的思想，否则生态旅游的资源环境保护便会缺少正确科学的思想提供有效的指导。

第二，应当以市场经济为发展基础。当前我国市场经济发展已经趋于成熟。在生态旅游发展当中，相关观念体系的构建还需要充分考虑到我国现有的市场经济发展背景。充分应用市场经济发展背景下的各种调节机制，实现对资源进行更好的配置和管理。在确保资源可以实现可持续利用的基础上，使生态旅游市场的相关需要得到有效满足。

第三，充分理解科学文化的内涵。生态旅游和传统的旅游方式相比是具备一定的特殊性，其依托现代科学技术，从而使人们的生态文化需求得到有效满足。只要是生态旅游产品，不管是哪个阶段，如规划、设计、开发等，还是旅游产品的需求与供给等，对于科学文化的需求与其他任何形式的旅游模式要求都更高。生态旅游的发展必须要科学技术提供相应的支撑，促进科学知识的有效普及，为生态旅游提供更高质量和品位的实践，也为产业、资源的可持续发展提供可能。引入科学文化内涵也会促进旅游主体自身观念的转变。

先进观念的引入和落实，具体到生态旅游实践活动当中，可以表现为以下几个方面：

（1）决策层面的落实。当前我国生态旅游发展当中的决策层主要部门是政府和旅游管理的相关部门。对于这些决策层而言，观念的转变，就是需要改变传统观念当中将经济最大化作为发展旅游第一目标的理念，而是应当转变为区域经济可持续发展为首要目标的理念。发展应当是环境、经济、社会、政治和文化等综合发展的过程，而不是单纯指的是经济的发展。决策人员必须要树立起整体全局发展理念，从宏观角度来谋求不同层次之间的协调配合，做出正确的宏观决策。不仅要保证从事旅游行业相关单位的基本利益，同时还需要确保与旅游业相关的行业的发展，如服务业、交通运输业，在政策的制定以及管理力度方面都应当更加配套，便于营造良好的旅游环境。

（2）经营管理层面的落实。生态旅游的发展，只有理念上的转变还远远不够，需要将这些理念落实到具体的旅游活动经营和管理当中。这就需要管理者实行更加良好的管理和经营。首先需要强化经营人员的生态成本理念，改变传统资源没有价值的理念，将生态成本纳入经营管理成本体系当中。这样才会在实际经营的过程中，在每个环节都重视环境成本的考虑。这一理念的贯彻和落实，其一需要加强对这部分人员的宣传和教育；其二是对现有不合理体制的改革，对经营管理人员不合理的行为进行有效的约束和要求。深化观念的落实。

（3）旅游消费人员。在生态旅游当中，旅游人员是其中的消费人员。旅游者参与旅游的动机不同，有学习、观光、疗养等。他们应当树立的观念是生态平衡观，即应当对自然进行欣赏和尊重及与自然和谐相处。这是旅游者对于资源保护当中应当具备的基本观念。否则就会出现一些错误的观念，如人类操纵自然，自然应当为人们服务等。在这种错误观念的影响下，人们的意识只会停留在比较浅的层面，无法达到生态层面，更谈不上怎样保护自然资源。

（4）旅游景点所在地的居民。当地居民是生态旅游发展当中最主要的受益者，他们也应当树立起自然平等观念，还需要强调全新资源观的树立。对于一些其他地方的人而言可能是一些具有吸引力的景点，如居民、高山、草原、森林、沙漠等，对于当地人来说却可能是习以为常的东西。所以当地居民应当树立其资源有效利用的价值观念，从后代人以及当代人的角度出发促进资源的良好利用。只有增强了当地居民的自我保护意识，才能够从最基础的层面出发促进生态旅游资源的有效保护和利用。

（三）注重结合民族文化

旅游行业的发展不能以牺牲当地生态环境为代价，必须要树立可持续发展理念，因地制宜的理念等。结合贵州省当地的实际情况制定与其相符合的生态旅游发展规划方案。在促进旅游行业发展的同时，还可以对于比较脆弱的地区形成良好的保护。尽量更好的保护原生态系统。重视保护民族传统文化、历史古迹等，重视生态环境的脆弱性、独特性以及敏感性等，对于生态旅游区域可以合理地进行规划。

贵州省属于多民族聚集的地方，不同民族的文化在这里交汇。因此在生态旅游发展过程中还需要重视当地文化的结合。不能在发展旅游业的过程中破坏当地民族文化的多样性。综合考虑不同民族文化的特色，对于新开发的生态旅游景区一定要进行统一的规划，而在制定规划之前还需要对项目的可行性及效益进行评估，统筹项目建设对于经济、社会、文化等发展所起到的作用。尤其是需要评估其生态和文化影响。确保旅游的内容和容量都处于可接受的范围之内，在不造成对当地环境破坏的背景下，应当高度融合贵州省的民族文化与自然景观，让贵州的生态旅游更具有当地的民族特色，也让其以更加多样化和显眼的方式呈现在大家面前。

（四）发挥品牌效应

生态旅游业的发展不仅需要旅游者以及旅游从业人员自身具备良好的意识，还需要加大旅游的宣传力度，让其更好地发挥品牌效应。

第一，在宣传的渠道和内容上。应当加大可持续发展理论的宣传，向接受宣传的人提供环境科学、生态科学、系统科学等不同方面的内容。进一步扩大教育和宣传的范围。在开展专业宣传和教育的同时，应当开展与生态旅游相关的知识教育和普及，让更多人可以对生态旅游的内涵和理念充分了解。使教育渠道有效拓宽，也需要探索新的宣传方式，当前人们的生活当中已经离不开网络，所以可以借助于网络来进行宣传。在旅游当地则是采用导游讲解，宣传栏的方式来直接吸引游客，让游客理解真正意义上的生态旅游。

第二，宣传的过程中必须要打造当地特色。当前在旅游市场上竞争十分激烈，必须要找到属于自己的特色，发挥贵州省在自然和人文资源方面的优势，打造当地的特色品牌，使生态旅游的竞争力和吸引力得到提升。另外，宣传还需要和周边的省市进行积极的交流和合作，建立起知名度更高的生态旅游区域，与国际上的一些生态旅游项目接轨，积极抓住每个机会来促进客源市场的拓宽。

六、总结

党的十九大会议召开之后，乡村振兴理念得到了进一步的贯彻落实。

在新理念的指导下，生态旅游正在如火如荼地开展着，已有的建成项目表明，生态旅游开展具备很高的经济和社会效益。本次研究结合大数据"4V"特点来分析贵州省发展生态旅游优势，再通过指出当前贵州省生态旅游可持续发展所面对的困境，给出相应建议以期对其发展起引导作用。当前不管是内部环境还是外部环境都不是一成不变的，但是在某个特定的时间段和条件下是可以相互转化的。通过分析发现贵州在发展生态旅游业方面有很大的优势，其在今后必须要加大生态旅游方面的资金投入、大数据技术运用、宣传教育、融入当地民族文化特色等，缓解其面临的威胁以及存在的劣势，走上一条科学可持续的发展道路。

参考文献

[1] 李俊峰，聂朝俊. 基于生态足迹模型的贵州省森林公园旅游可持续发展研究 [J]. 山地农业生物学报，2016，35（3）：53-57.

[2] 张薇薇. 生态旅游的环境问题及可持续发展探析 [J]. 现代园艺，2016（10）.

[3] 李孟娣，李洁. 浅析乡村生态旅游可持续发展的法律保障 [J]. 农业经济，2016（2）：99-100.

[4] 李定健. 贵州省发展生态旅游的潜力及必要性 [J]. 农技服务，2017（20）.

[5] 周伍松. 贵州省林业可持续发展探讨 [J]. 南方农业，2016（35）：49-49.

[6] 陈凤波. 贵州发展生态旅游要注意的事项 [J]. 文化创新比较研究，2017，1（10）.

[7] 王益珑. 大数据背景下的贵州生态旅游发展模式研究 [J]. 怀化学院学报，2017（7）.

[8] 程春明. 生态环境大数据的思考 [J]. 中国环境管理，2015（3）：10.

[9] 邓凌怡，李越，成俊涛，等. 浅谈少数民族地区文化旅游的可持续发展 [J]. 市场研究，2017（3）：32-33.

[10] 李怡净. 贵州省乡村旅游开发中农耕文化的发展研究 [J]. 中国农业资源与区划，2016，37（12）：226-230.

[11] 卢渊. 生态文明下的林业管理可持续发展的策略 [J]. 农家参

谋，2018（9）.

　　[12] 陈维刚. 对贵州省生态农业产业化发展研究 [J]. 旅游纵览（下半月），2016（4）.

　　[13] 陈包，张梦莹，陈丽燕，等. 基于 SWOT 分析法的生态旅游发展及对策探讨——以贵州省沿河土家族自治县生态旅游发展为例 [J]. 环球人文地理，2016（16）.

　　[14] 张丽妮. 生态旅游经济可持续发展问题与策略 [J]. 环球市场信息导报，2017（1）.

乡村传统文化的式微与振兴策略

——基于湖南省永顺县芙蓉镇保坪村的调查

▶ 杨　祺

广东技术师范大学

保坪村隶属湖南省永顺县芙蓉镇，东靠大青山脉，南接芙蓉镇景区，西接高坪乡，北与毛冲村接壤，总面积8.5平方千米。保坪村距县城45千米，距芙蓉镇政府5千米，共185户780人，常住人口660人，以土家族人口为主，其中唐姓人口最多，约占人口的60%。村落三面环山，北边是海拔1438米的羊峰山，东边是绵延30多公里的大青山脉，西边是高坪高地，中部及南部地势相对平坦，平均海拔569米。大龙河自北向南穿村而过，将村落分成东西两部分，村民沿河而居，自东向西呈现"山—民居—河—民居—山"的村落居住空间格局。村落有9000多亩森林，植被覆盖率80%以上，村落稻田538亩。村里主要产稻谷、玉米、油菜和烤烟等，曾经种植过猕猴桃，收效甚微。保坪村虽然是非扶贫村，但村里经济水平不高，村民人均年收入仅3970元，主要收入来源为外出务工。

保坪村有丰富的土司文化，是历史上永顺彭土司下设"三州六洞"之一，是彭氏土司最重要的军事堡垒。村里主要土司文化遗迹有：驴迟洞，文庙，武庙和石狮。驴迟洞为本村的一处天然水洞，位于村落东处，是村子主要水源地，古村名因此洞而得名；文庙是明清时期驴迟洞地区主要的祭孔场所，同时也是村民日常生活娱乐的主要场地。中华人民共和国成立后文庙改为村小学，"文革"期间文庙被毁坏，现仅存古石阶、石门、地基，残破石碑以及小学遗址；武庙过去是向氏一族的议事中心，也是军事训练、举行士兵操练的主要场所，"文革"期间被彻底破坏，现仅剩地皮和田坎边的石狮残垣；石狮由于村里铁路建设被移往大龙河边，保存完整但存在感不强，如果村民不提醒则很难发现，每年元宵节，村里都要在这里举行火烧狮子头的仪式，体现了村民对狮子的独特情感与特殊记忆。

在社会剧烈转型的过程中，传统乡村文化面临一种尴尬的局面："破坏有余"而"重建不够"。"破坏有余"是指市场化、城市化和工业化对乡土性带来的过度破坏和对传统乡村秩序的无情摧毁；"重建不够"则是指乡土性在现代化建设中存在一定程度的认同危机和价值迷失。保坪村除了土司文化之外，还有丰富的传统民间文化，它们的式微局面就是一种"重建不够"。土司文化展现了历史的画面，体现了一个阶层的文化和生活，而保坪村传统文化却体现了众多民众在岁月长河中的生活方式和价值理念，它们对于研究乡村文化更具有代表性。本文通过对保坪村的高腔戏剧、传统武术、狮子灯及长鞭等土家族传统文化的调查，建构出保坪村传统村落的历史与文化空间，同时对该村传统文化的现状及问题进行深入剖析，解析乡村传统文化式微的原因，并结合当地旅游开发力图对乡村传统文化的振兴提出合理且可行性的建议，为当代乡村文化的发展提供有益的思考与合适的振兴策略。

一、高腔戏剧的式微及其振兴策略

高腔是保坪村一种传统民间戏剧，距今约有一百年的历史。在土司统治的八百多年间，村里戏曲形式主要有灯戏和高腔，但只有高腔传承下来了。过去高腔表演是木偶戏形式，民国初年转为演员登台演出，逐渐形成现在的高腔表演形式。

高腔在当地俗称大戏，类似京剧，主要用当地方言演唱，是溪州土司王从老家江西带过来的戏种。保坪高腔与当地民间音乐有不同程度的结合，已形成土家族高腔独特的音乐风格，高腔的音乐特征是：帮、打、唱。帮，指后台帮腔；打，指打击乐伴奏；唱，指除帮腔之外的角色演唱。表演质朴且曲词通俗，唱腔高亢且激越，是一人唱而众人和的表演形式，期间用金鼓击节等伴奏。保坪村高腔剧本大多取材唐朝和宋朝的历史故事，如"穆桂英挂帅"等。

目前，保坪村的土家族高腔剧团主要由向永蓉女士负责，向永蓉14岁就开始参加各类文艺活动，尤其爱好高腔，后来主要研习高腔戏剧，并积极参与各类高腔演出。剧团核心成员21人，中老年居多，剧团已历经六代人，第一代是李刚太；第二代是李长发；第三代是李继良、李继贵和向云发；第四代是李中美和李世红；第五代是汪祖胜和唐正高；第六代是向永蓉。第五代的代表人物汪祖胜，年轻时主要进行反串表演，表演经验丰富，能记下上百首曲子，汪师傅年事已高，早已经不登台演出，可他依旧能演唱，而且吐词清晰，还能做相关表演动作，汪师傅对高腔艺术的热爱和追求值得我们敬佩。

（一）保坪村高腔剧团的现状及原因分析

保坪村高腔剧团的经营模式缺乏专业性和系统性，是典型的乡间剧团组织模式，缺乏相关宣传的文本及影像资料，剧团的成立更多是基于成员自身对高腔的热爱，具有很强的自发性。剧团有数十套服装及道具，也有数十本历代师傅流传下来的手写剧本，剧团虽然略显简陋，但也足够应对完整的高腔表演。平时剧团主要在村里活动，间或也会参加乡里或镇里举行的各类民间文艺比赛，2017年6月，剧团参加志司城文化遗产月会演出比赛，获得了三等奖；2018年1月，他们参加了镇里山水旅游公司组织的为期一个星期的文艺汇演。目前剧团的核心成员以中老年群体居多，存在年龄层偏大现象，除核心成员之外，还有三十多个不定期成员，这些成员平时外出务工，过年回家如果有空闲时间，他们会参与高腔表演。剧团目前存在问题主要表现在以下几个方面：

1. 剧团的不稳定性

首先是教学模式的不稳定，剧团没有固定的教学时间，也没有固定的教学场所，农忙时间基本没有时间教学，农闲时间视情况而定。村委会有间空房子作为剧团临时排练厅，如果学员人数较少，他们则会安排在剧团某个成员的家中练习，学员练习高腔的时间呈现断断续续的状态；其次是收入的不稳定，剧团没有固定的收入来源，目前剧团的主要收入源自村里不定期的红白喜事，如果邀请人是剧团的人或者跟剧团非常熟，他们的演出将免费，通常情况，剧团收费是150~200元每人一晚。收入的不稳定无形中导致了人员的不稳定；最后是学员的不稳定，学员感兴趣则来，没兴趣则不来，学员有空则来，没空则不来，大部分年轻成员因为需要外出打工养家而不得不放弃。

2. 剧团的杂糅性

高腔剧团以文戏为主，武戏为辅，因为人员有限，剧团每个人都身兼数职，文戏和武戏都要学，各种角色都要学会扮演。专业剧团严格的生旦净末丑角色分类在剧团呈现杂糅状态，他们并不是混淆角色，而是无法固定角色。某种程度上他们的表演会因为这种杂糅而显得不够专业，杂糅局面主要是剧团人员的不稳定和剧团经费有限所导致。

3. 剧团缺乏政府支持

事实上，传统文化深厚的中国农村并非没有文化，只是被严重忽视与破坏，没有得到重视与发展。当地政府对高腔剧团的放任自流就是一种不重视，因为缺乏政府的支持以及官方渠道的宣传，剧团面临经费紧缺和传承断裂现象。部分年轻群体愿意学高腔，但因为缺乏经济效应而不够定力，年轻群体存在学艺不精或半途而废的现象。高腔戏剧的传承之所以青黄不接，主要是没有产生经济效益，高腔剧团既缺乏表演平台，也没有资金支撑，所以很难留住人才。高腔式微的背后是因为没有经济动力，在经济缺乏保障的时候，人们很难维持这种传统艺术，现代化进程下，人们日益追逐现实利益，更在意自己所能获得的即时利益。

4. 高腔的传统性与人们休闲方式的现代性地脱离

作为传统艺术，高腔表演形式日渐脱离人们现代化的休闲方式，人们更多将自己的休闲方式寄托在快节奏的电子化娱乐中，大多人只是抱着猎奇的心态对待高腔，真正能听懂高腔戏剧的人越来越少，人们并没有对高腔产生真正的喜爱，高腔因而也无法大范围地推广，进而也就日益缺乏现实基础。

对于传统艺术的推广，当地政府在前期阶段需要大力地支持和宣传，如果当地政府没有将传统艺术做出品牌效应，形成区域文化，商业公司则不会贸然投资。目前当地政府对高腔戏剧的不作为无形中使得高腔陷入一种被动局面，日渐式微。

（二）保坪村高腔剧团自救规划

剧团针对自身问题进行了积极的自救规划，力求获得更多的支持来传承高腔文化。第一，申请高腔传承人的身份来扩大高腔在当地的影响，同时利用传承人身份获得更多的政策鼓励和财政支持。第二，举办高腔培训班来扩大招生规模，拟订教学文本资料，正规化高腔的教学模式，有固定的专业老师，有固定的培训场所，有固定的培训课程，通过正规化和专业化的训练让大众更加重视高腔艺术。第三，积极策划跟保坪村兰花洞景区的合作。兰花洞景区是保坪村目前最大的旅游项目，剧团希望争取在兰花洞景区设置固定的高腔表演舞台，每天固定时间在景区向游客表演高腔，成为景区文化展演的一部分。高腔剧团跟景区的合作模式，不仅可以给高腔演员带来固定的收入，增强了学员的稳定性，同时也通过景区的影响力推广了高腔文化，让更多人了解到高腔戏剧。第四，积极引进外来企业的投资，为传承和保护高腔戏剧获取经济支持。第五，邀请专业剧团的工作人员过来指导，从教学到舞台，从服饰到表演，从剧本到创作，把剧团从内到外进行包装和提升，力争正规化和专业化高腔剧团。第六，在保持高腔文化原真性的前提下逐渐活化高腔的表演形式，剧本创作上力求接近现代人的审美需求，让高腔艺术更加贴近现代人的审美理念，增强高腔艺术的持续力和生命力。

　　高腔作为一种乡村传统文化，因为其古旧的表演形式不够匹配现代的娱乐方式，所以其关注度日益式微，越来越少的人学习这门艺术，也越来越少的人懂得欣赏这种文化。文化本来就是传统，不论哪一个社会，绝不会没有传统的，所以高腔作为传统文化有其历史价值和意义，它是中国民间传统文化的表现形式之一，它值得呵护，也必须传承。保坪村高腔剧团通过申请传承人方式来积极谋取自身的发展，通过这种非遗身份来扩大高腔的影响力。他们积极策划跟景区合作，希望通过景区的平台来推广高腔文化，这些自救行为某种程度折射了传统文化在现代社会中的处境以及它们的对策反应。传统文化的发展有其历史规律，但社会群体的行为可以从某种角度来指引它们的发展方向，高腔剧团跟当地旅游产业的结合，不仅可以找到自身的发展模式，同时也能得到较好的传承保护。高腔艺术的传承既需要当地政府的支持和指引，也需要村民个体的积极主动，以向师傅为代表的土家族高腔第六代人正是凭借着对高腔的热爱而积极奔走，他们的行动不仅是在拯救高腔，同时也在拯救他们自身，民间艺术需要发展，作为民间艺术载体的民间艺人更加需要发展的平台和契机。高腔剧团的自救规划是现代化进程下乡村传统文化实现自我振兴的策略反应。

二、武术、狮子灯与长鞭的寥落及其复兴模式

武术、狮子灯与长鞭属于三位一体的场域表演形式，是保坪村流传已久的传统文化。武术跟狮子灯是成套表演方式，有狮就有武，长鞭通常作为武术和狮子灯展演的乐器辅助。

保坪村武术属于村里唐姓家族的祖传武术，已历经四代人，过去是封闭式教学，只传给本族人，现在是开放式教学，实行全村教学，现在主要练习的拳法叫六合拳，属于峨眉派，总共有 4 套拳法。狮子灯主要是表演武术功夫，至少需要 18 人，有锣、鼓、钹等响器打节奏助威，首先是利用桌椅板凳等现有条件即兴表演，其次是武术表演，展示练家子各自的武功套路，最后是舞狮表演。长鞭称"喜报儿"，也称"打家伙"，长鞭作为保坪村的祖传文化已有两百多年的历史，已经传承了六代人，整套的长鞭由小锣、头钹、二钹和唢呐四件乐器组成。

（一）武术、狮子灯与长鞭的寥落现状及原因分析

中国最缺乏的既不是资本也不是机械，而是人。武术、狮子灯与长鞭三位一体的表演目前在村里呈现寥落状态，主要是人的缺乏，参与学习和表演的人越来越少，邀请和观看的人也日益减少，缺乏资金，缺乏人力，传承面临危机，具体归纳如下。

1. 传承问题

现代化进程下，村里青壮年大多都外出务工，村中多为老人、妇女和小孩，学习传统技艺的人越来越少，目前主要是学生群体利用寒暑假在村里练习武术。武术、狮子灯和长鞭等技艺比较精湛的人大多还是集中在中老年群体，它们的传承面临断裂危机。村里青壮年流失的根本原因是传统文化缺乏经济效应，学习传统艺术无法给予青壮年经济保障，同时村里也无产值丰厚的经济产业，村民只能外出务工，空心村导致传统文化陷入传承危机。

2. 收入问题

武术，狮子灯和长鞭表演，是一种高成本、低利润的文化展演形式，这种表演方式很难支撑表演者的日常生计，收入极其不稳定，如果属于村里活动，他们没有任何费用，如果受邀表演，收入为 200 元每人一天。随

着社会的快速发展，大量行业涌现且吸引了乡村人口，表演者迫于生活所需只能放弃这些传统艺术。

3. 传统与现代问题

各种各样的休闲娱乐方式通过各种媒介进入乡村，村民的关注点不断地发生变化，开始追求层出不穷的新生事物，对于传统文化则逐渐淡化。现代乐队的出现对武术、狮子灯和长鞭的表演带来了巨大的挑战，现代乐队强势进入，无形中加速了传统艺术的"过时"。同时，电视，手机和网络等高度吸引了人们的注意力，网络内容的丰富多样加速了传统艺术的式微。

4. 规模化问题

武术、狮子灯和长鞭都存在规模小，结构单一，设备简陋，表演单调，不利于推广等问题。武术和狮子灯主要在武馆练习，但武馆设备少且场地小，不利于大规模练习，武馆暂时可以容纳学员 30 人，如果学员规模扩大后，武馆无论在设备还是在场地上都远远不够。另外，武术拳谱也没有形成文本和影像资料，不利于大范围地推广。村里只有两套长鞭乐器，旧的属于唐氏家族的财产，新的属于村里的财物，也不利于大规模教学和推广。

5. 政府关注度不高

当地政府希望保坪村能申请成为传统村落，可是缺乏财力支持和政策引导，村里的土司文化遗址没有得到妥善保护，武术、狮子灯和长鞭传统艺术也没有得到大力支持。武馆属于村民公益行为，没有收取任何费用，教练也无工资，武馆财政来源主要是通过武术爱好者的网上统筹。当地政府目前正在大力发展经济产业，对于文化产业的关注还比较薄弱，无暇顾及乡村传统文化的发展。

（二）武术、狮子灯与长鞭的复兴模式

面对这种寥落局面，村民积极行动起来，开展了一系列的复兴活动。

1. 村民自发的宣传

村民把武术、狮子灯与长鞭作为保坪村旅游开发中文化展演一部分进行大力宣传，定期举行相关传统文化的活动，积极展示这些传统文化，鼓励更多年轻人参与其中，注重展演队伍建设，提升传统活动的文化内涵，增强传统文化传承的可持续性。

2. 村民自发行为与官方渠道的结合

2017年暑假，保坪村举办了首届"传统武术培训班"，村里40多名少年参加了培训班，以中小学群体为主，武术再次引起了村民的关注和重视。除了个人复兴行为之外，官方渠道也积极地推广武术，湘西州《团结报》以《大龙村的武林大会》为题、永顺县电视新闻联播以《大龙武术学校传承武术文化》为题进行专题报道，极大地推广了保坪村的传统武术。

3. 提升传统文化展演的专业素养

表演者要结合新时代所需不断学习和创新，提高自身专业素养，加大跟新兴乐队的结合，同时保持其原真性。武术、狮子灯和长鞭都是口述相传的民间技艺，长期缺乏文本材料，表演者应进行文本书写，注重文本建设，留下文字性的材料。

4. 争取资金支持

村里积极争取政府相关部门的资金支持，购买和更新表演所需的工具和武术设备，结合旅游项目，举办武术，狮子灯和长鞭等相关传统活动的比赛，并为表演者发放一定的补助或奖励。

武术、狮子灯和长鞭属于小众表演，它们必须结合保坪村旅游开发的大背景，通过村落旅游开发的形式获取表演平台，同时紧密"三位一体"的表演形式，扩大演出规模和影响力。乡村传统文化式微处境使得它们必须依附乡村旅游开发项目以谋求发展，在当地文化产业不够兴盛时，它们的复兴模式只能从内部做起，由内而外地逐步振兴自我。

三、乡村传统文化内生力及与旅游开发的共生关系

中国文化的个性：一是中国文化独自创发，慢慢形成，非从他受；二是中国文化自具特征，自成体系。由此可知，中国文化具有极强的内生力，高腔、武术、狮子灯和长鞭属于保坪村内生的传统文化，都是民间自发组织的传统艺术，来自民间且服务于民间，缺乏专业性但具有浓厚的传统性，缺乏官方支持但具有极强内生力。内生力是传统文化生存的基础，无论过去还是现在，传统文化的发展都必须立足自身，唯有这样，在式微局面下，传统文化才可能实现自我振兴。

现代化进程下，村落传统文化传承面临危机。乡村人口流失现象导致传统技艺的传承与创新缺少本土人才，高腔戏、传统武术、狮子灯和长鞭

等纷纷面临人才匮乏的局面，进而呈现式微状态。增强传统文化的内生力是改变式微局面的基础方式，建议加强村落传统文化与学校教育的结合，让传统文化走进学校，学校为传统文化的发展提供教育平台，从小培养学生保护和传承传统文化的意识，增强青少年对传统文化的内生力；当地政府对乡村传统文化予以更多的政策鼓励与资金支持，在各地积极招募对高腔、武术、狮子灯和长鞭感兴趣的年轻人，以开展公益工作坊的形式招揽人才，增强官方渠道对传统文化的内生力；定期举行村民喜闻乐见的民间文化活动，打造村中文化传承名人，形成品牌效应和区域口碑文化，共同营造有历史积淀的村落文化空间，促进乡村文化振兴，增强村民对传统文化的内生力。

乡村文化的现代化转型并不意味着它彻底告别传统，而可能是在传统的基础上形成了一些现代性的因素。同样，在全球化过程中，文化的转型并非本土的、民族的文化消失了，而是本土文化与其他文化的联系和互动增多了。乡村传统文化与旅游开发的共生关系就是一种现代化的转型模式，内生力是传统文化自我发展的内因，而共生则是实现自我振兴的外因。共生就是共生单位之间在一定的共生环境中按某种共生模式形成的关系，共生关系就是共命运，同呼吸，谋求共同生存和发展，现代化并不是替代村落文明，而是让乡村能真正实现属于自己的现代化振兴，在乡村构建具有自身特色的传统文化生活模式。对于资源匮乏的村落，乡村旅游开发无疑是提高当地经济和保护当地传统文化比较合适的方式。乡村文化的发展和振兴必须依赖当地的经济基础，一个没有经济基础的乡村，只能随着社会的发展四处飘零，传统文化在飘零容易失去自我。保坪村没有特色产业，也无经济产业，旅游开发无疑是当地最合适的选择。式微的传统文化必须依附旅游开发逐渐实现自我振兴，高腔需要兰花洞景区的表演平台，武术、狮子灯和长鞭需要传统村落提供民俗活动的表演契机。

融合发展是实现民族地区民族文化和旅游业"双赢"的最佳路径，民族地区旅游的根基就在于民族的文化的内涵和特色。旅游开发不仅有利于振兴和保护乡村传统文化，同时也发挥了传统文化的积极作用。传统文化不仅丰富了当地的旅游资源，提升了当地的旅游价值，而且加强了当地不同旅游文化的区域合作模式，形成传统村落丰富且有民族特色的传统文化旅游形式，充分活跃和丰富了保坪村的旅游前景。多元化的旅游元素，多层次的传统画面，多角度的文化视角，使当地的旅游更具有吸引力，更具有号召力，更具有持续力。

有人也许会质疑这种共生关系的持续性，旅游开发初期，传统村落的景观还是以本真面貌为主，随着当地旅游产业地逐步发展，过度开发和商业化这些老生常谈的现象会无形中泯灭了传统文化的原真性，它们等同于面临着另一种形式的消亡。我们必须用动态和长远的眼光来看二者的共生关系，任何事物都处于动态的发展中，即使没有结合旅游开发，传统文化也会在发展中悄然变化，要么在式微中消亡，要么在式微中改头换面。传统文化有多种自救方式，根据保坪村现实状况，跟旅游开发结合无疑是最合适的选择，跟旅游的结合也许会给传统文化注入商业因素，同样它也无形中保护和传承了传统文化。人们通过旅游方式认识了这些传统文化，实现景区对传统文化的推广效应。共生关系是在变化中共生出来的一种发展模式，稳固的共生关系使得彼此在发展中更加契合彼此的脚步，朝着更有利于彼此的方向去发展。传统村落的旅游开发需要传统文化提供旅游资源，传统文化需要旅游开发提供展演平台和传承保护，二者是共生共赢的关系。

四、结语

乡土经验已经不是一个稳定的、封闭的知识体系，它已经呈半封闭性，并正在接受越来越多的新经验。在各种新经验的冲击下，乡村传统文化的式微是时代发展一个必经阶段，在经济利益至上的现代社会，任何无法产生即时经济效应的传统文化都难以找到生存的土壤，它们必须根据时代的发展脚步来适时调整自己，同时也需要政府和村民的文化自觉意识，自动自觉地地传承和保护传统文化，通过各种振兴策略扭转传统文化的式微局面。

尽管乡村旅游有压缩乡村传统文化生存空间的负面影响，但是，对于很多没有特色产业的乡村而言，旅游开发无疑是比较合适的路径选择。旅游开发不仅给当地带来财政上的增收，同时也积极保护了当地的传统文化，这些极具特色的传统文化也丰富了当地的旅游资源，双方构建了一种共生机制，实现乡村传统文化振兴的共生共赢。

参考文献

[1] 熊凤水. 流变的乡土性 [M]. 北京：社会科学文献出版社，2016：192.

［2］熊培云．一个村庄里的中国［M］．北京：新星出版社，2012：409.

［3］费孝通．乡土中国［M］．上海：上海世纪出版集团，2007：48.

［4］明恩溥．中国乡村生活［M］．北京：中华书局，2006：273.

［5］梁漱溟．中国文化要义［M］．上海：上海人民出版社，2005：7.

［6］陆益龙．农民中国——后乡土社会与新农村建设研究［M］．北京：中国人民大学出版社，2009：146.

［7］袁纯清．共生理论——兼论小农经济［M］．北京．经济科学出版社，1998：1－30.

［8］毕丽芳．"一带一路"背景下民族文化旅游资源开发模式研究——以大理、丽江为例［J］．资源开发与市场，2017：33.

［9］谭同学．桥村有道：转型乡村的道德权力与社会结构［M］．北京：生活·读书·新知三联书店，2010：420.

［10］陈慧．新形势下积极推进西南民族地区乡村旅游发展［J］．经济研究参考，2016（65）：91.

后　记

　　本书为"2018 年旅游·扶贫与乡村振兴"学术研讨会会议论文成果，会议主办单位广东财经大学旅游管理与规划设计研究院、岭南旅游研究院、院士专家工作站（合署），其组织架构为"两院一站、四心二室"，即旅游管理与规划设计研究院、岭南旅游研究院、院士专家工作站，旅游规划设计中心、旅游行为与品牌研究中心、岭南乡村旅游研究中心、广东旅游产业发展协同创新中心（与广东省旅游发展研究中心合作）、办公室、休闲行为与品牌应用实验室。研究院作为一个岭南特色鲜明的旅游研究机构，一直坚持"立足岭南、服务广东、放眼世界"的发展定位，是广东财经大学省级重点优势学科工商管理一级学科旅游管理方向建设主体单位。重点聚焦乡村旅游开发与管理、乡村文化产权与文化资本的保护利用、精准旅游扶贫动态评估与乡村社区营造等方面的理论研究和服务实践，在这些方面也积累了一定的成果。目前，研究院依据全球经济产业发展趋势、现代化经济体系、"一带一路"倡议、粤港澳大湾区计划以及广东经济社会发展的需要，围绕服务业现代化，进一步聚焦"文旅跨界管理、行为与品牌协同管理、人工智能服务管理"三大研究方向，紧跟市场需求与国家战略，瞄准研究前沿，深挖研究内容，打造形成具有广东区域优势、广财学科特色的现代服务管理研究学术共同体与人才培养基地。

　　热烈欢迎有志之士、志同道合者加盟团队，共同开拓新时代。

广东财经大学岭南旅游研究院

2019 年 3 月

图书在版编目（CIP）数据

旅游·扶贫与乡村振兴研究/桂拉旦等编著 . —北京：经济科学出版社，2019.6

ISBN 978 – 7 – 5218 – 0676 – 2

Ⅰ. ①旅…　Ⅱ. ①桂…　Ⅲ. ①乡村旅游 – 作用 – 扶贫 – 研究 – 中国　Ⅳ. ①F592.3②F126

中国版本图书馆 CIP 数据核字（2019）第 134098 号

责任编辑：齐伟娜　杨　梅
责任校对：隗立娜
责任印制：李　鹏

旅游·扶贫与乡村振兴研究

桂拉旦　张伟强　刘少和　等/编著

经济科学出版社出版、发行　新华书店经销

社址：北京市海淀区阜成路甲 28 号　邮编：100142

总编部电话：010 – 88191217　发行部电话：010 – 88191540

网址：www.esp.com.cn

电子邮件：esp@ esp.com.cn

天猫网店：经济科学出版社旗舰店

网址：http://jjkxcbs.tmall.com

北京季蜂印刷有限公司印装

710 × 1000　16 开　19 印张　300000 字

2019 年 7 月第 1 版　2019 年 7 月第 1 次印刷

ISBN 978 – 7 – 5218 – 0676 – 2　定价：65.00 元

（图书出现印装问题，本社负责调换。电话：010 – 88191510）

（版权所有　侵权必究　打击盗版　举报热线：010 – 88191661

QQ：2242791300　营销中心电话：010 – 88191537

电子邮箱：dbts@ esp.com.cn）